# HERMES

在古希腊神话中，赫耳墨斯是宙斯和迈亚的儿子，奥林波斯神们的信使，道路与边界之神，睡眠与梦想之神，亡灵的引导者，演说者、商人、小偷、旅者和牧人的保护神……

西方传统 经典与解释
Classici et Commentarii

HERMES

朗佩特集
The Collected Works
of Laurence Lampert

刘小枫◎主编

# 施特劳斯与尼采

## Leo Strauss and Nietzsche

[加] 劳伦斯·朗佩特 Laurence Lampert ｜ 著
田立年　贺志刚 等 ｜ 译
滑骐印 ｜ 校

华夏出版社

古典教育基金·蒲衣子资助项目

# "朗佩特集"出版说明

朗佩特(1941—2024)以尼采研究著称,直到《哲学如何成为苏格拉底式的》(2010/华夏出版社,2015)问世之前,他的著述的书名都没有离开过尼采。《哲学如何成为苏格拉底式的》转向了柏拉图,该书"导言"虽然谈的是贯穿全书的问题,即柏拉图笔下的"苏格拉底是如何成为苏格拉底的",却以谈论尼采收尾。在该书"结语"部分,朗佩特几乎完全在谈尼采。

从尼采的视角来识读柏拉图,可以恰切地理解柏拉图吗?或者说,我们应该凭靠尼采的目光来识读柏拉图吗?朗佩特的要求不难理解,因为今人在思想上越长越矮,我们要理解古代高人,就得凭靠离我们较近的长得高的近人。不仅如此,这个长得高的近人还得有一个大抱负:致力于理解自身的文明思想传统及其面临的危机。否则,柏拉图与我们有何相干?

朗佩特在早年的《尼采与现时代》一书中已经提出:尼采开创了一部新的西方哲学史——这意味着他开创了一种理解西方古代甚至历代哲人的眼光。朗佩特宣称,他的柏拉图研究属于尼采所开创的新哲学史的"开端部分"。他提出的问题是:"柏拉图何以是一位尼采意义上的真正哲人?"这个问题让人吃惊,因为尼采的眼光成了衡量古人柏拉图甚至"真正的哲人"苏格拉底的尺度。尼采的衡量尺度是,伟大的哲人们应该是"命令者和立法者"。然而,这一衡量尺度不恰恰来自柏拉图吗?朗佩特为何要而且公然敢倒过来说?为什么他不问:"尼采何以是一位柏拉图意义上的真正哲人?"

朗佩特宣称,"对于一部尼采式的哲学史来说,施特劳斯几乎是不可或缺的源泉"。这无异于告诉读者,他对尼采的理解来自施特劳斯——这让我们想起朗佩特早年的另一部专著《施特劳斯与尼采》。通过以施特劳斯的方式识读施特劳斯，《施特劳斯与尼采》揭示出施特劳斯与尼采的深隐渊源。朗佩特认识到尼采的双重言辞凭靠的是施特劳斯的眼力，尽管在《施特劳斯与尼采》的最后，朗佩特针对施特劳斯对尼采的批判为尼采做了辩护。

《哲学如何成为苏格拉底式的》出版三年之后，朗佩特在施特劳斯逝世四十周年之际出版了专著《施特劳斯的持久重要性》。这个书名意在强调，施特劳斯让朗佩特懂得，为何"柏拉图的苏格拉底让一位神看起来是一个超越于流变的存在者，一位道德法官"，让他得以识读柏拉图《王制》卷十中苏格拉底最后编造的命相神话与荷马的隐秘关联，能够让他"从几乎二千五百年后具有后见之明的位置回望"这样一种教诲。

在柏拉图那里，尼采的所谓"大政治"是"一种为了哲学的政治"，即为了真正让哲学施行统治，必须让哲学披上宗教的外衣。苏格拉底-柏拉图都没有料到，他们凭靠显白教诲精心打造的这种"大政治"的结果是：宗教最终僭越了哲学的至高法权，并把自己的僭越当真了。尤其要命的是，宗教僭越哲学的法权在西方思想史上体现为哲学变成了宗教，这意味着哲学的自尽。尼采的使命因此是，如何让哲学和宗教各归其位。

朗佩特算得上是诚实的尼采知音。能够做尼采的知音已经很难，成为知音后还要做到诚实就更难。毕竟，哲人彼此的相似性的确已经丧失了社会存在的基础。朗佩特并不是施特劳斯的亲炙弟子，但确如施特劳斯的亲炙弟子罗森所说，他比诸多施特劳斯的亲炙弟子都更好、更准确地理解了施特劳斯。

最后必须提到，朗佩特还是一位优秀的作家。他的著作虽然无不涉及艰深的哲学问题，却具有晓畅而又浅显的叙述风格——这是他的著作具有诱惑力的原因。从这个意义上讲，朗佩特的真正老师是柏拉图。

刘小枫
古典文明研究工作坊
2021年5月

献给罗伯特和玛丽·卢克尔

尼采研究的朋友和恩人,他们的慷慨使得尼采档案馆中尼采的文件得以修复和保存。

# 目 录

修订本说明 …………………………………… 1
中译本说明 …………………………………… 1

导　言 ………………………………………… 1
第一章　施特劳斯的尼采研究 ………………… 5
第二章　施特劳斯如何读《善恶的彼岸》…… 30
第三章　尼采在柏拉图式政治哲学史上的位置 … 137
第四章　施特劳斯在柏拉图式政治哲学史上的地位 … 151
第五章　尼采的启蒙 ………………………… 195

附录
注意尼采《善恶的彼岸》的谋篇 …………… 219

尼采和施特劳斯作品简写表 ………………… 243
参考文献 ……………………………………… 245
施特劳斯《注意尼采〈善恶的彼岸〉的谋篇》索引 … 252
综合索引 ……………………………………… 257

# 修订本说明

本书是我组译的第一本研究施特劳斯的专著，初版于 2005 年。整整 20 年过去了，迄今我仍以为，它是最好的施特劳斯导读——不是之一。

尼采宣告了自柏拉图以来的西方哲学的终结，并力图开启全新的"未来哲学"。海德格尔和施特劳斯这两位尼采之后的大哲人都极为认真地看待尼采对哲思本身的彻底更新，并发展出截然不同的后尼采哲学：前者沿着尼采的路向奋勇前行，引导出形形色色的激进哲学，后者则拒绝尼采发出的哲学应成为诗意创造的呼吁，坚定地回归古典政治哲学。施特劳斯是在透彻审察尼采的"未来哲学"构想的理据之后做出的决断，而朗佩特教授的这部专著则是对施特劳斯的尼采审察的再审察——热爱思考之人不难从中获得丰富且深透的思想经验。

本书初版由多人合译，可见当时我的心情何其急迫，希望年轻学子能尽早读到此书，并从中获益，别像我那样走太多弯路。其时我们对施特劳斯的理解还处于入门阶段，而 20 年后的今天，我国学界对施特劳斯学述已不陌生。值此再版之际，我安排滑骐印博士统校全书，既订正讹误，也消除因多人合译而来的文风差异。

刘小枫  
2025 年 3 月  
古典文明研究工作坊

# 中译本说明

施特劳斯教授带出了一班忠诚的弟子，他们或多或少都对宗师的思想有些说法。但现有的关于施特劳斯的专著却不是施特劳斯的弟子写的。

*The Political Ideas of Leo Strauss*（New York：St. Martin's，1988）的作者 Shadia Drury 不是施特劳斯的弟子，她采用业界通行的评述方式全面论述施特劳斯的思想，却招致施特劳斯弟子们的不屑、挖苦甚至攻击。这是否意味着，非施特劳斯的弟子没有资格或能力把握、评说施特劳斯的思想？

回答是否定的。本书作者朗佩特也不是施特劳斯弟子，他写的这本《施特劳斯与尼采》同样试图全面把握施特劳斯的思想，却得到一些施特劳斯弟子的称赞，有人甚至认为，朗佩特对施特劳斯的理解胜于诸多施特劳斯弟子。

问题不在于解释者是不是施特劳斯的弟子，而在于如何理解施特劳斯。朗佩特的方式是：按施特劳斯所教诲的如何理解思想史上的大思想家的方式来理解施特劳斯——要像施特劳斯理解自己那样理解施特劳斯。本书的写作方式就是施特劳斯式的；对一篇幅短小的文本作精细的识读和理解——通过理解施特劳斯对尼采的理解，把握施特劳斯思想的基本特征，并对施特劳斯一生中发表的主要论著作出解释。作者似乎并不完全认同施特劳斯的哲学立场，但他强调，无论如何首先得理解施特劳斯，而要理解施特劳斯，就必须像他理解自己那样理解他。

朗佩特以尼采研究著称，成名作为解读《扎拉图斯特拉如是说》的 *Nietzsche's Teaching*：*An Intertretation of Thus Spoke Zarathustra*

（Yale Uni. Press, 1986），该书与其随后的 *Nietzsche and Modern Times: A Study of Bacon, Descartes, and Nietzsche*（Yale Uni. Press, 1993）和晚近出版的解读尼采《善恶的彼岸》的 *Nietzsche's Task*（2001），都以尼采为主题。这些论著解释尼采的方式和看法，无不显出施特劳斯的影响。本书1996年出版，不能单单看成作者交待自己的尼采研究的思想基础。毋宁说，通过理解施特劳斯的尼采研究，作者不仅试图把握施特劳斯的思想，而且试图说明自己研究尼采的意图。

中译本由贺志刚教授和田立年博士主译，贺志刚译导言、第一、第三和第四章，田立年译章节篇幅最长的第二章，周展博士译第五章，附录由林国荣译、林国华校，感谢阮元之博士帮忙统校了全书译稿。

刘小枫
2002年5月于中山大学哲学系

# 导　言

[1]"有些人死后才出世",这是尼采说的话。他想到了自己,很清楚自己冒的风险:若把自己的再生交与读者决定,那么生出来的尼采可能不是他自己,而是别的什么人——可能是伊丽莎白([译按]尼采的妹妹)心中的尼采、海德格尔心中的尼采、大众传言中的尼采,或者干脆就是嘴里说着"超人""畜群""复仇"和"不要忘记鞭子!"的尼采。要是这样的话,尼采就该再死一次。

尼采尽力做准备,日后好再生为他自己。他在自己著作的末尾说:"大家注意!我的观点就是诸如此类的。总之,不要把我当成其他的人。"(EH,①前言,1)尼采再三呼吁"大家注意!"他明白,为少数特别的读者写的那些危险的书,人人都可以阅读,不免有人误用。

施特劳斯是少数特别的读者中的一个。他思想敏锐、富于胆识,不轻信别人的观点,是继莱辛之后哲学修辞史上少有的受过训练的读者。这位读者有心慢慢地研读,"进入更深的层次,又前前后后仔细地思索,有所保留,有所敞开,眼睛放尖一点,指头放慢一点……"(D,前言5),可见思想十分活跃。施特劳斯写了篇幅不长,只有17页的论文来评述尼采的思想。这篇论文以"注意尼采《善恶的彼岸》的谋篇"为标题,只有在以此为标题的论文里,尼采才再生了,再生为他自己。

施特劳斯评述的尼采是最真实的尼采。这个尼采与几乎还藏

---

① 尼采和施特劳斯的主要作品在文中多用简写,详情参文后所附"尼采和施特劳斯作品简写表"。

匿在尼采的那些大作中的尼采最为接近。笔者认为，[2]可以不夸张地说，在所有已经发表的尼采研究中，施特劳斯的这篇论文包容面最广，见解也最深刻。原因如下：

1. 将尼采与一个合适的、最高贵的同伴——柏拉图并列；

2. 表明尼采思想里有两个基本问题，权力意志和永恒复返，而且告诉读者，这两个问题作为基本的事实和最高的价值如何发生逻辑的关联；

3. 展示了自然在尼采学说里的地位。尼采认为，自然具有历史的属性，而且包含了人类的精神史；

4. 告诉读者尼采心目中的哲人是谁，以及在人类历史上哲人应该发挥什么作用；

5. 告诉读者哲人尼采在当今如何发挥那样的作用，解决由过往时代赋予我们的最为崇高、最为复杂的问题。

所有这一切都包容在17页的篇幅里面？这篇论文耗费了施特劳斯很多心血，篇幅不算太长，内容却十分紧凑。一旦提出它们蕴含什么意义和产生什么结果之类的问题，每个段落都会绽放出丰饶的内涵。以上大概就是这篇论文留给笔者的印象。笔者认为，这篇论文堪称范例，代表了由施特劳斯本人重新发现的写作艺术，也就是由柏拉图著述里的苏格拉底告诉我们的写作艺术。在《斐德若》（*Phaedrus*）里，苏格拉底对写作可能招来的危险提出种种警告，从而向听者表明了应该有什么样的写作艺术。

不过，这篇论文的外表恐怕只有学者才会欣赏。只有当读者不为其平淡外表蒙蔽，接受它的邀请并付出辛劳钻研之后，才能享用其中深刻的思想和犀利的言辞。这样的辛劳就是做"费时费力，却又总令人愉悦的事情"，"历来大家的作品"之所以吸引读者，就在于此（*PAW*，页37）。施特劳斯的著述与尼采的不同，没有那种让尼采引为得意的洒脱飘逸、震撼人心、个性洋溢和勾人魂魄的特点——尼采的写作告诉人们，那些都是魔鬼的作品。尼采著书似乎执意要伤人，施特劳斯的写作则让人觉得他最大的责任就是要显得无害。但笔者认为,在那无害的学术式外表之下,终归还是潜藏着危险的东西。尼采曾经揶揄柏拉图著述里的苏格拉底,说他前半边身子是柏拉图,后半边身子是柏拉图,内心装的是喀迈拉(Chimera,见 *BGE*,190)。这是否也适用于施特劳斯评述里的尼采?他前半边身子是施特劳斯,后半边身子是施特劳斯,内心装的是喀迈拉。喀迈拉是荷马史诗中的怪兽,隐藏在无害的外表之中。你得付出一点代价才能瞧见这头怪兽,不光要付出些辛劳,还要克服对怪兽,尤其荷马诗歌中那怪兽的恐惧。如果说柏拉图教导我们要惧怕荷马创作的怪兽,或许我们就不得不学着尼采的样子再[3]仔细察看一下柏拉图著述里的苏格拉底:那头混合而成的野兽内心也装着荷马的怪兽吗?尼采是这样认为的,施特劳斯似乎也是如此。

尽管施特劳斯对尼采的思想领悟得十分透彻,但他似乎是反尼采的。怎么会出现这样的事呢?既然如此深刻地理解尼采的思想,施特劳斯怎么会与尼采保持距离,甚至还要攻击他?施特劳斯怎么会乐于让他人以为自己反尼采,要给已有的偏见添枝加叶?施特劳斯怎么会允许自己的那班追随者——他们观点不尽相同却似乎一致反对尼采——不断壮大?要恰当地回答这些麻烦的问题,我们就得集中研究施特劳斯专为尼采而写的这唯一一篇论文。我相信,这样的研究会表明,施特劳斯与尼采靠得很近,远不同于他在公开场合蓄意保持的反尼采形象。它还会为施特劳斯何以要采取那样的反对立场提出可能的解释。

施特劳斯的思想很难捉摸,而且他执意不让别人发现自己的真实面目,因此,他总是可以部分地藏匿在那些无与伦比的评注里。这样深藏不露并不妨碍他表面上采取某种立场,相反,他还依赖于这种立场:公开而言,施特劳斯是古代和中世纪柏拉图式政治哲学、苏格拉底伟大传统的信徒。但是,恰恰在这种公开展示的东西里面,有一部分却明确无误地告诉读者,那个传统神秘莫测、隐讳难解。施特劳斯可能会像柏拉图那样说:"现在和将来都不会有一部属于我的讨论这些问题的专著。在那些以我冠名的书里面,苏格拉底变得既美又新。"那么,列奥·施特劳斯究竟是谁?他有无可能于身后再生为他自己、一个与表面形象有所不同的施特劳斯自己?

# 第一章　施特劳斯的尼采研究

## 读尼采

[5]"偷偷摸摸地读"(furtively)。施特劳斯用这个说法来形容他起初如何开始读尼采的书：在20世纪初期德国的一个正统犹太教家庭里，一个男孩偷偷摸摸读起尼采的书来。要偷偷摸摸，是因为尼采的书无论对犹太人还是对德国人而言都是禁书。① 偷偷读书产生了神奇的效果，施特劳斯在写给洛维特(Karl Löwith)的私人信件中这样说："从22岁到30岁，尼采让我着迷，完全主宰了我的思想。毫不夸张地说，对他思想中我能弄懂的东西我都深信不疑。"②

在公开场合，施特劳斯宁愿只字不提自己受到尼采巨大影响的情况，不过，这种影响或许还是能让其他偷偷摸摸读尼采的人揣摩出来，在施特劳斯脱离尼采影响六年后写的《哲学与律法》(德语原版,1935年)中，仍然能感受到尼采的潜在影响。虽然尼采的名字只出现在该书的几处注释中，导言中却到处都有尼采的身影；尼采在现代哲学中的出现，标志着一种前所未有的必要性："正直"(pro-

---

① 施特劳斯，"剖白"(A Giving of Account)，第二部分。另一有名的读者Hans Georg Gadamer也曾说过，自己偷偷摸摸读尼采的书违反了早期的一条类似禁令；另见其"Das Drama Zarathustras"一文([译按]中译见汪民安、陈永国编，《尼采的幽灵》，北京：社会科学文献出版社，2001）。

② 《洛维特与施特劳斯的通信》("Correspondence of Karl Löwith and Leo Strauss")，页183。

bity),"理智良心"(intellectual conscience),敢于蔑视如上帝一类安慰的新的勇敢,以及由这样的勇敢所激进化的启蒙思想。所有这些向人们提出一个问题:回到旧式的启蒙思想,即通过迈蒙尼德(Maimonides)[6]回到柏拉图,是否可能、是否可取? 以这种方式,尼采为我们提供了复兴柏拉图的机会。在《哲学与律法》中,施特劳斯利用了尼采,但又不张扬他所起的作用:一个偷偷摸摸的尼采读者现在成了偷偷摸摸的作者,他心中装着尼采,却又不在笔端显露尼采。

施特劳斯在1962年写的一个自传性质的前言也清楚表明,尼采对施特劳斯这个年轻人的思想起了决定性作用。这是施特劳斯为自己1928年写成的第一本书《斯宾诺莎的宗教批判》的英译本写的前言。自成书之时到写英译本前言,已时隔34年。施特劳斯说道,尼采在他与"新思想"①的对话中处于中心位置,这样的对话引导施特劳斯返回到斯宾诺莎,然后再返回到前现代的理性主义。在这篇前言的倒数第二段里,潜伏着的尼采成了施特劳斯智识之旅的转折点,成了让他能够向过往时代展望、摆脱现代思想偏见的解放者。在文章的最后一个段落里,我们可以见到施特劳斯熟练地处理尼采问题的一个典型策略,其中他对现代哲学及其后果或完成的猛烈抨击虽然也牵涉尼采,却没有全力抨击尼采。这个段落收回或者说限制了如下断言:新思想的基础纯粹是"危及哲学命运"的意志行为。因为,施特劳斯承认,尼采的哲学宣言本身基于一个事实,即权力意志的基本事实。

这样的策略,即在责难中留有余地,是施特劳斯在成熟的著述中偶尔论及尼采时的典型做法。施特劳斯的修辞鼓动人们抨击自马基雅维利到海德格尔的现代哲学,但是他对尼采的处理有一个特点,即在抨击之时又对抨击设定一些条件和限制。读者似

---

① 《斯宾诺莎的宗教批判》,页12。在这里还涉及一些相关的论述,比如Buber对尼采观点的反驳。

乎得到提醒:不要把尼采完全置入现代思想的衰落趋势,即一个忘却永恒(eternity)观念并让哲学终结的趋势之中。《自然正当与历史》里面所表现的尼采,为读者了解施特劳斯的处理方式提供了很好的例子。

尼采出现在《自然正当与历史》讨论历史主义(historicism)的章节,在历史主义已经显得可疑或者说自相矛盾之时(页 25-26):历史主义自身如何才能豁免于自己作出的"人的所有思想都是历史的"这一论断,从而做到观点前后一致呢?尼采本人批判了历史主义及其超历史的理论观点的假定。尼采的批判分两个方面:一、这样的理论观点危及人的生活,因为它的分析[7]破坏了"人的生存、文化或行为唯一仰赖的保护层"。施特劳斯的注释告诉读者,这里提到的是尼采在《论史学对生活的利弊》中很有名的一段话。这段话评论了那些"真实但致命"的观点,它们虽真实却会破坏人类健康社会所必需的各类神话和虚构。二、这样的理论观点置身于人的生活之外,因而就不能不是对生活的错误认识。然后,施特劳斯总结了尼采所面临的两个选择:

> 为了避免危及生活,尼采可以在下面两条路之间选一个:要么,在对生活作理论分析时恪守这种分析的隐微性质,也就是说,恢复柏拉图的高贵幻觉(the noble delusion)观念;要么,他可以否认理论本身的可能性,把思想看作本质上从属于或依靠于生活或者命运的东西。

尼采恢复了柏拉图的高贵幻觉观念,还是否认了哲学的可能性?施特劳斯没有回答这个问题,只是陈述了尼采的后继者尤其海德格尔之所为:"即使尼采本人没有,他的后继者无论怎么说都是选择了第二条路。"只有在评述尼采的那篇文章里,施特劳斯才比较直率地告诉读者,尼采如何解决因哲学既承认致命的真理,又承认人类思想的本质局限①而造成的这个根本两难。

但是,关于尼采,施特劳斯的确有过一段并未搁置判断的评价,这是一段非常突出的陈述,出现在《什么是政治哲学》(1959)这本文集的第一篇标题和书名相同的论文中,在其最后一个段落中。在此,尼采是作为论战中倒数第二个被一个爱国者激烈谴责的目标。读者感受不到施特劳斯对这位一度主导他的思想,让他着迷的教师有丝毫的感激之情。相反,在施特劳斯的舞台上公开露面的尼采是个大罪犯,罪行之大远远不是那些要求施特劳斯初读尼采时应该偷偷摸摸的体面人能够想象的。[8]在文章中一个很显眼的部分,也就是施特劳斯一般会阐发教诲性议论的文章结尾处,施特劳斯把尼采斥责为哲学上的头号罪犯。

> 尼采认定现代的西方人十分驯服,他宣扬"无情灭绝"(merciless extinction)众多民众的神圣权利。和他的伟大论敌一样,在宣扬这样的神圣权利时,尼采没有丝毫克制。他的宣扬激情奔放、令人陶醉,具有一种无与伦比和永不衰竭的力量,尼采利用了这样的力量让读者不仅厌恶社会主义、共产主义,还厌恶保守主义、民族主义和民主制。他让自己担当了这样大

---

① 施特劳斯著述中对尼采的另外几处重要提及如下:《霍布斯的政治哲学》(1936)里有一次提到尼采,称尼采是前进路上的一站,通向"凭借勇气重新吸收智慧……这个理想并非智慧的目标,而是意志碰运气的冒险行为"(页165,另见注143)。尼采还出现在《思索马基雅维利》两个注释里和一个没有注明文献来源的地方(页78)。在《苏格拉底与阿里斯托芬》的导言中(页6-7),尼采是一个关键角色:尼采提出的"苏格拉底代表的东西有多大价值的问题",促使人们不得不回到"伟大传统"的源头,或者说让苏格拉底复活。让他复活意味着一方面要认真对待阿里斯托芬的攻击,另一方面要将这种攻击与尼采的攻击区别开来。施特劳斯对待阿里斯托芬攻击的态度的确非常认真,把它看作由古代哲学与诗歌之间的争吵而产生的一份诗歌方的关键性文献。施特劳斯解读柏拉图的苏格拉底,也解读色诺芬的苏格拉底,以回应诗歌攻击哲学时展示的智慧。

的政治责任,却不能告诉读者如何担当他们的政治责任。他没有留给他们选择的余地,或者说,即使有余地,也是要么可以对政治不负责任,漠然置之,要么可以采取不负责任的政治行动,无非如此而已。尼采为人们准备好一种政制,这种政制只要持续下去,就会让已经信誉扫地的民主制又会显得像处在黄金时代一样。他力图用权力意志学说解释自己对现代形势的认识和对人类生活本质的认识。在尼采身后,权力意志哲学内在的困难导致人们公开放弃了永恒观念。现代思想达到其顶点,达到其最高的自我意识,就是在这种最为激进的历史主义所主张的东西这里:把永恒观念置于弃之不顾的境地。忽略永恒观念,或者说不再理睬人的最深切的愿望,因而撇开人类主要关心的问题,是现代人从一开始就得为自己想要成为世界的绝对主权者、想要成为自然的主人和所有者、想要征服机运而付出的代价。

不过,这篇用生动而尖锐的文笔发出的恣意谴责,在我们细心揣摩它前面用作引子的言辞之后,就显得不那么尖刻了,因为,那些言辞说出了尼采"希望"得到的东西,而且可以证实:尼采盼望有人"挑战"他的观点;尼采宣讲的对象是"后世各代之中最杰出的人"。又或者,注意到施特劳斯最强烈的抨击是针对海德格尔的,即针对尼采身后那些追随者的,那种尖刻或许也会有所缓和。

施特劳斯的言辞完全表现为针对尼采的公开谴责。然而,引号中的那几个可怕的字眼"无情灭绝"从何而来?尽管笔者在尼采的著述里不曾找到这几个字,但这不等于那里没有,只不过不很显眼,不是拿来作为"宣讲"的内容罢了。那么,尼采有没有宣传过"无情灭绝"是"神圣的权利"?这个神圣的东西很难联系到古希腊的舞蹈之神狄俄尼索斯,尽管尼采只愿意顶礼膜拜这个神。并不是狄俄尼索斯把我们历史上的无情灭绝神圣化了,才使"无情灭绝"这个词作为"神圣权利"一词的附属如此有力而真实。[9]即便事实上狄俄尼索斯像尼采说的那样是个毁灭者（*EH*;*BT*,3），比如说，他毁灭了忒拜国王彭透斯（Pentheus）和忒腊克的吕库戈斯（Thracian Lykurgos），还因为一些水手不接受他而让他们都变成海豚，可是，狄俄尼索斯所体现的那种冷酷与残忍，并非对全体人类的灭绝，后者是作为好妒上帝的追随者的虔敬行动，才进入了我们的历史的。如果我们像施特劳斯一样宣称尼采为我们"准备好了一种政制"，那么我们就是在强迫读者得出如下结论：无论在精神上还是智识上，尼采等人都要对国家社会主义的出现及其犯下的无情灭绝的罪行负责。然而，正是尼采在 19 世纪 80 年代提醒优秀的欧洲人，最为可怕的莫过于民族主义——尤其德意志民族主义，因为它源于德意志种族仇恨；他提醒人们应该特别关注德意志民族对犹太民族的仇恨心态，采取防范措施（*GS*,377）。陷入疯癫之后，尼采还曾梦见自己正采取极端措施："我在射击所有反犹分子。"

施特劳斯说的那一番不负责任的诽谤之词，即他在文章最后一段的布道，是他为了谴责现代而给出的教诲性和启发性结论。文章的最后一段与他在文章开篇的段落里表达的虔敬相呼应。在开篇这一段里，施特劳斯谈到了宗教的热忱和神圣的土地，还许诺自己"一刻也不会忘记耶路撒冷所代表的东西"。在这篇文章中，施特劳斯自始至终都表现出典型的虔敬——比如说，他不愿意让读者看到马基雅维利渎神的思想里包含的"魅力和优雅"（页 41）——他也以虔敬的结论收尾。但是，即便施特劳斯在这里愿意把马基雅维利渎神的思想掩盖在虔敬的沉默中，可在另外的场合，他却又十分乐意不再沉默，而是以一种使人愉悦、给人留下深刻记忆的方式把它们揭示出来，它们标志着其作品中精神高度的顶峰（*SPPP*,页 223-225;*TM*,页 48-52）。施特劳斯谴责尼采，给出虔敬的结论，以这样的方式结束文章——从修辞的角度看来，这没有不妥，也就是说，施特劳斯从顶峰之处走下，来到民众之中，带来了民众应当牢记的教诲性信息和意见（*PAW*,页 91）。"它像为时代而作的小册子一样结尾"（*MT*,页 55），凭靠虔敬谴责渎神的尼采。

《什么是政治哲学》中施特劳斯对尼采"宣扬"和"准备"的东西所作的评述,成为施特劳斯的大部分追随者谈论尼采的基础倾向:尼采是个虚无主义者,是个大家需要防范的教授邪恶的人,是教授20世纪生活中最为龌龊内容的秘密精神导师。施特劳斯似乎是在鼓励他的读者接受尼采本人刻画过的现代人(出于礼貌,他把自己也算作其中一员)的一个典型特点:[10]没有时间也没有兴致思考彼此相悖的观点。"因为没有时间,也没有闲情思索,我们再也不会权衡不同的观点,而是满足于厌恶这些东西。"(*HH*,282)

施特劳斯为什么要怂恿人们憎恶尼采的观点?他又怎么会认为,让他人痛恨曾经使自己部分地得到解放的学说,会是件有益的事情?考虑到施特劳斯对尼采的专门而全面的研究,其原因显然不可能是尼采的观点可憎。要理解施特劳斯在《什么是政治哲学》里说的煽动之辞,还需凭借施特劳斯对尼采所作的谨慎评价,也就是他为那些有时间、有兴致思索尼采不同观点的人们所作的评价。在这里,也只有在这里,施特劳斯才能恰当地把自己的感激之情回报给他的一位首席教师、一位仍然吸引着他的哲人。

## 负责任地对待尼采

施特劳斯研究尼采的文章,是他最后完成的几篇文章中的一篇,尽管不是最后一篇。完成稿写在一个"冠军"牌活页笔记本上,归入"施特劳斯论文"一档,由芝加哥大学保存。[①] 笔记本里有论述尼采的这篇文章,后面接着还有《对修昔底德著作中诸神的初步考察》和《色诺芬的〈上行记〉》。施特劳斯给这三篇文章都标上

---

[①] 笔者在此感谢 Joseph Cropsey 让笔者在施特劳斯文档里面查阅这个笔记本及其他文献。

了起始和完成时间——尼采：1972年3月18日至1973年2月12日；①修昔底德：1973年3月31日至1973年5月31日；色诺芬：1973年6月6日至1973年9月19日。一个月后，也就是1973年10月18日，施特劳斯逝世。此前，论述尼采的这篇文章已经安排刊于《解释：政治哲学学刊》第3期（1973），刊印稿只在笔记本手稿基础上作了些微修改。施特劳斯作过交待，要把这篇文章收进他的最后一部书《柏拉图式政治哲学研究》。②

这篇关于尼采的论文作为施特劳斯写成的最后几篇文章中的一篇，是在作者漫长著述生涯的终点写就的，在此之前，施特劳斯已经写了很多部著作，它们是他的精神遗产的主要载体。而这篇文章风格特别，假定读者已经熟悉了作者先前写作的那些书的内容：这种风格正是施特劳斯的风格，让人觉得作者着意[11]让写的东西只对熟悉他的著述并赞同他的观点的读者有用。

一个表达风格和内容都很特别的作者，若是对自己已经建立起来的读者圈子说话，就多了一些自由。这一点施特劳斯在一篇讨论法拉比（Alfarabi）③的文章中（*WPP*，页134-154）说得十分清楚："树立起自己的角色"之后，就有信心让读者凭借角色解读自己，把自己当作观点已尽为读者了解的人。于是，作者便能更自由地抒发自己的见解。由于已经有了这样的自由，施特劳斯可以谈论尼采，同时又十分放心，知道大家已经清楚，一篇由他写的谈论尼采的文章将会批判和谴责尼采。一篇收入《柏拉图式政治哲学研究》名下的文章肯定会把尼采和柏拉图拿出来对比，其结果一定是对尼采不利。

---

① 自1971年10月6日至1972年5月24日，施特劳斯在马里兰州安纳波利斯的圣约翰学院教授的一门课，就是讲《善恶的彼岸》。

② Joseph Cropsey，《柏拉图式政治哲学研究》，"前言"，vii。在笔记本上的后两篇论文，即施特劳斯最后完成的著述，也首先刊载于《解释：政治哲学学刊》，后来都收进了《柏拉图式政治哲学研究》。

③ [译注]以往多有人把这个人名译作"阿尔法拉比"，但"阿尔"是阿拉伯语中的冠词，实不必译。

但凡有什么东西与此异样,也很少会引起注意,而施特劳斯在谈论这类情况时说过:"偏离会被看成是重复。"(*WPP*,页135)

施特劳斯的这项尼采研究偏离了人们有关他的尼采研究的一般见解,而人们却会以为这与作者一般的做法毫无二致。在施特劳斯的研究里,尼采从来没有受到谴责,而是得到褒奖,被他抬到最高的位置。而且,若是反对的声音一次又一次地响起,直至最后爆发出不同意给予尼采肯定评价的反对声音时,我们可以估计到,这些反对声音是来自受过施特劳斯训练的读者,是"施特劳斯派"的反对声音。但是,施特劳斯回应了这些反对的声音:他为尼采辩护。从施特劳斯派的观点来看,这篇论文是一桩丑闻。

## 将尼采置于中心地位

施特劳斯经常不厌其烦地说,过去有技艺的(artful)作者会玩小把戏,把重要的事情安排在目录、段落、篇章及其他类似东西的中心,因为这个部分相对于开头和结尾部分最为隐蔽(*PAW*,页13)。施特劳斯经常让自己的忠实读者关注这个位置,也就为他们订立了这条"庭辩修辞规则"(rule of forensic rhetoric)。他的读者受到这样的训练,会把注意力放在中心位置,于是,这个部分成为最为显露的部分(*PAW*,页185)。在为最后一部书所拟的计划里,施特劳斯特意打乱了文章编排大致上依据的编年顺序,把研究尼采的文章放在了中央或稍许靠后一点的地方。我们完全有根据认为,施特劳斯这么做是为了将核心问题置于中心,由此从结构上给予尼采应有的哲学上和历史上的显赫地位,最终也给予尼采作为施特劳斯自我反思的对象和自己的教师所应有的突出地位。

事情并不像《柏拉图式政治哲学研究》[12]这本书现在的安排显得那么简单,因为,尽管这篇论述尼采的文章现在被排在中心的位置,处在十五篇文章中的第八篇,但按照施特劳斯的遗稿执行人在《柏拉图式政治哲学研究》"前言"里说的,施特劳斯的计划是为全书写一个"导言",以及一篇讨论柏拉图《高尔吉亚》(Gorgias)的文章,并将这篇文章安排在评论柏拉图《欧蒂德谟》(Euthydemus)的文章之后。如果这样,论尼采的这篇文章的中心位置就会有所变化。现在若只算进讨论柏拉图《高尔吉亚》的文章,论尼采的文章就会是后半部分的开头,或者若从另一角度来看这样的安排,这篇文章就会与《耶路撒冷与雅典》并肩立于全书中央。这样的并肩格局不无道理,考虑到"耶路撒冷与雅典"一文主题很大,而尼采在这一主题中的地位很重要,他的"超人就是为了在其身上实现耶路撒冷与雅典的最高程度的统一"(页149)。① 若把论柏拉图《高尔吉亚》的文章和"导言"都算进来,"耶路撒冷与雅典"就置于全书的中心,论尼采的文章就成为后半部分的开始,这或许是最好的安排:②在自己的最后一本书中,施特劳斯以应时开头,以虔敬结尾,并在中心论述我们精神史的核心问题,即雅典与耶路撒冷的关系问题,而后又开始论述尼采这位哲人,他解决了我们的精神史呈现出来的最高级、最困难的问题。

《柏拉图式政治哲学研究》将研究尼采的论文放在中心或紧靠中心的位置,一反读者对其中研究给予的期待。用错了标题吗?答案是否定的。施特劳斯用一种引人入胜的方式告诉读者,在两个最基本的方面,可以把尼采算入柏拉图式的政治哲人之列:尼采柏拉

---

① 在分析《柏拉图式政治哲学研究》的结构时,Alan Udoff 将"第八篇"和"第十六篇"文章,即"耶路撒冷与雅典"和"柯亨《源于犹太教的理性宗教》导言"做过对比;见"On Leo Strauss:An Introductory Account",页20。Udoff 的论文写得非常出色,可以让读者懂得如何怀着敬意和怀疑研究施特劳斯,如何把"施特劳斯文章表面之下的各种潜在的含义清楚地显现出来"(页19)。他编的施特劳斯研究文集总体而言收进了一些信息最丰富、最为有趣的施特劳斯研究文章。

② 在计算马基雅维利作品的章节时,施特劳斯却又说,"第一章、第二章的前言当然算不得一章"(TM,页48)。

图化(platonizes);尼采终归没有避免"重陷柏拉图主义"(a relapse into platonism)。

## 有技艺的施特劳斯

《注意尼采〈善恶的彼岸〉的谋篇》("Note on the plan of Nietzsche's *Beyond Good and Evil*")。施特劳斯的其他文章也有标题用到 note,似乎取的是通常的学术上的含义,用作名词,指值得学者注意的问题。但在研究尼采的这篇论文的标题里,note 似乎成了动词,表示命令,命令读者:请注意,尼采著作的谋篇是通向其著作内容的大门。①

作为尼采《善恶的彼岸》的读者,施特劳斯十分看重该书的谋篇,而且表明总体的谋篇何以帮助读者弄懂其中的细节。说到《善恶的彼岸》里面的内容时,施特劳斯总是花费很多时间评述那些表面看来细枝末节的东西,如笑话、牢骚、题外话、谜语甚至尼采并未说出的话。施特劳斯的尼采就像他的马基雅维利一样:"他吸引读者是靠把谜语摆在他们面前。"(*TM*,页 50)尼采还直接地与读者交流:施特劳斯提醒大家留意尼采与读者之间的很多短小对话,读者作为交谈的一方能够在对话过程中受到深深的吸引,进入尼采的思想。施特劳斯分析的重点,是书里面很多不起眼细节,从而可以在整部书的结构里、在尼采的谋篇下给它们以应有的分量。于是,施特劳斯表明,《善恶的彼岸》的谋篇要求读者慢慢地阅读,分析它的语言,像尼采说的那样"反刍"(*GM*,"前言",8),尽管这种迟缓的(bovine)行为并非尼采本人的特征。但是,如果说尼采本人是个喜爱快捷、戏谑和简约的人(*GS*,381),那么,他有意选择这么一种谋

---

① 《迈蒙尼德〈知识书〉疏释》("Notes on Maimonides' *Book of Knowledge*",*SPPP*,页 197、199)含有关于谋篇的议论,也与论尼采的文章有些关联。

篇,其目的就是迫使读者放慢速度,在各种事情中理出道理来($D$,"前言",5)。

值得注意的是,作为尼采的一个读者,施特劳斯从不依赖别人的阐释来理解尼采(唯一的例外是,他承认自己对尼采宗教经验中的某个方面所知不多,所以让读者求教莱因哈特[Karl Reinhardt])。施特劳斯总是独来独往,从不求教那些著名的研究者,甚至不求教海德格尔;他也不去展示自己的阐释是否与别人的有冲突,甚或更好一些。这篇论尼采的文章本身可以告诉读者,施特劳斯在其尼采研究中表现出的训练,不是来自尼采的研究者,而是来自尼采之前的哲学史,来自那些创造了合适自己的交流技艺的大思想家。作为尼采的一个读者,施特劳斯之所以能够独来独往,原因在于,陪伴他的是柏拉图思想传统里的大思想家,其著述已经塑造了施特劳斯对哲学是什么以及哲学如何展现自己的理解。

作为论述尼采《善恶的彼岸》的这篇文章的作者,施特劳斯采取了特别谨慎和克制的议论方式。要找到阐释他的句子和段落的关键,我们可以看看他用的不起眼的逻辑连接单词和短语,如"相反""不过""然而""于是""至多可以说""更准确地说""但是"等等。由于经常运用这些词语,施特劳斯的文章也就有了对话的特点。施特劳斯在进行一场论争,与其说在与尼采论争,不如说在与自己的读者论争;与其说在与自己的读者论争,不如说更是在与自己论争。在与尼采的思想碰撞时,施特劳斯的推理可以清楚地呈现在读者面前。

[14]施特劳斯作为论述何为哲人的作者为自己赢得了美誉,不过也得了泄露别人秘密的恶名:他揭开别人的小计谋和把戏,比如说故意出错、前后矛盾、设置中心、沉默不语和言辞重复。这些人用这些手段是要在推进自己的观点时,留住感兴趣的读者,支开那些没有兴趣的人。莫米利亚诺(Arnaldo Momigliano)说施特劳斯是个

"玩弄隐微术的瘾君子"(addict of esotericism),①那么,他在论尼采的文章中用了上面说的技巧吗?他自己用过当时人们所说的"计策和秘密手段"(the craftie and secrete methode)吗?② 笔者认为,在有限的程度上,施特劳斯用过。那些技巧并不构成他的观点的核心,但可以帮助读者找到核心,揭示核心的东西。施特劳斯的"魔鬼之才"(diabolical cleverness)③在这篇文章中还没有离他而去,还总是在为阐发他的中心观点服务。在谈到计数的技巧时,施特劳斯自己也说:"本质上,这类技巧可以帮一定的忙,但作用有限且应该有限,它们只是提供暗示罢了。"(WPP,页166)

很多读者认为这类技巧不值一提、索然无味或者干脆没有必要。除了在施特劳斯的弟子圈内,现在一般很少有人赞同如下观点:作者把必须要说的话掩盖起来不是没有益处的,因为,我们依据点滴提示去辛苦寻找隐藏的东西,会让我们找到的东西显得更有价值、更是我们自己的东西。然而,即便像笛卡尔那样一心想要去除迫害、让自己能够畅所欲言的作者,也认为把结论,或者把通往结论的路径掩盖起来是有用的,因为这样做会给最优秀的读者带来益处:读者只有一道来寻觅,才会把笛卡尔的东西变成自己的东西。④在笔者看来,对施特劳斯这样的作者而言,运用那些小的技巧不仅说得过去,还给人以愉悦,有实际的用处,像在游戏,又像在教育。施特劳斯从来不会让受到吸引而用功钻研其著述的读者失望。

话虽如此,笔者现在或许也不妨表示,在评述施特劳斯的著述时,笔者尽了最大努力,想要把事情交代清楚。这并不等于笔者认为自己已经把施特劳斯提出的每个要点都阐释清楚了,而只是说,

---

① 莫米利亚诺,《论异教徒、犹太教徒和基督徒》(On Pagans, Jews and Christians),页259。
② 麦克戈文(McGowan),《蒙田的欺骗》(Montaigne's Deceits),页42。
③ 曼斯菲尔德(Mansfield),《马基雅维利的新模式和秩序》(Machiavelli's New Modes and Orders),页11。
④ 笛卡尔,《方法谈》(Discourse on Method),6.71。

笔者已经尽力把所有足够重要、足够晦涩而不能不提的要点尽量阐释得明白一些。之所以这样直言不讳,原因就是我们正在进入尼采时代:维持公共道德,[15]靠的不是掩饰上帝之死或哲学之腐蚀性。那种腐蚀,那用锤子进行哲学思考的偶像的黄昏,标志着尼采时代的黎明。笔者不会有什么秘密的东西要悄声传授给读者,因此,读者不必在本书中寻觅各种各样的暗示。

## 如何与柏拉图较量

Die vornehme Natur ersetzt die göttliche Natur。这个未加强调的德语句子是施特劳斯的尼采论文的最后一个句子:"高贵的自然取代神圣的自然"(noble nature replaces divine nature)([译按]或译"高贵性取代神圣性")。什么是高贵的自然,什么是为之取代了的神圣的自然? 笔者认为,施特劳斯的整个研究表明,尼采呈现的(presents),不,应该说,尼采体现的(embodies)高贵的自然,取代的是由柏拉图呈现的神圣的自然。但是,要表述这种引人注意的思想,有什么语言上的要求让施特劳斯非得使用外语,使用尼采自己的语言不可? 为什么还要把它放在文章最后说出来,让它得不到进一步阐释? 笔者认为,施特劳斯的整个研究告诉读者,夸耀这类东西,把它们摆在大家面前造成震撼和混乱,没有必要,甚至不可取;没有必要用尼采的方式呈现尼采。

要恰当阐释文章最后这个神秘的句子,只有靠悉心研读这整篇评述尼采的论文。不过,即便粗略浏览一遍文章,也能发现一个再明显不过的事实,即施特劳斯的最后这个句子概括了整篇文章的两个主要特点:在展开尼采的思想时,施特劳斯不断参照柏拉图的思想;施特劳斯暗地里呈现尼采与柏拉图的较量。贯穿这篇文章始终的,就是尼采与柏拉图之间的对比。无论在文章开首处作者讨论尼采著述的一些不同寻常的品质,还是在文章结尾处作者评述尼采对道德的理解;无论文章涉及尼采对基本选择或者基本事实的看法,还是涉及尼采对道德和哲学所起作用的认识,作者始终关心的是尼采与柏拉图。

尼采 versus[对]柏拉图。这是一场伟大的较量,是尼采所说的柏拉图与荷马之间"完全的、真正的对抗"在当代的翻版(*GM*, 3.25)。朗吉努斯(Longinus)把柏拉图的一生看作与荷马不断争霸的一生,这场较量部分地筑就了柏拉图的崇高地位,尽管柏拉图或许"太爱竞争"①。同样,施特劳斯也把尼采看作与柏拉图一争高下的人。尼采对柏拉图:施特劳斯[16]不只是对古今之争这种形式有兴趣;他说,有这样的对垒,我们的时代才成其为最好的时代。曾有人问施特劳斯他愿意生活在什么时代,施特劳斯"回答说,他有幸生活在现今这样的时代,因为,把关于整全最全面、最深刻的阐释交给我们的是柏拉图,而最全面地批判柏拉图的阐释的,是尼采"。②

关于如何理解哲学史上的这场最大的较量,施特劳斯提供了一条少不得的线索。这就是他的一篇讲课稿中的一句话,这篇讲课稿写于20世纪50年代,在他过世之后发表。在评述尼采眼里的"未来的哲人"时,施特劳斯说,"无疑,我们可以毫不夸张地说,还从来没有人像尼采那样如此伟大而高贵地谈论哲人是什么样的人"。我们很难想象对于施特劳斯还有什么赞美会高过这样的评价。不过,施特劳斯又加上了一个小小的限定条件,实际上把上面一番颂扬冲淡了一些:"这不是要否认,尼采描绘的未来哲人会让人们想到柏拉图式的哲人,而且这两类哲人之间的共性要远远大过尼采本人想到的。因为,柏拉图虽然可以像尼采一样清楚看到或者说更清楚地看

---

① 朗吉努斯,《论崇高》(*On the Sublime*),13.4-5。
② 格兰特(Grant),《技术与公正》(*Technology and Justice*),页90;比较克里斯蒂安(Christian),《格兰特》(*George Grant*),页292-293。从遣词造句看得出来,这些话显然是格兰特说的。如果能知道施特劳斯回答格兰特时的原话,会很有趣。

到我们讨论的这些特征,但他会把自己最深刻的见识含蓄而非公开地表现出来。"(RCPR,页40-41)尼采公开表明的东西,柏拉图早想到了,但柏拉图也想到,这些东西不宜说出来。二人对哲人是什么样的人有相同的看法,不过,尼采把这种高深的认识拿出来展示,柏拉图却将它隐藏起来。关于哲人是什么样的人这一问题,柏拉图更愿意"点到为止"(PAW,页35),尼采则要明明白白说出来。施特劳斯表示,柏拉图的选择表明,在哲人是什么样的人的问题中,对于哲人如何向人们显示自己、要向人们显示什么这一点,他有更清楚的理解。

和尼采共享关于哲人的观点而又总是含而不露、点到为止的柏拉图,是什么样的人呢?作为尼采最大敌手的柏拉图又是谁?施特劳斯找到了一条特别的途径认识柏拉图,这就是细读中世纪伟大的伊斯兰哲人尤其法拉比(约870—950年)的著述。法拉比最先提出哲学应适应启示宗教的立场。法拉比的这种立场取自柏拉图,它不仅为伊斯兰哲学,也为犹太哲学的发展设定好了方向,还通过阿威罗伊(Averroës),为当时虽非主流但很重要的基督教哲学的发展设定好了方向。依据施特劳斯呈现的法拉比的说法,"柏拉图方式"起于对"苏格拉底方式"的反思。苏格拉底方式已经表明自己[17]是有局限的,因为它只关心"科学地探究正义和德性",还表明自己是一种不妥协的方式:它选择"不妥协和死亡"。柏拉图修正了苏格拉底方式,去除了它的局限,缓和了它的不妥协。柏拉图方式要"提供'关于万物本质的科学',尤其是关于神圣事物和自然事物的科学"(PAW,页10)。柏拉图方式撇开苏格拉底的不妥协而倾向于妥协。不过,柏拉图方式保存了苏格拉底方式的核心,它同样是一种替代(ersetzen)方式,同样试图用一种全新的(radically new)认识取代关于事物的普通(common)认识。但是,通过运用不同于苏格拉底方式的柏拉图方式,

> 对彼城(the other city)的革命性探索活动则不再是非有不

可:柏拉图以一种方式更为保守的行为取而代之,就是说,他用真理或者类似真理的东西逐渐替换流俗的意见。在替换过程之中,除非我们暂时接受流俗的意见,替换流俗的意见就不可能用渐进方式——阿尔法拉比说过,我们必须与自己生长于其中的这个宗教社会的意见保持一致,这是成为未来哲人的必要条件;除非我们提出一些虽然向真理看齐,却又与流俗的意见没有明显矛盾的意见,替换流俗的意见也不可能用渐进方式。不妨说,阿尔法拉比的柏拉图最终取代公开在有德城邦实行统治的哲人王,用的就是秘密拥有王权的哲人,这样的哲人正因其为"探究者"(investigator)而是"完美的人";他作为一个不完美社会中的成员以私人方式生活着,他着力在尽可能的限度之内使这样的社会人性化(humanize)。(*PAW*,页16-17)

以上对柏拉图方式的描述包含一个尤其重要的情况:柏拉图方式的目的是要替换流俗的(accepted)意见:它不仅仅是反对或者将就流俗的意见。将就流俗的意见是因为反对流俗性的意见,而且,现在的将就是为了日后的替换。面对流俗的意见,柏拉图有自己的抱负,这就要求他采取一种"含蓄、模棱两可、声东击西、打马虎眼的表达方式"(*WPP*,页136)。由于选择了这样的表达方式,柏拉图为自己确立起一个角色。现在大家都知道,柏拉图是一个讲话含而不露、模棱两可、诱人上当和令人费解的作者。由于他以这样的方式确立起自己的角色,所以他可以直抒胸臆,清清楚楚地道出危险的真理,而且十分自信此时读者听他讲话还会把他当作一个有话不直说、遮遮掩掩,还会语带反讽、言不由衷的角色。用这样的方式,柏拉图[18]掌握了进退自如、左右逢源的外交艺术(diplomatic art),也就是卡拉索(Roberto Calasso)在另一个场合描述过的,"把一切藏在表面的技艺"。① 柏拉图方式是策略性的和狡猾的。它假意跟一

---

① 卡拉索,《卡什王国的毁灭》(*The Ruin of Kasch*),页6。

般性意见保持一致,目的是掩盖自己对一般性意见的背离。不仅如此,柏拉图方式假意保持那种一致,为的是掩盖自己的革命性意图。柏拉图方式暗地里是革命的方式,它的革命倚靠的是表面上支持传统。

柏拉图革命事业的伟大目标在于:"在尽可能的限度之内"让社会"人性化"。如何理解这种人性化呢?这种施特劳斯曾经描述(*WPP*,页29-33)过的"热爱人类"(philanthropy)又是什么含义呢?翻过一页,施特劳斯在论述完何以要用或者说何以必须用柏拉图的策略时说,柏拉图式的哲人捍卫"哲学的利益,而非其他任何东西"(*PAW*,页18)。这样的利益初看起来好像是某个狭隘专家所关心的狭隘利益,但施特劳斯马上纠正了这样的印象:这利益是"人类的最高利益"。让社会人性化,就是要社会留出一方天地给哲学这一人类最高的事业,尽管社会从本质上而言永远不可能完全认识到这一事业的高度或高贵。

施特劳斯向读者介绍的法拉比对柏拉图方式的认识,可以概括如下:柏拉图哲学形成了一套革命性策略,用以改变社会,达成维持哲学生存的目的。柏拉图式的哲人是一个隐蔽得很好的指示器;他们处在隐蔽之中,又要指明事物,二者都是因为他们是热爱人类者,是凭借其爱欲行动的爱欲人类者。他们的行动目的是要替换人们的意见,逐渐地让对哲学友善的意见取代那些对哲学构成危险的意见,从而,对世界的理性探究便能够持续下去。替换了人们的意见,哲人就可以逐渐行使秘密王权,他们的统治只有一种可能的方式,他们的统治将会符合人类的最高利益。

法拉比的柏拉图是施特劳斯的柏拉图吗?毫无疑问,读者在研究了施特劳斯的柏拉图之后会发现,答案是肯定的。在《迫害与写作艺术》中,施特劳斯仿效法拉比,把柏拉图方式称为"苏格拉底方式与忒拉叙马霍斯(Thrasymachus)方式的结合"(页16)。数年之后,施特劳斯在《城邦与人》中分析柏拉图的《王制》时,把法拉比的观点引为自己的观点,但没有提到法拉比。他集中分析了忒拉叙马霍斯在《王制》中扮演的角色,目的在于告诉读者,对于促成哲学与城邦和解的柏拉图方式而言,忒拉叙马霍斯不可或缺。在施特劳斯论证的一处关键地方,他强调[19]苏格拉底与忒拉叙马霍斯"刚刚成了朋友,原先也不是敌人"(*CM*,页123)。两人刚刚成为朋友,是因为苏格拉底刚刚认为,劝说术对于哲人力图让大众与哲学和解是必需的:忒拉叙马霍斯和他的劝说术对于柏拉图维护哲学是少不得的。但是,苏格拉底和忒拉叙马霍斯刚刚成为朋友还有另外一个原因:苏格拉底刚刚放弃了让哲学以青年人为追求对象,还把教导青年的事情交给城邦中长于说服的演说家,也就是说,苏格拉底不再"败坏"青年人。忒拉叙马霍斯成为苏格拉底的朋友,是因为他已经成为苏格拉底的同盟,还肩负着一项要去履行的高尚使命。忒拉叙马霍斯让自己听命于苏格拉底,而且,用施特劳斯的话说,他以及他的技艺已经"服务于"哲学(*CM*,页123-124、页133-134、页136)。柏拉图的方式让劝说术服务于哲学——施特劳斯对《王制》的评注无疑可以表明,在这个关键问题上,他的观点仿效了法拉比的观点。①

要证实法拉比的柏拉图就是施特劳斯的柏拉图,还可以从施特劳斯写的《法拉比如何解读柏拉图的〈法义〉》一文(*WPP*,页134-154)得到更多的支持。施特劳斯在文章结尾处再次提到苏格拉底方式与柏拉图方式,也就是修正过的苏格拉底方式之间的基本区别。但是他也表示,法拉比修改或者说调整了柏拉图方式,让它适合作者所处的伊斯兰教生活处境。在文章最后一句话中,施特劳斯似乎赞许这种改动:"我们欣赏阿尔法拉比这么轻松自如地发明柏拉图的言辞。"(*WPP*,页154)法拉比发明柏拉图的言辞,凭借的是柏拉图这位苏格拉底言辞发明者的创造精神,因为,柏拉图的苏格拉底在《斐德若》里发明了埃及人的言辞,为一种全新的哲学写作

---

① 施特劳斯以柏拉图方式理解忒拉叙马霍斯扮演的角色,对他关于柏拉图式政治哲学的整体阐释至关重要。这一点笔者会在第四章作更详细的分析。

技艺的出现铺好了路。因为有了《斐德若》的许可,所以法拉比就十分自由地发明了符合听众需求的柏拉图言辞。施特劳斯赞赏法拉比的如此做法,不只是对其文学上成功取得的成就表示赞赏,或许也是对想要自己发明符合听众需求的柏拉图言辞之人给予赞赏。

　　施特劳斯不断拿来与尼采对比的柏拉图、衡量尼采又让尼采来衡量的柏拉图,是法拉比的柏拉图,是柏拉图式政治哲学的成功创立者:一个精通政治、擅长以伟大的创造服务于至高的政治任务[20],即在非理性世界中维护理性的利益的柏拉图。柏拉图与尼采是两个竞争对手,原因在于他们是同类,都服务于人类的最高利益,即哲学的利益,而非其他任何东西。哲学的利益要求哲人为了哲学利益有所作为。柏拉图与尼采都希望成为精神上的统治者,他们在实施统治的方式上或者在应对时代的呼求上相互竞争。施特劳斯在尼采论文的结尾处用那个德语句子强调替代,是何等恰当——它是就一项柏拉图式任务而写下的一句柏拉图式言辞!

## 含混

风格提示

　　甲:如果人人都知道了这一点,大多数人都会受到伤害。你自己都说这些意见是危险的,那些接受了这些意见的人会招来危险,但你还是把它们公开宣扬出来?

　　乙:我用自己的写作方式来写作,不论是群氓(mob)、民众(populi),还是任何党派,都不会读我写的东西。因此,我的这些意见不会传播开去。

　　甲:那么,你用什么方式写作?

　　乙:用一种让自己的作品既不会有实用价值,也不会取悦于他人、取悦于上面我说到的三类人的方式。

尼采,*WS*,71

施特劳斯的名声还在于他重新发现了隐微术(esotericism)。这是一种写作技艺,先前的哲人在与志趣相投,或者有可能志趣相投的人交流时常常用它来遮掩异端的思想。人们很少意识到,尼采也重新发现了隐微术。不过,施特劳斯似乎认为,隐微术不得不作为哲学的一个基本组成部分永久保存下来;尼采则认为,应当终止、揭露和蔑视隐微术,让一种甘冒公开表述风险的新的坦率(candor)取而代之。

尼采很早就发现了隐微术的踪迹,不过很晚才告诉我们这一发现,而且是借用"一件小事,一件基本上无关紧要的事实",即借着"虔敬的欺骗"(*TI*,"改善者",5)向我们讲明的。"虔敬的欺骗"就是合乎道德地撒谎,这是那些"人类的'改善者'"给予自己的权利。"无论摩奴、柏拉图、孔子,还是犹太教和基督教的教师,都从不怀疑他们自己有说谎的权利"。在描写虔敬欺骗的一般性做法的具体形式,即耶稣会的做法时,尼采为这种做法下了精确的定义:"有意识地守住幻觉,迫使这种幻觉成为文化的基础。"(*KGW*, VII 16[23])

尼采认为,柏拉图是实践积极的欺骗技巧的大师。因此,尼采用如下言辞表示了自己对柏拉图的基本立场:"我对柏拉图是彻底怀疑的。"(*TI*,"古代人",2)可以说施特劳斯[21]对柏拉图也是彻底怀疑的。但是,与施特劳斯不同,尼采把彻底怀疑的态度完全公开出来,把柏拉图的"理念论"称作"更高级的欺骗"。与施特劳斯不同,尼采选择启发读者弄清历史上那些含混不清的东西,认识那些蒙蔽世人的骗子。在与柏拉图的较量中,尼采手中掌握的武器就是揭露(exposé):他不介意泄露柏拉图的谎言,让它摆在现代学者严格的正直面前。尼采曾直言不讳地谈到自己怀疑柏拉图的理由:柏拉图让"一个十分必要的谎言"作为构筑他那完美城邦的基础(*UD*,10);柏拉图"想要把一个自己认为连相对真理也算不上的东西作为绝对真理向人们传授,即'灵魂'独立存在且独立不朽"(*KGW*, VIII 14[116] = *WP*, 428);柏拉图可以告诉我们"一个真正的谎言,即一个真诚、坚决且'诚实'的谎言"(*GM*, 3.19)究竟有多大价值。不仅如此,尼采还把柏拉图作为"恶的原则"的典范(the paragon of "the evil principle")展示在人们面前。这就是说,作为有最高抱负的哲学思想家,柏拉图是"所有习俗的批评者……有道德的人的对立面",因为他想要成为立法者,由他来订定新的习俗。尼采在《朝霞》里的一则格言中说:"柏拉图想为所有希腊人成就穆罕默德后来为阿拉伯人成就的事情:为各类大大小小的事情制定习俗。"(*D*,496;见 *KGW*,VII,38[13] = *WP*,972)

按照尼采的解释,哲人的隐微术是道德控制的工具。通过虔敬的欺骗,哲人便可以往各种各样的事物本身之中输入道德解释,而且让人类屈身在道德观念中固有的负罪感和责任感之下:让人担心受到惩罚并期盼得到奖赏,这在尼采看来是有用的甚或必需的手段,可使大众变得文明和体面。

施特劳斯热心于哲学的隐微术。他似乎把自己算作"天生喜爱简·奥斯汀而非陀思妥耶夫斯基"的那些人中的一员。有这样天生的偏好,施特劳斯于是就会接受色诺芬的如下见解:"记住好事而非坏事,这是高尚、正义和虔敬的,也更会让人感受到愉悦。"(*SPPP*,页127;*OT*,页185)我们不清楚尼采如何看待爱玛(Emma Woodhouse)或者伊丽莎白(Elizabeth Bennet),但我们知道他对陀思妥耶夫斯基的态度。尼采对陀思妥耶夫斯基心存感激和欣赏,原因在于这位作家有一套他人不可比拟的心理学,而且愿意把灵魂里面的坏东西拿出来公开剖析。

尼采对哲学的隐微术完全没有热情。不过,自始至终尼采都是隐微术的一个学生,想要揭露哲人的假面具和"隐身地",还要弄清他们使用这些东西的各式理由(*GS*,359)。作为隐微术的学生,尼采渐渐认识到,哲学隐微术的某些方面是永远不可克服的。比如说,无论[22]哲人有多大诚意与大众交流,那种把哲人与所有其他人拉扯开来的"距离感"(the pathos of distance)是绝难化解掉的(*BGE*,257)。扎拉图斯特拉的经历告诉我们,进入哲学领域的路径只对那些有意愿并有能力进入的人、那类独特而又稀少的人敞开。

即便对于这少而又少的一类人,隐微术的原初基础仍然不可触碰:自然爱隐藏;事物具有天然不可理解的性质,我们生活在这些事物之中,即便最具才智、最爱探究的人也会面临神秘。因此,像苏格拉底那样去探究、去认识人的无知,就是哲学分内的事情(*GS*, 381)。

但是,尼采理解的隐微术不仅仅是给事物蒙上一层去之不掉的含混性。他还想让隐微术保留其教化功能。这种功能通过他自己特有的艺术形式即格言的艺术发挥出来。用格言的形式表意显得简洁明快,给读者的东西少之又少。但是,在给读者的很少的东西里面,格言在作者与读者之间建立起亲密关系,迫使读者至少部分地依靠自己的努力有所发现,因而和作者形成一种共谋关系。格言是供引诱者、教唆犯和败坏青年者使用的艺术形式。

但是,至于隐微术选用的那些有意把哲学的真实本质和观点弄得含混,即为了有益的目的撒谎的技巧形式,尼采则叫停。在尼采那里,为了有益的目的撒谎已经让位给一种新的正直,一种不惜把私底下的异端思想公之于众的意愿。这个观点的核心部分表现在他的《道德的谱系》中(3.10):

> 我们可以把诸多事实用几句简简单单的公式表示出来。首先,为了生存下去,哲学的精神必须利用业已存在的几类沉思者,比如说教士,巫师,占卜者,总之是宗教类型的人们作为面具和护茧。长时间以来,为了至少能够存在,禁欲主义的理想为哲人提供了一种表现形式,是哲学得以生存的一个先决条件。哲人不得不代表禁欲,才成其为哲人;哲人不得不相信禁欲,尔后代表禁欲。哲人举止怪诞、离群索居、否定世界、敌视生命、怀疑感官、杜绝肉欲等等特征一直维持到最近的时代,而且已经在事实上成为哲人的最佳姿态。这首先是哲学面临的危险生存条件的产物。在很长的时间里,哲学要生存则不能不披上禁欲的长袍,而且不能不让自己陷于禁欲的自我误解里面。不妨说得再生动一些,直到最近的现时代,禁欲的教士都

是像一条毛虫那样生活,让人生厌且又晦暗阴沉,而这却是哲人得以生存和爬行的唯一方式。

　　上面说到的这些情况真的改变了吗?那绚丽而又危险的[23]长着翅膀的生命、那为毛虫的躯体裹藏起来的"精神",真的因为现在的世界更加温暖和明媚而最后解放了出来,重见了天日?我们今天是否有了足够的骄傲、胆略、勇气和自信,是否有了足够的精神的意志、承担责任的意志和意志的自由,让"哲人"自今天开始有可能立于大地?

所有的这一切真的改变了?尼采回答说,是的,一切都真的起了变化。旧时的危险条件已逐渐消亡,因此,旧时的禁欲面罩已不再适合作为公开形象罩在一项并没有禁欲性质的事业上。旧时的危险条件已由新的危险条件取代,后者是对哲学的最终威胁。按照尼采所说,这种威胁部分来自哲学的两个无法避免的后嗣,即科学和怀疑的支配性影响,部分来自现代道德、平等和大众智慧的主宰地位。施特劳斯的尼采论文在此达到了它的顶点之一:它让读者准确地看到了新的威胁的实质。

　　面对由冒充哲学者给哲学造成的严重的新威胁,尼采甘冒真理和公开正直会带来的风险。在某种程度上说,这风险就是要把哲学的公开形象由一条丑陋的毛虫转变成美丽的蝴蝶。这样的转变把哲学说假话的过往暴露在光天化日之下,还把高贵的谎言是否有必要这个问题挑明了。但是,随着这种坦率的增长,就会带来一种根本的坦率,即公开承认哲学自苏格拉底以来认识到的东西:最高的精神事业、最热忱的整全知识追求,会不可避免地让我们意识到知识有必然的局限。

　　尼采断定,哲学的生存条件已经发生了根本变化,而且哲学必须回应这样的变化,因此,尼采认识到自己玩的游戏风险很高:在完成《扎拉图斯特拉如是说》第三卷之后,尼采让扎拉图斯特拉说道(这句话写在一个没有发表的片段里):"我们在对真理做一个实验！或许整个人类都会因为这个真理而毁灭！就这么着吧！"(*KGW*, VII, 25 [305], 1884年春) "就这么着吧！"这话倒不是表示尼采无所谓, 而是表明尼采认识到自己不能掌握机运, 任何人都无力让人类免除下一阶段的冒险带来的不可控制的后果。尼采表示, 对真理做的这种新奇实验, 不过是美德的历史强加在当代思想家身上的东西。

施特劳斯用什么样的方式处理尼采的敞开呢？用的是一种偷偷摸摸的方式、适合爱保留者的方式。施特劳斯好像在效法法拉比, "无条件地赞同柏拉图的隐匿原则"(*WPP*, 页137)。[24]在那经过仔细筹划的含混之中, 施特劳斯到底藏匿了什么？部分而言, 藏起了崇拜尼采的目光。施特劳斯已经看出尼采达到的高度, 并且把尼采维持在那样的高度, 进而供其他人崇拜, 他们尽管不一定欣赏施特劳斯自己热爱玩弄的含混, 却和他一样, 愿意凭借热爱"费时费力却又总令人愉悦的事情"(*PAW*, 页37)穿透思想家故意设置的含混。

施特劳斯私下里流露的崇拜如何与他公开谴责尼采的言辞协调一致？更重要的是, 尼采和施特劳斯的学生该如何评判尼采甘冒的风险和施特劳斯采取的保留？未来的哲学如何面对哲学说假话的过往？要回答这些问题, 得留待我们充分理解了施特劳斯给予尼采的崇拜之后。

# 第二章　施特劳斯如何读《善恶的彼岸》[*]

[25]关于尼采《善恶的彼岸》一书的谋篇，首先要注意它按一种重要性依次递降的顺序表述其主题。它先讨论哲学，将哲学看作担负人类思想和行动奠基工作的宗教的伟大替代者。其次，它讨论道德，既讨论自然形式的道德，也讨论非自然形式的道德。再次，它讨论人类的治理，讨论统治原理或政治学。施特劳斯追随《善恶的彼岸》的脚步，提供了对尼采的隐蔽谋篇的公开解说。

不过，在施特劳斯触及《善恶的彼岸》的实际谋篇之前，他必须介绍自己的研究主题，赋予其以足够的重要性；他必须表明，为什么现在柏拉图式政治哲学离不开尼采研究。

### 尼采的前言：有力的竞争

尼采和柏拉图[①]

施特劳斯论文前三段说的都是一件事，只是说的方式不同：通过与其他著作相比较，强调[26]《善恶的彼岸》的独特性。这三段的区别在于，第一段为施特劳斯强调《善恶的彼岸》的方式，第二段

---

[*] 感谢 David Frisby 在我的这一研究中自始至终给予的慷慨帮助。[译者注]吴雅凌、成官泯博士校订本章译文多处，特此感谢。

[①] 施特劳斯此文见书后附录。下文中以尖括号"< >"标明的数字相应于所附施特劳斯文中我增添的段落编号。

为尼采的方式，第三段则是施特劳斯对尼采方式的解说。

<1>在施特劳斯看来，《善恶的彼岸》"似乎是"尼采最美的著作。但施特劳斯怀疑：他的印象是否与尼采自己的评价不同？毫无疑问，在尼采心目中，《扎拉图斯特拉如是说》才是他"最深刻"的著作，"就其语言来说也是最完美的"。施特劳斯在使用非尼采式的标准判断尼采著作吗？施特劳斯会说，不能这么说；在他这段话最后，我们将会看到，尼采青睐《扎拉图斯特拉如是说》的理由，正如他个人喜欢《朝霞》和《快乐的科学》的理由，与施特劳斯青睐《善恶的彼岸》的理由并行不悖。施特劳斯之强调美，在一个具有施特劳斯品味和训练的读者看来，乃充分理由。

为说明衡量标准虽然不同但并不矛盾，施特劳斯开始介绍柏拉图。论文伊始，施特劳斯便引用柏拉图来衡量尼采，他在这篇作品中还要反复使用这种方法。施特劳斯告诉我们，以柏拉图为例"可能并不太牵强"。毫无疑问，这话初看起来确实有点牵强，但施特劳斯在柏拉图和尼采之间进行的不懈对比将证明，以柏拉图衡量尼采，或者相反，以尼采衡量柏拉图，一点也不牵强。

施特劳斯引用柏拉图，意在说明"最美"不等于"最深刻"或"语言上最完美"。但在如此引用柏拉图之后，还可以用柏拉图来提出另外一点，而在这一点上，柏拉图不同于尼采："柏拉图没有在其作品当中……作出区分。"如下事实是柏拉图与尼采更大区别的一个方面：柏拉图"指向自身之外的东西。而尼采则非常强调他自己，强调'尼采先生'"。柏拉图指向自身之外，如施特劳斯在[其文集的]前一篇论文中所说，指向苏格拉底（*SPPP*，页168）。通过苏格拉底，柏拉图指向自身之外，指向神圣的自然。施特劳斯说，通过如此指向自身之外，柏拉图指向他的"私己性"（ipsissimosity）之外。但"私己性"是尼采发明的词汇（*BGE*，207）。当尼采使用该词时，他在前面加了"可诅咒的"（accursed）：尼采指向他自己可诅咒的私己性。尼采迫使我们在评判其作品时凝视他这个人，评判他这个人及其可诅咒的私己性：由于尼采，哲人的人性，而非某种在哲人之外而哲人希望指向的东西,即某种理想化的人、某种神圣的自然,成为我们注意的中心。

柏拉图有没有帮助我们逃脱我们可诅咒的私己性,[27]将我们的注意力引向自身之外的某种美的理想,引向某种高于我们自身可诅咒的自然的 goettliche Natur[神圣的自然],引向一种上升的启发呢?尼采先生贸然指向他自己及其可诅咒的私己性,这有什么后果?施特劳斯试图表明,尼采先生具有一种特殊性,即他的高贵性;他将表明,尼采沿着高贵性方向超越他可诅咒的私己性。那费解的最后一句话——高贵的自然取代神圣的自然——将会成为一个回答,即对开头第一段提出并贯穿整个论文的问题的回答。这个问题就是:我们最伟大的哲学楷模指向他自身之外的某种神圣的自然,而尼采先生则指向他自己,那么,尼采错了吗?

<2>施特劳斯视《善恶的彼岸》为尼采最美的著作。他说,这种说法不过充分表达了尼采自己在《瞧这个人》这部最大胆地指向尼采先生的著作中清晰说明的东西:"瞧,这个人。"《瞧这个人》将《善恶的彼岸》与《扎拉图斯特拉如是说》加以对照:"在《善恶的彼岸》中,眼睛却被迫去逼真地抓取那些最近的、即时的(在场的)周围的东西。"施特劳斯强调这一差别的意义:"形式上、意图上以及沉默艺术上的优雅的微妙在《善恶的彼岸》中处于最明显的位置"使尼采最美的著作得以美的,是尼采的美化技艺(art of beautification)。这种美化技艺如何美化?柏拉图化(Platonizing)。

<3>"换句话说":这一强调性小段总结了头两段的思考。首先,施特劳斯请我们注意《善恶的彼岸》的独一无二性:它是"尼采本人亲自出版的唯一的书,在当时的前言中,尼采以柏拉图的敌对者的面目出现"(尼采曾为他的一些早期著作补写前言,就在写作《善恶的彼岸》之后不久,在其中一些前言中,他也是这样描绘的)。然后,施特劳斯描述其比较的另一方面:正是在这公开炫耀与柏拉图对立的作品中,尼采"形式上"比在任何其他地方都更"柏拉图化"。施特劳斯一直视《善恶的彼岸》为尼采最美的著作,也就毫不

奇怪:它是尼采最柏拉图化的著作。尼采的柏拉图化美化这本著作的方式与众不同:柏拉图化使它在形式、意图和沉默艺术上具有一种优雅的微妙。施特劳斯身为受过柏拉图以来大师作者(master writers)在形式、意图和沉默艺术上的微妙之训练的大师读者(master reader),认识并赞赏尼采的柏拉图化技艺。①

[28]但一个反柏拉图主义者为何要柏拉图化?下一段从考察柏拉图的柏拉图化入手回答这个问题。

### 柏拉图的柏拉图化

<4>刚才我们看到,施特劳斯通过表明尼采的柏拉图化而拉近柏拉图和尼采,现在,施特劳斯又通过相反道路拉近二者:他表明,柏拉图的柏拉图化隐藏着一个与尼采的柏拉图化类似的观点。

在《善恶的彼岸》的著名前言中,尼采将自己描绘为柏拉图的敌对者,他们之间的根本对立使人们关注到柏拉图的根本错误:柏拉图发明了纯粹心智(pure mind)和善本身(good in itself)。尼采将这说成柏拉图的教条(dogmatism),这教条曾支配欧洲两千年之久,使欧洲受害。但是现在,柏拉图主义"跌落"了。我们目前最伟大、最突出的事实,即柏拉图主义之死,通常被经验为上帝之死的柏拉图主义之死,是我们的教条之死,是给予我们生命的教条(our life-giving dogmatism)之死。在这教条死亡之后我们仍然能活下来吗?

但是,如果说柏拉图主义是教条,柏拉图本人是教条主义者吗?施特劳斯提供了两个基本考虑,表明柏拉图不是教条主义者,并请他的读者考虑这个问题。

---

① 尼采曾寄给欧维贝克(Franz Overbeck)一张明信片(1883年10月22日),当时他正在写作《扎拉图斯特拉如是说》第三卷,并在读一本关于柏拉图的著作。在这张明信片中,尼采对"扎拉图斯特拉多么柏拉图化"表示惊讶。遗憾的是,尼采没有解释他究竟是如何理解扎拉图斯特拉的柏拉图化的。

首先,施特劳斯说,从柏拉图的根本错误是发明纯粹心智和善本身这一尼采式前提出发,尼采很容易走向柏拉图的另一个发明,即第俄提玛所谓"没有人是智慧的,只有神是智慧的;神不进行哲学思考"(philosophize)的观点。施特劳斯引导我们去怀疑,柏拉图是否持有第俄提玛的观点。第俄提玛是最伟大的柏拉图主义教师之一,但施特劳斯在此提到她只有一个目的:使柏拉图远第俄提玛而近尼采。因此,施特劳斯质疑尼采在其倒数第二条格言中的说法:神也进行哲学思考是一种新奇想法(novelty),因为"柏拉图很可能同样认为诸神进行哲学思考"。施特劳斯的两个附注表明,一个进行哲学思考的神,如尼采的狄俄尼索斯(*BGE*,295),对人类并无恶意(《泰阿泰德》151d1-2),虽然这神与其说是一个狄俄尼索斯,不如说是一个超苏格拉底(《智术师》216b5-6)。如果柏拉图并不持有第俄提玛的结论,那么,我们有理由认为,柏拉图也认为神做哲学思考,他们并不拥有智慧。纯粹心智和善本身并非如教条化柏拉图主义即第俄提玛的柏拉图主义以为的那样,属于最高的存在者,且潜在地属于最高的人类。施特劳斯没有公开质疑教条化柏拉图主义的说法;相反,他推出一个柏拉图对话人物——正是这个人物提出了那些主张——并[29]将她与柏拉图分开。柏拉图的柏拉图化包括发明第俄提玛及其神圣自然的美梦。奉承神全知(*SPPP*,页122)是柏拉图化的一部分,服务于柏拉图的目的。柏拉图本人也许可以免于尼采的部分攻击;第俄提玛可以被代替,而柏拉图却无须同时被代替。

其次,为进一步表明柏拉图接近尼采,施特劳斯从尼采的"倒数第二个格言"转移到"《善恶的彼岸》最后一个格言"。施特劳斯在这样做时,让我们觉得这最后一条格言仿佛是哲学本身的最后格言,是哲学关于言辞和真理之间不可逾越的鸿沟的优美而又忧伤的发言。哲学的最后格言证明,哲学本身任何时候都不可能是教条。当尼采强调,"书写的和描摹的思想"与原初形式的思想有根本差异时,施特劳斯"不禁回想起柏拉图关于'logos[言辞/理]的孱弱',

关于真理不可言说——尤其是其不可书写——所作的论述或者暗示"。施特劳斯所引柏拉图的话再一次证明，柏拉图的观点与尼采的观点并不矛盾："柏拉图所构想的心智的纯粹并不必然会确立logos的力量。"施特劳斯没有说柏拉图如何构想心智的纯粹，但他表明，柏拉图不会以他的第俄提玛所描绘的生硬方式坚持这种观点。施特劳斯也没有说，"logos的力量"究竟是什么，但尼采的论述和柏拉图《书简》的引文都提到表达最崇高和最重要事物的言说之不可能。但是，如果柏拉图所设想的心智的纯粹并不必然确立logos的力量，柏拉图的根本错误，即发明纯粹心智和善本身，似乎就隐藏着一个与尼采在这最后格言中所述观点并不矛盾的观点。施特劳斯在这一段中尽力使柏拉图在最基本的哲学问题上靠近尼采。

然而，如果说施特劳斯发觉柏拉图与尼采共有一种非教条的见解，那么，尼采也觉察到这一点了吗？或者，尼采是否误解了他最伟大的对手，过于从字面理解柏拉图，将他的话当真，从而未能看到，柏拉图主义完全可能是某种柏拉图并不持有的教条主义？施特劳斯这段话莫非在不动声色地批评尼采，批评他没有看到自己的伟大对手比他想象的更接近他？

尼采是一个古典语文学家，他重新发现了隐微写作（esoteric writing）的古代技艺。尼采是诸如蒙田、莱辛等隐微术的伟大代表的门徒。尼采在晚年告诉我们，[30]他因重新发现包括柏拉图在内的一干作者的"虔敬欺骗"（pious fraud）而开始研究道德的谱系："无论摩奴、柏拉图、孔子，还是犹太教和基督教的教师，都从不怀疑他们自己有说谎的权利"（*TI*，"改善者"，5）。柏拉图使用必要的谎言（*UD*，10），希望其他人将他自己甚至不认为是相对真理的东西看作绝对真理，相信灵魂的独立存在和独立不朽（*KGW*，VIII，14 = *WP*，428）。因此，在长期思考后，尼采开始"对柏拉图是彻底怀疑的"（*TI*，"古代人"，2）。更进一步，当尼采开始区分哲人选择隐藏起来的不同动机时，他将柏拉图的动机、他所谓热爱人类的动机，与某个奥古斯丁的动机——尼采发现这动机来源于怨恨和复仇（*GS*，351、

359、372)——区别开来,尼采的柏拉图在自己枕头下放上一本阿里斯托芬的作品,正是由于阿里斯托芬的缘故,"人们宽恕了全部希腊文化的存在",包括柏拉图主义(*BGE*, 28)。要得出结论说,尼采误解了其最伟大的对手,或施特劳斯批评尼采误解了柏拉图,我们还是小心为好。

## 第一部分:哲学和宗教
### 第1-3章:哲学统治宗教

施特劳斯的《善恶的彼岸》解说,通过考察尼采的副标题、前言和九章划分,显示该书的谋篇。但施特劳斯以其高度个人化的方式显示这谋篇,总是不忘比较尼采与柏拉图,不忘表明尼采如何在柏拉图的尺度上行动和思考。施特劳斯不懈追求的目标,是将尼采用以结束其前言的半许诺半挑战的话向读者呈现出来:"我们优秀的欧洲人,我们自由、非常自由的精神,我们还拥有它们:精神的全部匮乏和它那完全拉紧的弓!啊,也许还有箭、有使命,谁知道呢?有目标……"也许,从柏拉图主义的死亡中,通过几百年来反对柏拉图主义的战斗所造成的精神的极度紧张、"匮乏和沮丧"或虚无主义,一种可能获得的新的欧洲目标呼之欲出。

### 根本选择

<5>在着手解释《善恶的彼岸》谋篇之前,施特劳斯要我们注意哲学在该书中的独特重要性,并这样结束他对这一段的解说:"哲学肯定是《善恶的彼岸》的首要主题,[31]是前两章的明显主题。"施特劳斯从副标题"一种未来哲学的序曲"(Prelude to a philosophy of the future)入手得出这一结论。施特劳斯断言,这本书"并非真的要去准备未来的哲学、真正的哲学,而是……为一种新的哲学(a new kind of philosophy)"作准备。对不定冠词的强调可能使人以为,尼

采为之准备的哲学只是许多哲学中的一种,尼采哲学似乎在呼唤以多种未来哲学为标志的未来相对主义。在这段话里,施特劳斯三次使用短语"未来的哲学",表明施特劳斯根本不是这个意思。何况,未来的哲学也不能被称为"真正的哲学"(尼采自己从来没有这样称):这个称号本身就是过去的哲学的产物。它是"一种新的哲学",与"过去(和现在)的哲人们"所主张的哲学不同,所有这些过去、现在的哲人,尼采强调说,都走在柏拉图所规定的同一条道路上(格言191)。未来的哲学将走一条不同的路,但不会同时走很多条路。

施特劳斯又说,尼采并不只是等待未来的哲人:他的著作"试图成为未来哲学的范例"。但如果尼采已经能够写出这样一个范例,他与自己在第二章中所讨论的"自由心智"(the free minds)又是什么关系?尼采作为一个未来哲人对那些仍然是"未来哲学的带路人和先驱者"的人讲话,这是一种典型的尼采式自负:他在不同场合多次说过,由于自己的命运,他不得不从最遥远的未来返回,以便指导甚至最先进的同代人迈向一个已经成为他本人的过去的未来。施特劳斯指出,理解尼采的自由心智和未来哲人的区分很"困难",但他提出两个问题来表明应该如何理解这种区分:自由心智比未来哲人的心智更自由,因为后者已经到达一种观点,而对自由心智来说,这一观点仍然在前面等待着他们。

<6>为最终揭示《善恶的彼岸》的谋篇,施特劳斯强调,哲学的首要主题要求探讨宗教、道德以及政治等重要但次要的主题。鉴于尼采这一著作的谋篇事实上分为两大部分,在这些次要主题中需要进一步区分。第一大部分着重讨论的哲学与宗教,比第二大部分的两个主题,即"哲学与城邦"——施特劳斯对哲学和道德、哲学和政治主题的概括性表达——更紧密地联系在一起。

尼采分离论题的谋篇表明,他与古典作者在施特劳斯所谓的[32]"根本选择"上非常不同。对柏拉图和亚里士多德来说,根本选择是"哲学生活"抑或"政治生活",对尼采,则是"哲学统治宗教抑或

宗教统治哲学"。尼采误解了根本选择？或者我们的时代使一种新的选择成为根本性的，以至于尼采与柏拉图和亚里士多德的区别可以被看作我们时代所要求的正当区别？如下问题的重要性不容置疑：是否哲学的环境(setting)发生了根本变化，而这种变化要求哲学将一种新的选择看作根本性的？问题可以准确界定如下：启示宗教的历史性出场及其现代传人是否如此改变了哲学的环境，以至于一种新的选择成为根本性的？施特劳斯在《自然正当与历史》中直接谈到这个问题：

> 因此，根本问题在于，人是单靠运用自己的自然能力(natural power)就能获得有关善的知识——没有这种知识，他们的个体生活或集体生活就会失去方向——还是只有在神圣启示(Divine Revelation)的基础上，才能获得这种知识？**没有什么选择比这更根本**：人的指引还是神的指引。前一种选择是本来意义上的哲学或科学的特征，后一种选择我们可以在圣经中看到。任何调和或综合都不能排除这一困境。因为，哲学和圣经都宣称有某种东西是人们所必需的，是唯一具有终极意义的，但圣经所宣称的那种必需的东西与哲学所宣称的正好相反：恭顺的爱的生活相对于自由见解的生活。在调和两者的每一次努力中，在无论多么令人印象深刻的每一次综合中，这互相反对的两者中总有一个要为另一个牺牲掉，有时巧妙、有时粗暴，但肯定要被牺牲掉：本该做女王的哲学，结果却成了启示的婢女；或者相反。(*NRH*, 页74-75)

哪一个做另一个的婢女？哪一个统治？"没有什么选择比这更根本。"伟大的早期现代哲学家，如培根和笛卡尔，同样持有这种根本选择观，他们试图将哲学从使其深受其害的宗教统治下解放出来，并将宗教置于哲学的统治之下。① 关于哲学统治宗教的必要

---

① 《自然正当与历史》表示，哲学被基督教形式的启示宗教所俘获，使现代政治哲学向古典的回归成为必要(页164)。

性,尼采自己直言不讳。这一需要来自如下事实:宗教已经取得对哲学的统治,虽然现在是现代宗教、"现代观念"(modern ideas)决定了人类未来,并威胁要废除哲学。

施特劳斯认为,"不同于古典哲人,[33]政治在尼采那里从一开始就归属于较之哲学与宗教更低的等级"。然而,施特劳斯强调的哲学与宗教的关系本身,就是政治问题、统治问题。根据尼采对我们历史的见解,哲学只是为使自己生存下来才承认它那已经确立了的对手的统治。哲学过去不得不在外表上与其竞争者保持一致,因为当时它处于生死存亡的危急关头,别无选择(*GM*, 3.10)。然而,内在地,哲学精神怀有某种与坚硬的宗教原型之禁欲的、否定世界的理想非常不同的东西;内在地,它肯定自我、肯定世界,充满欲望和激情,欲求存在。尼采所诊断的哲学的新危急关头要求哲学丢掉其禁欲主义伪装,不再与否定世界的宗教作战略性的同流合污。尼采为此不惜将哲学与宗教的激烈竞争公开化,以确立哲学的统治,保证哲学的生存。

作为说明新的统治问题的一种方式,施特劳斯说,"在前言中,尼采暗示他最卓越的先驱者是……homo religiosus[宗教人]帕斯卡"。暗示? 前言中并没有提到帕斯卡,倒是提到了帕斯卡的大敌耶稣会。何为耶稣会? 在其前言中,尼采称耶稣会是以宏伟风格放松因两千年来的反柏拉图主义斗争而引起的欧洲精神紧张的第一次尝试。按照尼采的描述,这场伟大的精神战斗带来一种精神紧张,有如一张绷紧的弓:这张绷紧的弓可以使我们射向最远的目标。而耶稣会则企图放松弓弦、消除那种最具孕育力的紧张。问题是:采取什么手段放松? 尼采的耶稣会定义提供了完美的回答:"有意识地守住幻觉,迫使这种幻觉成为文化的基础。"(*KGW*, VII, 116[23])耶稣会,特伦托会议(Council of Trent)后天主教会激进改革的先锋,关注圣餐礼的祭司魔法,关注巴洛克和洛可可风的艺术性颂赞(the artistic hosanna),关注忠于王座和祭坛的精英的教育——关注宗教对哲学有意识的统治。耶稣会是那如此吸引尼采和施特劳斯的道德现象——我们的精神传统特有的"虔敬欺骗"或人为操纵的有益谎言——的一个生动的历史体现。耶稣会是一种明目张胆的宗教统治哲学的形式——而施特劳斯指出,尼采的"最卓越的先驱者"反对它。

尼采的"先驱者"虽然表达了欧洲精神反对最新形式的虔敬欺骗的痛苦声音,他自己却也以一种[34]基督徒的声音、宗教人的声音、因屈服于宗教支配而受到伤害的深刻而可怕的理智良心的声音讲话(*BGE*, 45)。在施特劳斯所提到的格言 45 中,可以看到尼采超越其先驱者帕斯卡的方式:尼采爬上明亮、邪恶的精神那高耸的苍穹,从那里俯视最高的高峰,包括帕斯卡让理智(mind)屈服于心(heart)、哲学屈服于宗教的高峰。

施特劳斯关于帕斯卡的简短暗示无异于在说:尼采之于民主启蒙运动,这又一次以宏伟风格放松现代人类精神绷紧的弓的最近企图,正如帕斯卡之于耶稣会。帕斯卡是尼采的"先驱者":反对第俄提玛的旧柏拉图主义、反对为基督教接纳的柏拉图主义、反对曾经像一个巨大而可怕的面具覆盖着我们的文化而现在已经跌落的宗教教条主义,这是一场伟大的文化戏剧,在这一文化戏剧中,帕斯卡同样是一个演员。帕斯卡本人仍然停留在宗教的视界中,尼采则宣布自己超越了这个视界,超越了所有纯粹的宗教视界,并从哲学的角度审视它们。

施特劳斯和尼采一样认为,我们时代的根本选择是哲学统治宗教抑或宗教统治哲学吗?施特劳斯的文章极其严密地表明,哲学究竟是如何沦落到被基督教启示宗教的继承者——现代宗教支配的。它还进一步表明,已经被现代信仰模糊或毁坏的哲学,可以通过上升到统治地位而得到恢复:新哲人,即弥补者(the complementary man),可以将哲学从其现代困境中解放出来。但在描绘这一根本选择时,施特劳斯的文章从来没有忘记,尼采的新根本选择宣称,它比柏拉图和亚里士多德的根本选择有更重要的地位。这一方面的柏拉图范式在西方哲学中已经走到尽头(run its course)了吗?施特劳斯迫使他的读者提出这个问题。

### 柏拉图式地评价尼采

<7>要到第 8 段开头,才能找到理解施特劳斯这一段文字的必要指引;我们现在看到的是这样一个施特劳斯,他放纵自己,将他在其他作者身上生动描绘的东西在他自己身上体现出来——施特劳斯让自己跟自己作对。这是一个很小的矛盾,涉及一件看上去无关紧要的事情,并且非常刻意。但是,对这一矛盾的思考通向施特劳斯的整个关于尼采宗教与哲学讨论的基本问题。第 7 段这样开始:"在前两章中,尼采很少谈到宗教。[35]可以说,他只是在一个格言当中谈到了宗教,而且这个格言恰巧又是最短的(格言 37)。"但是,我们可能错了,因为第 8 段这样开头:"现在,我们转向《善恶的彼岸》第一至第二章中的两个论述宗教的格言(格言 36、37)。"这是怎么回事?一个怎么变成了两个?第 7 段讨论尼采的"哲学思考"(philosophizing),并表明哲学自然导致宗教的方式,它表明新宗教如何从哲学中产生出来。这一依赖关系、哲学的这种优先性,将是施特劳斯关于尼采宗教与哲学讨论的关键问题。因此,施特劳斯的小矛盾表明,尼采的格言文体服务于其根本论证,它表明尼采的格言经常是连在一起的——在这里,一个格言被证明是一个更早的格言的自然结果,而新宗教因此被表明是新哲学的自然结果。《善恶的彼岸》的谋篇包括互相联系的格言的精心排列,当尼采的格言文体得到恰当领会时,一个就变成了两个。施特劳斯后来谈到这两章格言中的宗教论述时,恰当地回到单数,因为他提到,"在头两章中出现的那一神学格言——格言 37"(段 13,强调为笔者所加)。

施特劳斯不动声色自我纠正的小技巧将我们带到了这一非常复杂的段落的另一复杂特点:施特劳斯并不坚持自己的全部断言。相反,他的第一个断言经常是最初印象,需要进一步思考的修正。修正在适当的时候到来,但不事声张——一个悄悄变成了两个,预料读者自会注意。和伟大的文体大师培根一样,施特劳斯从其散文

的完成结构撤走脚手架,要求读者重新完成建筑者的工作。①

在进入第 7 段关于哲学与宗教的关键讨论之前,对于施特劳斯简洁风格的另一个预备性评论也许有用:施特劳斯似乎假定,他的读者会熟悉其工作的其他部分和这一工作的基础,那就是他自己的哲学教师。要充分欣赏施特劳斯关于尼采的哲学统治宗教论的见尾不见首的论证,知道这一论证的另一个版本将大有裨益:那些教师之一法拉比在《蒙福》(The Attainment of Happiness)中关于哲学统治宗教的手段的描述。② 在那里,法拉比以多少不同但完全兼容的词汇,描述了真哲人创造[36]对民众有说服作用的宗教类似物(the similitudes of religion)的必要性。

"哲学肯定是《善恶的彼岸》的首要主题,是前两章的明显主题"(段 5),但是,引领施特劳斯哲学讨论的是宗教而非哲学。为什么如此? 看起来似乎是,施特劳斯试图解释他刚刚抽绎出来的东西、被当作尼采思想根本的东西:哲学统治宗教。施特劳斯将目光投向讨论哲学的两章,目的是为了弄清宗教在其中的遭遇,或表明新哲学如何统治宗教。但是,如果说施特劳斯追随宗教问题的脚步步入了尼采哲学的道路,那么他最终却会走向"基本命题""基本事实",即权力意志。在目前的段落中,基本事实还"'仅仅'是一种'解释'",一种与旧柏拉图主义对立的解释;但是,在下一个段落中,它直接作为基本事实出现。施特劳斯进入了尼采哲学最深处,进入了权力意志,但最初是却从表面开始的。通过询问宗教在试图统治宗教的哲人手上有何实际遭遇,施特劳斯首先表明了他们的哲学是什么。利用《善恶的彼岸》对于权力意志的提及,尽管次数很少,施特劳斯表明,为什么权力意志是尼采的根本教诲。在这之后,他还将表明,某种宗教追随这种哲学而来,这种宗教很自然被这一

---

① 培根,《著作集:新工具》(Works, Novum Organum), I. aph. 125。
② 《法拉比的柏拉图和亚里士多德哲学》(Alfarabi's Philosophy of Plato and Aristotle),页 41-50。

哲学统治，因为它是其精神后裔。宗教因此受新哲学的监护。在尼采那里，新哲学并不使自己适应已经存在的宗教，或禁欲精神及其否定世界和否定自我的方式；新宗教将以公开方式展示那一直是哲学的内在性的东西：肯定的、充满生气的(sprited)、大地的庆典。

施特劳斯在此所展示的东西，在我看来堪称他对尼采研究最重要的贡献，即这样一种认识：基本事实带来新的基本价值，这些价值忠实于大地，并在最高价值即永恒复返中达到顶点。对于包括海德格尔在内的其他尼采解释者如此笨拙和随意处理的东西——权力意志本身以及权力意志与永恒复返之间的联系——施特劳斯给予了精湛的解读，一个忠实于尼采难以索解的文本的哲学解读。这几页关于哲学与宗教的文字所勾勒出的尼采，是一个全面的思想家，他以一种新的、历史的方式将事实和价值统合起来。

尼采在基本问题上极为谐谑(playful)；在这方面，施特劳斯有所反映。尼采思想中伟大的形而上学和认识论的关切，通过[37]心智自由的读者、尼采的朋友发自内心、几乎绝望的问题进入我们的视野，他们在被迫第一次听到尼采的权力意志教诲的全面意义后大叫："什么？这话说白了不就是：只是上帝遭到了拒斥，而魔鬼却没有？"（格言37）。施特劳斯没有破坏尼采强加给朋友的严酷试验的玩笑性质(playfulness)，但他确实表明，尼采在与朋友的这小段对话中如何危险、如何具有诱惑性且渎神。

《善恶的彼岸》的谋篇包含一种策略，尼采用这种策略表述他的根本教诲，即权力意志。他首先——在论文刚开始部分的格言（格言9、13、22、23）中——以"大胆的断言，失之武断"地谈论权力意志（段8）。只是到了后面的格言即格言36中，他才给出支持这一学说的理由。在那里，他以"一种最不妥协的理智上的正直和最让人着迷的谐谑开始了他的推理，也就是说，显明了其命题的问题性、尝试性、诱惑性和假设性的特点"（同上）。施特劳斯没有说得这样明确，但是，尼采在表述其新的根本教诲时遵循的策略，正是施特劳斯在其他一流思想家身上研究过的策略：他们如何呈现其根本思想受一种信念引导，即这些思想只能被很少一部分有类似心智的读者领会。而且，即使这几个特殊读者，也只有当他们和作者一起发现根本教诲，只有当他们自己被引诱主动追随孤独思想家本人所开辟的新路时，才能使新的根本思想成为他们自己的思想。这些少数读者被引诱踏上新教诲之路，在自己思考激进新思想的过程中变成了新教诲的同谋。①

施特劳斯在表述权力意志时追随尼采的策略。他和尼采一样，以"大胆断言"该学说开始，后来才告诉我们这一断言的理由。此外，施特劳斯的表述还遵循其一贯做法：对比柏拉图和尼采。"权力意志取代了爱欲（eros）——即对'善本身'的追求——在柏拉图思想当中所占的位置。"但柏拉图的爱欲和纯粹心智、驱动力和洞察力的二重奏，在尼采那里合而为一："权力意志对二者都予以取代。"由此造成对哲学思考的一种不同描述：作为最精神性的权力意志，哲学思考"是对自然应当是什么和如何是的规定"（consists in prescribing to nature what or how it ought to be）——而根据柏拉图，哲学思考是"对独立于意志或决断的真理的热爱"。施特劳斯[38]用一个简明说法总结这一对比："根据柏拉图的看法，纯粹心智把握真理，而在尼采看来，不纯粹的心智，或者某种不纯粹的心智才是真理的唯一源泉。"

尼采哲学"是对自然应当是什么和如何是的规定"，这是施特劳斯对尼采哲学的最后结论吗？施特劳斯是否认为哲学作为最精神性的权力意志，仅仅是对其猎物的一种僭政形式，一条强迫被鞭打者顺从和服从的鞭子？它是登峰造极的人类中心论吗？我们现在看到的还只是施特劳斯文章的开始部分，这里的说法必须借由后面的说法加以衡量。施特劳斯是在重复尼采的做法：关于权力意志

---

① 施特劳斯，《斯巴达精神或色诺芬的品味》（"The Spirit of Sparta or the Taste of Xenophon"），页535。

的这些最初说法出现于《善恶的彼岸》格言 9 中,在那里尼采第一次提到权力意志。后来的说法则要求扩展和修改这一教诲,纠正权力意志这一术语本身固有的、那最初留给人的粗糙印象。只是渐渐地,施特劳斯才展现他多年以前陈述的一个真理:"尼采以一种非常微妙和高贵的方式解释[权力意志]。"①

为了落实他关于柏拉图和尼采在对真理的爱和真理问题上的对比,施特劳斯引用了尼采早期的一个陈述,这个陈述涉及一个自始至终代表着他的探究的问题,即尼采在《不合时宜的沉思》第二篇中所处理的"致命的真理"(deadly truth)问题。施特劳斯是这样一个作者:他表明,对于柏拉图政治哲学的整个传统来说,致命的真理这一重要问题实际上是基本的问题。柏拉图政治哲学传统是一个隐微传统,这一传统部分源于一种认识,即一些真理很可能会造成伤害,而哲学的社会责任要求哲学将自己与社会隔离开来,让社会不受这些有害真理的危害。施特劳斯的尼采论文强调,在尼采看来,柏拉图的谎言在现代正直或诚实(modern probity or honesty)的压力下不得不走向公开。正直或诚实是尼采所谓"最年轻的德性",一种尼采本人并没有废除或请他的朋友废除的德性。

在这里,在陈述致命的真理这一大问题时,施特劳斯说,"真理并不吸引人,并不可爱,并不赐予生命,而是致命的",他还重复了尼采自己列出的三个"真正教义"。然后,施特劳斯完全以他自己的名义补充说,致命的真理"在上帝死亡的真正教义当中得到了最直接的表达"。

施特劳斯接着得出两个极端结论,这两个结论反过来又涉及被知者(the known)和知(knowing):"世界本身,'物自体',[39]'自然'(格言9)全然混乱,毫无意义。因此,所有意义、所有秩序都产生于人,产生于人的创造性行为,产生于人的权力意志。"施特劳斯认为这些说法充分表达了尼采的观点吗?施特劳斯清楚表明,他不

---

① 施特劳斯,《进步还是回归》("Progress or Return"),页 265。

这么认为,因为他紧接着就加上一个考虑来限定它们,然后还解释了这一限定的含义。当他在下面重新陈述这一基本问题时,我们看到是经过限定的该问题。"尼采的陈述或建议有着经过深思熟虑的神秘难解",施特劳斯说,并以格言40为证,在这一格言中,尼采给出理由,说明为什么"每一个深刻的心灵都需要一个面具"。但施特劳斯刚才正在讨论的问题的迷惑性何在? 也许,迷惑性在于,尼采并没有直接说出他的陈述建议了什么,因为是施特劳斯在直接说出:尼采并没有止步于致命的真理,而是"倾尽全力去破坏致命真理的权力(power)"。尼采也没有止于一种激进的创造真理的相对主义,而是"表明最重要、最普泛的真理——关涉所有真理的真理——乃是赐予生命的。换句话说,通过表明那真理是人的创造,他表明[真理是人的创造]这真理绝不是人的一个创造"。施特劳斯将表明,这一赐予生命的、非创造的真理以一种非常特殊的方式赐予生命:在对真理的不顾一切的现代追求导致"上帝死了"的历史时刻,尼采的赐予生命的真理实际上是一种"对上帝的辩护"。不仅如此,施特劳斯更进一步,乃至提出尼采的赐予生命的真理要求"重陷柏拉图主义,重陷'善本身'的教诲"(段14),而这一重陷是使哲学从尼采诊断出的危机中复原的不可避免的手段。

在表明尼采如何尽其所能破坏致命真理的权力之后,施特劳斯描绘了他自己正在被诱惑——和抵制诱惑。施特劳斯说:"人们会被诱惑去说,尼采的纯粹心智抓住了一个事实,即不纯粹的心智把握住了可朽坏的真理。"像这样利用柏拉图的术语来表明尼采做出了一个就他自己而言不可能的宣称,像这样站在柏拉图一边批评尼采,都很诱人,但施特劳斯对这种做法明确予以拒斥:"我们要抵制这种诱惑,这样追随尼采来陈述他的提议……"追随尼采而不是柏拉图,施特劳斯以一种颇为同情并打开通向明显肯定之路的方式,重新陈述尼采的根本主张(段8最后)。在旧柏拉图主义的影响下,人们可能贸然得出极端的、似乎驳斥尼采主张的结论,但是,进一步的思考迫使人们不再理会这种诱惑。正如培根在谈到[40]人可能被诱惑去根据老标准判断他的革命观点时所说的:"人们不能公正地要求我接受一个本身处在审判之中的法庭的判决。"①

尼采表述真理及其发现问题的方式,是语文学家的文本和解释方式:"哲人试图把握与'解释'相区别的'文本',他们试图去'发现'而不是'发明'。"施特劳斯在进一步陈述其含义时,对这一说法有自己的保留——"尼采所宣称的是":"文本在其纯粹和真正的形式上是无法接近的"。施特劳斯得出一个最为重要的结论:"正是出于这个原因,世界本身——真正的世界不值得我们关注;值得我们去关注的世界必然是一个虚构,因为它必然是人类中心论的。"②施特劳斯难道支持这一激进结论——与我们有关的世界是一个人造世界,这个世界不具有任何可以回溯到世界本身、回溯到自然的衡量标准?他在接下来一段表明尼采仍然可以要求一种衡量标准,同时表明应该废除我们关注的世界与世界本身的区分。而且,施特劳斯的文章在核心部分将转向自然,其第二部分将表明自然如何为尼采提供了一个似乎可靠的标准。

如此追溯完关于权力意志的格言后,施特劳斯谈到,在《善恶的彼岸》中,格言序列由"某种清晰的秩序支配,即便这种秩序或多或少是隐匿着的",并得出结论说,"尼采散漫芜杂的论证风格更多是一种伪装而非真相"。但不仅《善恶的彼岸》如此,施特劳斯的文章同样如此,正如这里的一个小小异样所清楚表明的。在论权力意志的这段最后,施特劳斯引入一个关于格言34与格言35似乎无关的考虑,他说,乍一看,这两条格言之间似乎并无联系,但事实上,二者之间的联系是诸格言的清晰秩序的"显著例子"。为什么以格言34和格言35为例说明这一一般观点?这两条格言刚刚在前一句话最

---

① 培根,《著作集:伟大的复兴》(Works, The Great Instauration),前言结尾处。

② 施特劳斯指的是柏拉图的《法义》,716c:"对我们来说,神是所有事物的最高意义上的尺度,远远超过某些'人类',如他们所言。"

后的括号中被引用——施特劳斯似乎假定,他的读者会中断研读他的段落,专注于他告诉他们要去做的:比较格言 34、35 与格言 32。而在他们读过格言 34 和格言 35 之后,施特劳斯可以提请他们注意两者之间的联系,并将其作为阅读整本著作的一个方法论线索:认识到这两者——[41]一个严肃庄重、一个轻松从容,两者都涉及对真理的哲学探索——之间的联系,他们就会看到,尼采的著作经过了精心计划,以一种精心设计的严肃和轻松的混合来揭示基本问题。

格言 34 就这样以一种初看起来随意、事实上并非如此的方式进入了施特劳斯的讨论;此外,格言 34 对于下一段具有特殊的重要性,因为这条格言关于"我们关注的世界"所说的话将被格言 36 修正:我们关心的正是世界本身。尼采的自我纠正实际构成了施特劳斯的自我纠正的模型。"尼采散漫芜杂的风格更多是一种伪装而非真相"——必须根据后来的理性说法修正早期的教条说法。

格言 34 中还有一项是施特劳斯可能呼请他的读者注意的:尼采在那里作为一个 advocatus dei[为上帝辩护者]讲话。施特劳斯在下一段将要强调,那些尼采称为"我的朋友"并对他们讲话的人犯下了一个严重错误,他们在震惊中将权力意志教诲解释为对魔鬼的辩护(格言 37)。不,施特劳斯将五次重复说,尼采的权力意志教诲是"对上帝的辩护",虽然一开始可能被顺理成章地看错,看成相反的状况。

施特劳斯这段话的最后一句重复了尼采的一个小把戏(playfulness),尼采自己在提出权力意志的主张时曾经热衷于此:尼采提出一个明显的反驳,为的是将这根本反驳宣称为对其观点的一个证实(格言 22)。"权力意志学说不能宣称揭示了实际的情形,揭示了事实,揭示了基本的事实,而'仅仅'是一种'解释',可能是诸多解释当中最好的一种。"这一反驳发生于尼采关于权力意志的奇妙小对话中(格言 22),对话双方是老语文学家(尼采自己)和物理学家,后面这些语文学家的同僚由于现代科学兴起并占据主导地位而在现代知识生活中不可一世。在尼采的格言中,一个小小的语文学家却敢于与物理学家们较劲,指责他们不通语文学,指责他们对文本即整个自然的苍白解释。作为对尼采关于权力意志主张的"明显的反驳",施特劳斯引用了物理学家们新学到的对老语文学家的权力意志主张的答复——也就是说,他们采用老语文学家的新标准给了老语文学家致命一击;当物理学家明确反驳说,老语文学家的观点也只是一种解释时,老语文学家回应说,"哦,那样就更好了"。

尼采没有向物理学家描述他如何论证权力意志观的优越性——对他们,尼采只是简单地宣布了他的观点,正如另一个只是"碰巧出现"的教条主义者那样。但事实上,[42]尼采关于权力意志教诲的优越性有其论证,并不只是诸多解释之一。然而,尼采迟迟不呈现他的理由,直到格言36,在那里,其呈现不是针对自信其自然解释更优的教条物理学家,而是针对怀疑关于自然的任何一揽子解释的自由心智。施特劳斯同样等到这个时候,才表明为什么"尼采将这种明显的反驳看作对他的命题的确证"。作为评注者,施特劳斯将提供必要的服务,他将解释,为什么老语文学家面对物理学家们对其权力意志观点的反驳,其最后的回应不只是维护某种无足轻重的相对主义的一种小小的机智而已,以及为什么,如果物理学们采用这种"明显的反驳",把所有关于自然的性质(the nature of nature)的说法都置于解释的层面上,"那样就更好了"。

### 尼采式地评价尼采

<8>由于前面对尼采权力意志论的思考已经开辟了道路,"现在",施特劳斯能解释讨论哲学的两章中"可以说专论宗教"的两个格言(格言36、37)了。必须指出,施特劳斯的做法并不意味着,尼采的权力意志教诲本身可以还原为宗教。相反,施特劳斯表明,格言36描述了权力意志论的"推理"(reasoning),这种推理以"最不妥协的理智上的正直"进行。这条格言是"专论宗教"的,而这只是在正直的推理表明了哲学如何统治宗教、理性如何统治信仰之后,才

引申出来的。

尼采对其根本命题的呈现方式的谋划,决定了他以大胆断言的方式开始。但现在,在第36条格言中,尼采开始了他的推理,此推理结合了"最不妥协的理智上的正直和最让人着迷的谐谑"。尼采的推理揭示了其基本命题的"问题性、尝试性、诱惑性和假设性的特点";它是教条的反面,虽然它一开始是教条地陈述的。

施特劳斯力图表明,这一论证如何修订了尼采在第二章的"核心格言",即格言34中所表达的意思。在那里,尼采将我们的注意力引向我们关注的世界与世界本身(the world which is of any concern to us and the world in itself)的区分,这是施特劳斯自己强调过的区分。权力意志教诲和对这一教诲所作的论证表明,这一区分并非真正根本性的:"[43]作为权力意志的世界不仅是任何我们关注的世界,同时也是世界本身。"通过这样修正自己在前一段对这一区分的根本性的强调,施特劳斯给尼采的权力意志主张提供了一个与尼采自己的论证不同的论证。① 尼采的论证实际上建立在古老的"认识你自己"的命令之上,建立在"方法的良心"(conscience of method)和"方法的道德"(morality of method)(格言36)之上。尼采早就认为,这一要求意味着一种"原则的经济性"(economy of princi-

---

① 施特劳斯拒绝评论尼采的权力意志推理,这与他毕生的一贯做法一致。他曾在与科耶夫(Kojève)的论战结束时的总结评论中描述这种做法:他和科耶夫似乎都"将[他们的]注意力从存在(Being)移开,转向了僭政"。在从哲学转向政治哲学的同时,他们"一直不断注意""根本假设"(《论僭政》,页212)。施特劳斯在他"重述色诺芬的希耶罗"("Restatement on Xenophon's Hiero",见《论僭政》[De la tyrannie],1954)最初的法文版最后一段作了如此评论。1959年在文集《什么是政治哲学》中发表这一文章的英文版时,施特劳斯自己删掉了这段话;1963年在《论僭政》的修订和增补版中重印这篇文章时,施特劳斯仍然没有把这段话放回去。《论僭政》1991年修订增补版的编者从法文翻译了这段评论,使这段话重新出现在施特劳斯这本书的结尾,却没有在文中作任何说明,没有让读者知道他们正在违背施特劳斯的决定,从施特劳斯的英文版变成他们自己的英文版(参见页vii)。

ples），一种对生物科学中以及"任何其他地方""多余的目的论原则的怀疑"（格言13）。在第36条格言中，方法的良心要求将单独一种因果性以及实验推进到最远的界限。使用这种良心的方法，尼采得出其诱惑性结论："从内部看的世界，按照其'可被理解特性'界定和决定的世界——只能是'权力意志'，不可能是任何别的——"

施特劳斯通过尼采自己关于一个文本及其解释之间的较早区分取代了尼采的论证："如果所有对世界的看法都是解释"，施特劳斯说，"也就是说，是权力意志的行为，那么，权力意志学说本身就同时既是一种解释也是最基本的事实"。同时作为两者，它优于任何其他解释："它是任何'范畴'之可能性的必要的和充分的条件。"通过这种方式，权力意志教诲既可以解释它自己以及所有其他解释，同时又不失其作为解释的特性，不堕入教条主义。它的解释性使它能够宣称自己的优先性，或对所有反驳说"这也只是一种解释"的人说"这样就更好了"。它始终是一个宣称；它从没有上升为确定性。但作为解释，它具有一种可论证的、合理的优越性，它既能够解释我们关注的世界，也能够解释世界本身。

[44]施特劳斯在简要处理权力意志这一尼采哲学的基础和"《善恶的彼岸》一书的全部学说"（段9）的关键论点时，提到格言34和格言35；以施特劳斯的评论为指引研究这些格言，将给他的论点增添某些关键要素。"严肃"且"核心"的格言34讨论最重要的人类知识问题在当代哲学或后康德哲学中的特殊形式：我们关注的世界与世界本身的区分，变成了对我们来说非常明显的表面世界与我们无从接近的真实世界的区分。尼采在格言34中说，关于表面世界与真实世界的这一貌似根本的区分所引起的问题之所以不可解决，部分是因为人们简单地理解这一区分，而人们之所以简单地理解这一区分，部分又是因为我们的奶妈和女教师在文法上（in grammer）给我们灌输了一种天真的信仰。我们的世界探索要想越过天真的牢笼，迈出把握世界本身的脚步，还必须放弃其他天真的信仰——格言35处理了这些信仰中的一个，"老女教师"伏尔泰是

这种信仰的典型代表,他认为只有靠对善的热爱才能找到通向真的道路。格言34与格言35之间的联系表明,通向世界本身的道路被堵塞了,因为我们不能丢掉"真必须与我们学到的对善的认识一致"这一想法。尼采指出(格言35),对于"探索真理"来说,我们一直"太人性"了;这意味着,在尼采看来,任何真正的世界解释都必然包含某些非人性或听上去非人性的东西。因此,格言34与格言35之间的根本联系为格言36铺平了道路。在格言36中,尼采丢掉了关于善的天真概念,达到了某种据说是对世界的真正解释。但由于尼采的读者对真的认识继续被自己太人性的、对善的认识支配,关于真的这一新的叙述在他们看来必然是非人性的。通过这种方式,格言34与格言35之间的联系也为格言36与格言37之间的联系铺平了道路,因为在格言37中,尼采对真的新解释甚至使他已经全力培养的听众震惊。施特劳斯最后转向格言37,这时他已通过对格言34和格言35不动声色的指涉,以及这些指涉本身对尼采的论证方式的指涉,培养了理解它的听众。

<9>施特劳斯说,尼采以故意诱惑某些读者的方式表述权力意志论。哪些读者?施特劳斯以格言30为例,这条格言致力于探讨施特劳斯最喜欢的主题——"[45]从前的哲人知道的显白隐微之别"。尼采诱惑那些他真正为之写作的读者,那些留心显白隐微之别并愿意追随作者暗示的读者。尼采以下述声明开始格言30:"若要未经许可地讲给那些气质、天性上不宜听的人听时",他的"最高的见识必须——而且应该!——听起来像蠢话,某些情形下像犯罪"。尼采的最高见识是对权力意志的见解,他诱人地表述这种见解,以至于在那些他试图使其成为听众并加以诱惑的人的耳中,这见解听起来也像是犯罪。不过,它虽乍一听像是犯罪,随着时间的进程,它却会成为某种听上去不同的东西,条件是那些目标受众——能够听到隐微声音的自由心智、高等的人——能使自己摆脱长期偏见,摆脱仍在支配其不自由心智的过于人性的对善的认识。直到那时,他们才能够领悟,听上去像是犯罪的东西,实际上是对上

帝的辩护。现在,施特劳斯终于可以转向那奇妙而简短的格言了,这条格言言简意赅,支配着他对讨论哲学的两章的全部分析。

尼采刚刚揭示了权力意志教诲的全部范围。他曾经向拥有自由心智的特殊听众、他的"朋友们"讲述这一教诲,《善恶的彼岸》的谋篇已经为他们开辟了进入权力意志教诲的路。现在,在这一关键时刻,尼采允许他的朋友发出声音表达自己的惊愕:"什么?这话说白了(speak popularly)不就是:只是上帝遭到了拒斥,而魔鬼却没有?"你的权力意志论岂不是在犯重罪,剥夺我们所有高尚和神圣的东西,支持、纵容那些最低级、卑贱的东西吗?你的哲学岂不是对一般人通常相信的东西的非人性的颠倒吗?难道你是一个恶的教师、魔鬼的辩护者?

施特劳斯完整引述了尼采的绝妙回答:"恰恰相反!恰恰相反!我的朋友们!真该死(to the devil),谁强迫你们说大白话来着?"施特劳斯关于这一小段对话的简短评论为我们提供了一个迷人的片段,一个闪光的片段,完全解释了"恰恰相反"的准确含义:"权力意志学说",施特劳斯说,"在某种意义上是对上帝的辩护"。是的。施特劳斯五次重申这一说法,强调了这一肯定含义,从而坚持尼采完全不是魔鬼的辩护者,相反,尼采乃是在实践他在格言34开头的许诺:advocatus dei[为上帝辩护者]。但是,在强调尼采强调的"恰恰相反"包含着的肯定含义这一半时,施特劳斯忽略了另一半,具有否定含义的一半,即尼采为上帝辩护的方式几乎使[46]我们父辈的上帝遭到彻底亵渎。因为,如果说"恰恰相反"的一半说的是上帝得到了辩护,另一半则告诉我们,魔鬼被拒斥了。

尼采的朋友们对其权力意志教诲的反应表明,他们需要关于神性的新教导,因为他们关于神性的思考仍然受自己已经不再相信的死去了的上帝的支配。在那种神性观念的束缚下,哪怕自由心智听到权力意志教诲,也如同听到魔鬼的声音。他让他们以上帝和魔鬼的一个简单颠倒直截了当地开始他们的神性教育。权力意志教诲所驳斥的魔鬼,是我们父辈的上帝,是那个超越的、全能的存在,他的无上权威使我们全都成为他的奴隶。

当然,尼采隐含的结论中未提及的这一半,对施特劳斯来说并不是新观念,因为施特劳斯在其他地方曾拿这一半取笑,其中最著名的是他提请注意马基雅维利的渎神妙论"上帝是个僭主"(*TM*,页49、页187-188;参页185、231)。① 当施特劳斯描述苏格拉底据以行动的原则时,我们似乎同样看到这一半的影子:这些原则并未将"一种要求被动服从的绝对命令包括在内"(*WPP*,页33)。② 根据施特劳斯使之如此引人入胜的马基雅维利标准,尼采不仅是一个了不起的渎神者,而且他知道如何亵渎最好:

> 当一个人大声说出或小声吐露某种亵渎时,所有正派人都会瑟瑟发抖,他们离开他,或根据他的罪有应得惩罚他;罪恶完全由他一个人承担。但一个隐蔽的亵渎却要狡诈得多,不仅保护亵渎者不受法律诉讼的惩罚,更重要的是,它实际上还使听众或读者在不知不觉中自己开始思考亵渎并因此变成亵渎者的同谋。[他]因此通过引诱读者思考被禁止的或犯罪的思想而……与读者建立起某种亲密关系。(*SPPP*,页224-225)

尼采迷人而简短的对话响应了书中关于权力意志的一种推理性表述,它表明尼采在建立亲密关系,败坏他的朋友。那么,施特劳斯呢?他既没有震惊,也没有被吓倒,而是帮助他的读者以合适的方式走向尼采的渎神行为:他拒绝揭开隐蔽的渎神,因而恰恰使他的读者在不知不觉中开始思考渎神,变成渎神者的同谋。

---

① 蒙田《文集》(*Essays*)第三部分即最后部分的核心论文(3.7)题为"伟大的坏处"("Of the disadvantage of greatness"),比任何其他地方都更巧妙地表达了这种渎神行为。蒙田的文章攻击至高上帝被假定的伟大,并遵循了开篇的建议:"因为我们不能获得它,我们只能说它坏话加以报复。"

② 关于一神论和僭主的论述,见施特劳斯,《什么是政治哲学》,页207;尼采,《快乐的科学》,格言143("多神论最了不起的好处")。

魔鬼——说白了——就是我们过去的上帝，[47]这个上帝将世界置于黑暗之王、此世君王的权力之下，从而迫使我们把世界评价为魔鬼。正如尼采所说，由于基督教，"'世界'变成了一个诅咒用语"(*CW*，结语；*BGE*，195)。而按照尼采的相反观点，这一被诅咒的世界变成了神性的所在。施特劳斯这段话结尾的三个附注引证了尼采对大地之神狄俄尼索斯(earthly god Dionysos)的辩护。但是，任何指向大地狄俄尼索斯的上帝辩护，都将不能长期容忍旧上帝散布的关于魔鬼的闲言。故此，尼采关于神性的教训继续表明，大地宗教没有给魔鬼概念留下余地。尼采在使用流行习语说明自己的主要观点之后，对自己的朋友说："真该死，谁强迫你们说大白话来着？"那已经死亡但并没有消失的旧魔鬼，莫非仍然作为我们关于神性的唯一的语言的可怕阴影存在(*GS*，108)？只要他的朋友说大白话，使用民众的旧柏拉图主义范畴，尼采就可以简单地颠倒上帝和魔鬼，指控旧上帝并维护新上帝。但这样简单的极端转换在从新哲学产生的宗教中将被代替。①

在这一段的最后一句中，或者说，在向讨论哲学的两章告别的句子中，施特劳斯以仿佛旁白的形式提到，权力意志是"《善恶的彼岸》一书的全部学说"。施特劳斯自己已经利用这一学说阐释了讨论哲学的两章的特殊要点，即新哲学如何得以支配宗教。但是，这一学说也是《善恶的彼岸》全部论述的基础。在施特劳斯讨论《善恶的彼岸》的其他论述时，权力意志教诲必然还会出现，因为它是所有那些论述的最终基础。

施特劳斯五次重复说权力意志学说是对上帝的辩护，他的意思

---

① 尼采与某些形式的灵知主义持有同一种观点，认为《创世记》中的创造者上帝正是魔鬼，但尼采尽可能与灵知主义者保持距离，他的反对上帝的判断并不是基于如下推理：既然世界如此堕落，其创造者一定邪恶。相反，尼采的判断所根据的经验是：世界本来好，不是被创造的。没有堕落、没有得救。从一种尼采主义观点看，灵知主义不过是圣经世界观的一个强化，它将对世界的厌恶延伸到世界的创造者身上。

是赞扬尼采的根本学说抑或谴责它？施特劳斯提取出来的根本问题是：哲学统治宗教抑或宗教统治哲学。根据这说法，一个学说如果使哲学受宗教的监护，就是坏的；如果使哲学摆脱宗教，或更准确地说，使哲学能够统治宗教，就是好的。施特劳斯的文章表明，权力意志学说为上帝辩护的方式将[48]高级的、宗教的东西置于最高级的哲学的东西之下。或者，换个稍有不同的说法，权力意志教诲发现了一条连接善与真的道路：它将真从过于人性的善的标准下解放出来，开始了教导人类发现真正的善的漫长过程。①

## 哲学如何统治宗教

<10>施特劳斯从说明为什么第三章被冠以"宗教性的本质"而非"宗教的本质"，开始他对尼采这一章的解说。这一奇怪做法其

---

① Thomas Pangle 为施特劳斯的《柏拉图式政治哲学研究》写了颇有价值的编者导言，引起不少关注，其中他提到施特劳斯为什么将这篇关于尼采的文章安排在"他最后著作的中间位置"：在他看来，这是因为尼采以激进方式表达了基督教房获哲学这回事，并使这种房获变得一劳永逸（页 24-25）。Pangle 告诉我们，这篇文章被正确地安排在"耶路撒冷和雅典"一文之后，因为它表明尼采如何推进基督教房获哲学这一情况，如何为海德格尔山神或诸神代替政治哲学开辟了道路。苏格拉底在维护宗教的社会必要性的同时，成功地保留了宗教的可驳斥性。Pangle 以为，尼采不过是走向消除苏格拉底这一做法的一步。在Pangle 看来，施特劳斯一再重复"权力意志学说……在某种意义上是对上帝的辩护"，这表明在施特劳斯看来，尼采推进了宗教对哲学的统治。在我看来，这一解释有三个主要困难。首先，施特劳斯的文本提供了对尼采观点而言具有根本意义的"理性论证"，并使新宗教从这种理性论证衍生出来。其次，在其论文的后半部分，施特劳斯表明，在现代，真正威胁哲学的是现代世俗宗教，尼采正是试图将哲学从这种占统治地位的宗教中解放出来。最后，如果施特劳斯事实上认为尼采允许哲学接受宗教的僭政，如果他事实上因为这一最致命的转向而批评尼采，为什么他要隐瞒这样一种结论？在面对海德格尔时，施特劳斯并没有隐藏这一结论。如果一种有用的真理完全符合公开立场，有助于说明公开立场，将这一真理隐藏起来似乎就是多此一举。

实完全合理:虽然没有明说,但他再次对比了柏拉图和尼采。对事物本质的追求,对理念的追求,已经成为过去,尼采的追求、一种施特劳斯随后描述的探究形式取而代之:事物的历史或谱系。宗教的本质或理念,一种僵化的柏拉图主义的结石,"并不是或不应当是我们所关心的",这已经证明,我们关心的是整个世界、作为权力意志的事物整体;这一世界不包括事物的本质或理念。①

关于论宗教一章的谋篇,施特劳斯指出,这一章分成[49]三个部分:迄今为止的宗教、未来的宗教以及尼采对于宗教的整体性评价。施特劳斯完全没有提到第三部分,没有提到这一高度紧张的部分及其对"宗教有什么作用"的解说(格言58),他让自己的讨论停留在未来的宗教上。

在分析第一部分也就是迄今为止的宗教时,施特劳斯讨论了他本人的一大主题:"雅典和耶路撒冷"。他将古代的希腊人(the old Greeks)提升为"古希腊人"(Old Greeks),将他们与旧约相提并论。施特劳斯认为,尼采用关于古希腊人和旧约的两个格言打断关于基督教的格言,以便从更高处衡量和判断基督教。但是,施特劳斯似乎忽略了论希腊宗教的格言,尼采说(格言49),高贵的希腊人创造了一种充满感激之情的宗教。晚期希腊宗教,后贵族的希腊宗教,则变成了一种暴民宗教,这种宗教散布恐惧,为基督教铺平了道路。尼采更广泛地描述这一历史性的背离荷马的希腊转折,意在指控柏

---

① 施特劳斯的作品很少涉及任何传统意义上的柏拉图式理念论,这可以从他在《城邦与人》中对这些理念的讨论中看出来:施特劳斯说,这一学说"很难理解;首先,它完全不可信,甚至看上去荒唐";不仅如此,施特劳斯还暗示,这一学说的修辞效力建立在对类似正义女神(Dike)或胜利女神(Nike)的早先信仰的基础上,或者,更好一点,建立在与柏拉图《王制》神学类似的神的基础上(参页119—121)。施特劳斯自己对这一学说的运用,似乎可以在他关于苏格拉底的说法中找到线索:苏格拉底"按照不变的理念看待人,也就是说,根据基本的和永恒的问题看待人"(《什么是政治哲学》,页39)。关于不可改变的理念的学说被证明确实是可变的。

拉图：由于宣传正义的神和不朽的灵魂，柏拉图是希腊哲人中对这一卑贱宗教的胜利负有最大责任的人，这种宗教不是一种感激，而是一种报复。在尼采本人看来，"古希腊人"与其说是在衡量基督教，不如说是衡量基督教的先驱柏拉图。

施特劳斯利用尼采的两个"打断"性格言，来得出他自己关于雅典和耶路撒冷之间的"距离或毋宁说对立"的结论。与尼采不同，施特劳斯在集中注意关于旧约的格言时，强调将旧约与希腊神学区别开来的东西，即"神圣上帝创世的概念"。施特劳斯以《朝霞》第68条格言为例，使他隐含的论点更有力：神圣的上帝为新约和旧约共同拥有，这标志着两约都与古希腊人及其荷马神学相背。同时创造了神圣上帝和神圣的人的耶路撒冷，与建立在感激基础上的古希腊人的高贵宗教相去甚远。

在某种程度上，施特劳斯这样结束了他关于什么是"宗教性的本质"的段落：人的权力意志既是高贵宗教的创造源泉，也是卑贱宗教的创造源泉。我们所关注的是作为所有存在和所有人类存在的方式的权力意志，因为它为那些现象提供了最终的解释原则，否则，那些现象就会被认为是根本性的或自我解释的——"多余的目的论原则"（*BGE*, 13）。

<11>但是，在尼采的上帝辩护中还有着某种特殊的东西："尼采对上帝的辩护因此是无神论的，至少暂时如此。"至少暂时如此：如尼采所认识到的，无神论是对旧上帝之死的唯一可能的反应。那些由于这一死亡事件而获得解放、[50]获得自由心智的欢乐的人，不再愿意倾听什么上帝或诸神，正如尼采在迫使他们倾听狄俄尼索斯和阿里阿德涅时对他们所说的（格言295）。施特劳斯的这段文字思考格言53："为什么今天有无神论？"虽然有神论曾经是"真实的，也就是说是强大的且赐人生命的"，但它现在已经失去昔日的力量。尼采给出一种可爱且愉快的叙述，说明使他的同时代人走向无神论的理由；而施特劳斯指出，尼采"更出色的读者当中，言之成理地（justifiably）认为这些理由流于轻浮者不在少数"。这些更出色的

读者包括尼采认为现已稀罕的人,那些因为仍然知道"宗教有何好处"而不愿为无神论辩护的少数人。虽然"不太清楚"尼采所提供的理由是针对自然(理性)神学还是针对启示神学,但有一点完全清楚:最有力的论证反对启示、反对启示的根本可能性。因此,当前的无神论在完成其历史使命之后,也许会为一种自然的或理性的神学留下位置,因为我们的无神论是对启示宗教之上帝长期支配的完全合理的反应。那一不幸的中人(communicator)现已失去神圣色彩,赤身裸体站在我们面前,人们发现他不再能够适应我们精致化的道德和理智标准,如施特劳斯所引《朝霞》(格言91)所表明的:"一个全知和全能的上帝,竟然甚至不能保证自己的造物理解他的意图——他还能说是一个善的上帝吗?"

施特劳斯强调了尼采关于宗教的叙述中一个关键然而被忽略的地方:当前流行和必要的无神论不是未来哲人最后止步的地方,"无神论只是个过渡阶段"。向哪里过渡?施特劳斯以一种巧妙而轻松的方式回答这个问题,他讲述了一个尼采式的玩笑,这个玩笑很好地传达了这篇论文比较柏拉图和尼采这一持续主题。但施特劳斯对这个玩笑有自己的补充——他通过一个字母改变了这个玩笑。施特劳斯问:"某种非无神论是否归属于那些继续供奉狄俄尼索斯神的未来哲人,或者说归属于某个伊壁鸠鲁分子所说的那种dionysokolax[狄俄尼索斯的献媚者]?"确实,一个伊壁鸠鲁主义者可能那样说。但是,如果我们遵从指示"参见格言7",就会发现施特劳斯的伊壁鸠鲁主义者说的可能与伊壁鸠鲁本人实际上所说的稍有不同。尼采说,他不知道"还有什么比伊壁鸠鲁放肆驳斥柏拉图和柏拉图门徒的玩笑更恶毒:他称他们为dionysiokolakes"。伊壁鸠鲁恶毒的双关语给通常称呼戏子(actors)的词dionysokolax[狄俄尼索斯的献媚者]增加了一个字母i。伊壁鸠鲁说,柏拉图和他的柏拉图主义者不仅是信奉狄俄尼索斯(Dionysos)的戏子,[51]而且还是向僭主狄奥尼修斯(Dionysios)献媚的戏子。尼采认为,伊壁鸠鲁的恶毒很可能来自伊壁鸠鲁这位从政治中隐退的花园之神对其强大竞争对手的怨恨,这个对手拒绝隐退到花园栅栏后面,他的公共行动要求他将哲学的未来或他自己的哲学的未来系于某个僭主的欢心。当然,没有一个伊壁鸠鲁主义者能说尼采是狄奥尼修斯的献媚者。但是,施特劳斯提出,伊壁鸠鲁主义者完全可以说"未来的哲人将再次是"狄俄尼索斯的献媚者,说尼采和柏拉图一样,作为一个戏子属于狄俄尼索斯阵营。施特劳斯通过抽掉伊壁鸠鲁增加的一个字母,从伊壁鸠鲁的玩笑中抽掉了他的恶毒。以这种方式,施特劳斯自己开了一个小玩笑:从伊壁鸠鲁的观点看,看向花园的围墙之外,可以看到柏拉图和尼采是一伙,都是狄俄尼索斯的献媚者,都在花园围墙外搞哲学,追求一种哲学政治(philosophic politics),其目的是重新塑造外部世界,使一个敌视哲学的世界变成一个对哲学友好的世界。柏拉图玩献媚僭主的危险游戏。尼采玩无此献媚的危险游戏。

<12>未来的宗教会是什么样子?哲学的过去和未来有助于回答这个问题,因为未来的宗教具有一个原理;该原理恰好在我们精神史的这个时刻兴起,并采取它所采取的形式,绝非偶然。施特劳斯将注意力集中在尼采的两个相邻格言(格言54、55),这两个格言讨论现代哲学及其后果,也就是虚无主义。现代哲学的"反基督教的,而非反宗教性的"特点并非指向某种"类似于吠檀多派哲学的东西",而是指向"某种更为西方、更为严厉、更为可怕和更富有激情的可能性"。内在于我们的传统的这一可能性,作为宗教残忍性的最后一轮出现,作为来自上帝自身的残忍牺牲出现。施特劳斯称这一残忍牺牲为"权力意志的否定自身"。他在后文将追随尼采,将这种残忍的自我剥夺的精神机制描述为最年轻的德性即诚实的结果。

格言55宣称,牺牲上帝为下一个阶段开辟了道路,为"对石头、愚蠢、滞重(heaviness)(庄重[gravity])、命运以及对虚无的崇拜开辟了道路……我们全都已经对此有所领教"。施特劳斯将对我们时代的首要洞察归于尼采,因为"当代无神论者当中的较为出众者能

够知道他们所从事的事情"。他们将不会成为肤浅的乐观主义者如恩格斯之流。这种乐观主义是整个黑格尔学派的特征,他们相信作为一个神恩时代的历史之终结。这些"当代无神论者当中的较为出众者……能够意识到有一些事物即将到来",[52]这些事物比罗马哲人面对的 foeda religio[卑劣的宗教]以及污秽的宗教,①或启蒙运动思想家希望消除的可耻事物"更能让人感受到难以琢磨的可怕、沮丧和堕落"。这些当代思想家要面对的比基督教还要糟得多的是什么?"存在着这样一个可能性、一个事实:人的生命是全然没有意义的,是缺乏依凭的。"这当然不是一个严格而言的现代意识,施特劳斯提到阿那克萨戈拉,表明更出色的古代人也面对这一可能性。然而,现代人将更直接地面对这一宇宙论事实。这是诸多致命真理和事实中的一个,尼采的思想全部产生于这些事实中,施特劳斯指出了尼采思想中的这一常项,他提到一个小寓言,是尼采在一篇非常早的未刊论文开头讲的(《论超道德意义上的真理和谎言》,1873)②:一种聪明的动物生活在一个不为人知的星球上,它发明了知识,并且最终发明了关于它自己和它的星球终会灭绝的知识。

<13>但是,施特劳斯非常清楚,尼采甚至不属于这些虚无主义者,不属于"当代无神论者当中的较为出众者"——"尼采并不打算为了虚无而牺牲上帝"。施特劳斯的尼采不是虚无主义者。相反,尼采全面思考虚无主义直到最深处,并瞥见了一种新理想。如此,施特劳斯追随尼采的脚步,来到《善恶的彼岸》格言 56。它是这样一条格言:它提供了一个入口,使我们可以进入尼采称为最重要教诲的永恒复返学说。施特劳斯对未来宗教的探索在对永恒复返的思考中达到顶点。他追随尼采的引导进入对永恒复返的肯定之道

---

① 在《瓦格纳事件》的结语中,尼采说:"高贵的罗马人体验到的基督教乃是 foeda superstitio[卑劣的迷信]。"

② [译注]中译见尼采,《哲学与真理》,田立年译,上海:上海社会科学院出版社,1993。

（logic），从而以恰当方式开始了对永恒复返的思考,这种思考将在文章接下来的部分继续推进。肯定永恒复返意味着什么？这样一种肯定成立吗？施特劳斯将表明，它是必要的，因而是成立的。他还将表明，为什么肯定永恒复返会实现哲学对宗教的统治。

尼采不是虚无主义者，且他力图"在这一致命真理的深处发现其反面"。也正是通过这种方式——正如通过权力意志的教诲——尼采"倾尽全力去破坏致命真理的权力"（第7段）。施特劳斯如此描述尼采在格言56中的自我呈现："较之此前的任何悲观主义者，他就把握了一种更加倾向于否定世界的思考方式。"但正是靠着追随前人继续否定世界这一方式，尼采得以张开眼睛看到相反的理想——"属于未来宗教的理想"。施特劳斯坚决追寻《善恶的彼岸》第一章中的哲学统治宗教问题，现在这一追寻到达了最后阶段:尼采哲学获得了[53]对于权力意志基本事实的见识，这一根本见识虽然表面上看来是如此否定世界，却成长为一种新宗教，这种宗教的理想与迄今为止我们文化中流行的理想正好相反。虚无主义、"对虚无的崇拜"被证明就是尼采一直认为它所能成为的东西，即"只是一个必要的过渡，从所有对世界的否定过渡到对世界的无限肯定——那永恒的、对过去存在及现在存在的万物的肯定"。施特劳斯紧接着对这种肯定的评论显得颇为反讽:多么保守！施特劳斯实际上说的是，一种"超越了所有其他保守主义者的最狂妄的诉求"的保守主义。但是，这种保守主义可以"有助于革命的目的"——文章的后半部分将揭示这一革命的历史根源，指向作为其决定时刻的现在。

施特劳斯以尼采式的含混，结束了他关于尼采最重要思想的描述，他思考了格言56最后的含混之语:"这难道不是circulus vitiosus deus[关于上帝的恶性循环论证]吗？"——一个恶性循环造就了上帝？上帝就是一个恶性循环？这循环就是一个恶的上帝？尼采的"无神论并不是清清楚楚的"，施特劳斯说，但他接着提供了一个可能揭开这含混的钥匙:"目前格言的结论"，施特劳斯说，"以其形式提醒我们注意在前两章中出现的神学格言(格言37)"。也许形式的相似传达着内容的相似,因为正是在这里,施特劳斯重复说,权力意志学说是对上帝的一个辩护。永恒复返是造就上帝的恶性循环吗?施特劳斯似乎认为,以这一问题作结的格言56和格言37之间形式相似,意味着这里的问题同样可以像较早一个问题一样被回答:"恰恰相反!恰恰相反,我的朋友们!"这一次的反面是,永恒复返转变了死亡与复活的明显邪恶的循环,将其提升为某种神圣的存在;永恒复返的循环在宗教上表现为死亡又复活的狄俄尼索斯。新宗教将生命视为最高庆典。以这种方式,未来宗教作为一种肯定生命的大地宗教,自然地从未来的哲学中生长出来。

### 重陷柏拉图主义

<14>施特劳斯关于尼采哲学与宗教问题的思考现在得出了一个戏剧性结论,他表明了永恒复返——尼采最奇怪和最不可思议的教诲——具有何等完全恰当的哲学基础。这里给出的支持永恒复返的论证将其与根本事实联系起来;后面给出的一个次要论证则将这教诲与其在人类精神史中的历史性时刻,即与我们的时刻联系起来。

这一段无疑是施特劳斯文章中最精彩的段落之一:充满戏剧性、[54]急迫、不容分说,用寥寥几个问题勾勒出一个哲学争论的完整世界,并无情地推进到最惊人的结论。从我们现在所面临的东西——未来宗教可能在当代虚无主义中兴起——开始,施特劳斯提出最具挑战性的问题,将其表述为由六个独立问题组成的问题系列,这一系列问题以一种断然的——尽管多少有些隐蔽——回答结束。问题从一种庸俗的尼采主义开始:这难道不只是一种意欲(willfullness)吗?直到一种深刻的柏拉图主义式回答:不,是对最可爱的被爱欲者的爱欲。这些问题和回答暗示着可以支持尼采的基本论据:尼采在爱欲的优先性方面与柏拉图站在一起,他同样也是

一个怀着爱欲肯定其思想对象的包容性思想家(comprehensive thinker)。

这一段进一步思考格言56所描述的事件,即从最否定世界的悲观主义到无限肯定曾在今在之一切的急剧转变,在此施特劳斯的追问面对如下事实:"这种对上帝的辩护只是为了愚蠢、为了虚无而牺牲上帝的一个翻转,无论如何,它预设了上帝的牺牲。"尼采对上帝的辩护预设了反对上帝的现代选择,预设了为正直而牺牲上帝,预设了在不要安慰性的、支持生命的谎言的状况下生活或死亡的意愿。但是,即使这一转变预设了对虚无主义的这种有意识的选择,预设了"我们的德性"关联于最不妥协的诚实,我们难道不是必须说,这翻转本身是对诚实的一种侮辱,甚至不过是意欲在心灵(heart)欺骗心智(mind)的基础上屈服于新神吗?

施特劳斯的第一个问题问:"经过一段长时间的准备,究竟是什么将虚无神圣化的?"随后其他五个问题提供了两种可能性,它们是《游叙弗伦》(10a)中苏格拉底的问题——"神爱虔敬者是因为他虔敬,或者他虔敬是因为被神所爱?"——所描述的可能性的回声。第二个和第三个问题问:世界的转变是否不过是意欲永恒的结果,世界是否仅仅受一种有力的意志支配?这样就引出了第四个问题:"这一被爱的永恒之所以是神圣的,是否仅仅因为它被爱?"作为回答,施特劳斯提出了相反的可能性,乍看起来似乎与关于意志和世界的尼采式观点相互矛盾:"如果为了配被爱,我们就说它自身一定是可爱的,我们不是又犯下了重陷柏拉图主义,重陷'善本身'的教诲的错误吗?"施特劳斯在尼采思想中找到了一种致命的断裂吗?肯定曾在今在的一切,意味着要么要求与我们的正直相反的纯粹的意愿,要么要求一种与尼采的基本教诲相反的柏拉图主义吗?

[55]"但是我们能够完全避免这样的错误吗?"施特劳斯转折性的"但是"意味着之前的问题被当作已经得到了回答:是的,我们可能会犯下重陷柏拉图主义的错误。但是,我们能避免它吗?不,我们不能避免这样一种错误,尼采也没有去避免这种错误。问题告

一段落,施特劳斯用两句断言结束他这段话:"尼采所肯定的永恒不是石头、不是愚蠢、不是虚无。这些东西即使是永恒的或近乎永恒的,也不能唤起热情洋溢的和激发生命的对它们的肯定。"尼采肯定什么?肯定他对石头、愚蠢、虚无等等的探讨将他最终引向的根本事物,即作为权力意志的世界,它们能够唤起热情洋溢的和激发生命的肯定:"从否定世界的思考方式到其反面理想的转化,乃是与这样一种认识或预见相联系的,即上帝为之而牺牲的石头、愚蠢或虚无,在其可被理解的特性上,乃是权力意志(参格言 36)。"施特劳斯对这一关键观点——"认识或预见"(realization or divination)①——有所保留,但论点是清楚的:永恒复返的肯定建立在一个见识之上,即具有可被理解特性的世界是权力意志,别无其他。最大程度地肯定世界,来源于对世界及其可被理解特性最广泛的见识。最高理想、最高价值,是一种从见识(insight)流向基本事实的肯定(affirmation)。

见识和肯定这一深层复合体在《善恶的彼岸》中清晰可见吗?施特劳斯抽出权力意志和永恒复返的根本论题,无疑使两者之间的内在联系比《善恶的彼岸》本身所表明的更明显。施特劳斯在这里没有说,但他后来暗示,权力意志之见识和永恒复返之肯定,二者这一复合体是尼采最重要的著作《扎拉图斯特拉如是说》的戏剧内核,施特劳斯文章的第一段提到该书是尼采最深刻的著作。《扎拉图斯特拉如是说》以诗体形式描述了一个追求最高被爱欲者的爱欲者。谁是那个被爱欲者?智慧吗?抑或生命?哲人扎拉图斯特拉最初混淆了两者,但生命渐渐赢得了她应得的优先性,其做法是透露她的秘密:"生命是权力意志。"获得对这秘密的见识之后,扎拉图斯特拉走向永恒复返之最终肯定。当生命被预见到她之所是,并最终听到爱欲者的肯定之词——"永恒复返"时,生命就赢得了永

---

① 也许施特劳斯心中想到了尼采对预见的定义"只需最轻微暗示、最少帮助的理解力,'理智的'感性(Sinnlichkeit)"(*KGW*, VIII, 14[117] = *WP*, 800)。

恒(Eternity)之名。《扎拉图斯特拉如是说》的顶点响起[56]扎拉图斯特拉与永恒的婚礼之歌,以一种新形式庆祝狄俄尼索斯和阿里阿德涅的联姻,那庆祝大地生命的神圣联姻。①《扎拉图斯特拉如是说》的存在是为了展示位于尼采思想核心的见识与肯定的内在逻辑,《善恶的彼岸》的谋篇则旨在让其成为一部战略作品,一个鱼钩,它将抓住当代人,将他们在几乎无意识的情况下拖向那一深刻核心(*EH*;*BGE*)。永恒复返作为尼采的思想,是其肯定的最高表现:生命本来可爱。施特劳斯的文章以其特有的节制(sobriety)描述爱欲的内在逻辑,并经常引证另一伟大的哲学爱欲者柏拉图。尼采的思想重陷柏拉图主义了吗?哲学不能避免这样一种重陷。哲学是一个爱欲者对被爱欲者中最伟大者的激情。

尼采犯了重陷柏拉图主义的错误。施特劳斯因此开始表明,尼采重新恢复并公开了哲学基本激情的核心,这一核心使每个伟大的思想家都成为一个"柏拉图主义者",一个爱欲世界的爱欲者。

必须从这一肯定性的、尼采式的见解出发考察全部哲学史。这是因为,爱欲者的激情无所不在,从哲学在希腊悲剧时代的最初开端,经过哲学在其中不得不将自己掩盖在虚假的禁欲主义服装下的危急关头,直到哲学被迫走向公开肯定自我和肯定世界这一目前的危险时刻。辨识出这种连续性,一部尼采式的哲学史可以像莱辛一样说,"除了斯宾诺莎哲学以外,没有哲学"(参见 *PAW*,页 182)。②

尼采重陷柏拉图主义的最高表现是对所有曾在今在事物的永恒肯定。永恒复返是新的最高理想,因此,也可以被理解为一种教化(edification)形式,理解为对世界的一种肯定,这种肯定作为"多少可以达到的最高肯定公式"能使世界高贵化(*EH*;*Z*)。在《思索马基雅维利》的结尾,施特劳斯说,"尽管'哲学必须谨防意欲进行

---

① 关于这些事件的详细解说,参见拙著《尼采的教诲》(*Nietzsche's Teaching*)。

② 我在别处将讨论尼采式的哲学史这一主题。

教化,但它必然进行教化"(*TM*,页299;*LAM*,页8)。在这篇关于尼采的文章中,施特劳斯指出,尼采并非由进行教化的意愿所推动。相反,尼采是这样一个思想家:他在"某些神秘的欲望"的推动下,思考悲观主义直到其最深处,将悲观主义从迄今一直妨碍其深入的道德幻想中解放出来(段13)。[57]作为这种思想实践的一个结果,尼采"较之此前的任何悲观主义者,把握了一种更倾向于否定世界的思考方式"。如果说尼采在这个过程中发现自己看到了相反的理想,那他这样做"并非有意"(强调为笔者所加)。尼采没有立意进行教化;他决心探究,以最不妥协的理智正直探究,无论这种探究将他引向什么地方。根据尼采早些时候批评哲学屈服于教化的关键言论,尼采自己并非"只是为善才追求真"(格言35)——他追求真。如果说善,一种新意义上的善、一种相反的理想,在尼采探究的最深处浮现出来,那么,尼采并不是为了这一发现才发动或坚持自己的探究的。尼采的基本向导不是宗教而是哲学,只是在最后,只是通过永恒复返,他才发现哲学与宗教之间的一种新而自然的联系。尼采以一个教化性教诲结束,因为探究最终必然进行教化——哲学达到一种对整全的爱欲,这种爱欲必然具有教化作用,即使其教化对其他虔敬的人来说并不总是明显的。永恒复返是哲学自然的教化性教诲(natural edifying teaching);它不以下一个世界看上去比我们的世界更完美来安慰我们自己或别人,它只谈论现存的唯一世界,或者更准确地说,对本来的世界"不知足地叫喊"(格言56):成为你自己,永恒地成为你自己。

<15>在论宗教的最后一段,施特劳斯要我们注意某些他由于"没有触及"而不谈的事情——"尼采的'神学'当中有一个重要的组成部分——虽说不上是其神学的神经中枢"。施特劳斯承认他没有触及狄俄尼索斯和阿里阿德涅,关于这两位,尼采胆敢如此谈论,仿佛他们实际出现在他面前,仿佛尼采实际参加了纳克索斯岛(Naxos)的那些对话。施特劳斯在这件事上是坚决的:"我还没有谈到它,也不会谈及它。"施特劳斯的这种拒绝,似乎不仅仅是反映了

他对一个完全不同的宗教传统的明显忠诚。施特劳斯似乎坦承,他不适合判断尼采这一方面的可行性:尼采试图将宗教置于哲学的统治之下,在启示宗教或来世宗教的废墟上,建立一种自然主义宗教,这一宗教的神进行哲学思考,热爱大地,对人类怀有善意(*BGE*, 295)。(尽管如此,如果施特劳斯对这个问题没有发言权,那么几乎很难认为他有资格判断莱因哈特已经"极好地处理了"这个问题。)

虽然施特劳斯坦承他无法触及狄俄尼索斯和阿里阿德涅,但他表明了问题的关键:成为狄俄尼索斯神最后的信徒和入门者并非一个被古代宗教迷住的唯美主义者的偶然兴趣。相反,它是未来哲学可以据以统治宗教的方式之一:复活与哲学自身的深层爱欲接近的大地宗教。狄俄尼索斯信徒或大地宗教属于新哲学,是在其另一模式,即一直构成人类对世界最高和最好事物之描述的一部分的神创(god-creation)模式下的自然结果。权力意志和永恒复返教诲中所蕴涵的上帝辩护,指向一种特殊的非有神论的关于神的概念,一种早于我们的特定有神论概念的漫长传统中关于神的概念。由于那嫉妒的上帝之宗教的掠夺性僭政,这一久远的传统早已死亡。这是我们历史中的一个严重的、持续数世纪的事件,自从哲学产生以来最致命的事件。尽管这一事件非同小可,尼采依然拿它大开玩笑:"诸神之一在某一天宣布,'只有一个神存在。你们除了我不可有别的神',其他神听了都笑死了。"(*Z*,3.8,"变节者")专横的上帝的死亡,预示着大笑的诸神的复活。

施特劳斯关于尼采哲学与宗教的论证表明,未来的哲学、关于整全的新理解,如何成长为未来的宗教、一种肯定世界的宗教,这种宗教有新的最高理想。到文章后面,施特劳斯才为其论证增加了其他基本维度,增加了历史考虑,这种历史考虑表明,当代危机、现代观念的毒素必然导致尼采的激进步伐。但是,事实上,已经可以这么说:尼采试图创造(generating)忠实于大地的价值,创造与柏拉图在其哲学统治宗教的成功事业中所使用的价值相反的价值,从而完成哲学对宗教的统治。

我们似乎有理由假定,施特劳斯获得对尼采思想中这一最重要的统治问题的洞见,乃是受益于研究法拉比——最伟大的中世纪柏拉图主义者、施特劳斯的哲学导师之一。法拉比说,"宗教是对哲学的模仿",因为哲学通过某种证明方式用理智把握事物的理念,而宗教通过劝说方法用想象力把握事物的相似。① 真正的哲人是一个立法者(《蒙福》,第 57 节),他既掌握理论科学,又有能力根据所有其他人的能力采取对他们有好处的方式进行探讨(格言 54)。其他人,哲人之外的所有其他人(第 51 节),就是民众,他们接受事物的影像,这些影像攫住他们的灵魂、主宰他们,以至于除非影像下命令他们就不能下决心做任何事情(第 59 节)。真正的哲人知道,他自己与[59]民众之间的区别,就是知识与意见的区别或哲学与宗教的区别,所以,他"是这样一个人:他[为民众]发明影像和劝说性的论证,但不是为了在自己的灵魂中作为自己的宗教确立这些事情"(第 59 节)。法拉比将这种哲人观归于柏拉图:哲人是命令者和立法者,他创造价值,或者通过宗教统治民众。这与施特劳斯——法拉比的学生——在尼采以及柏拉图那里发现的观点相同。

鉴于施特劳斯拒绝评价尼采这一方面的工作,在其论哲学与宗教的几段话的最后,我们也许可以恰当地问:施特劳斯是否也是一个伊壁鸠鲁主义者,他是否会说尼采是一个狄俄尼索斯的献媚者?他是不是一个旁观者,在他的花园围墙的保护后面观察着,看到了尼采在通过一种新宗教将哲学推向统治宝座的冒险尝试中,与柏拉图所共同具有的东西?

---

① 《法拉比的柏拉图和亚里士多德哲学》(*Alfarabi's Philosophy of Plato and Aristotle*),《蒙福》,第 55 节。

## 间奏:"格言和插曲"
## 第4章:以自然为中心

### 知识和自我认知

<16>按施特劳斯所述的谋篇,第四章"格言和插曲"分开了《善恶的彼岸》的两个主要部分,其中第一部分主要讨论哲学与宗教,第二部分主要讨论道德与政治(段6)。在着手解说"大约123个'格言和插曲'"时,①施特劳斯首先声称,这些格言和插曲毫无秩序,其选题和顺序也没有节奏和理由,这是可能的,虽然似乎并非如此。但就在这时,他提出一个诱惑,甚或一个挑衅:"对此作一番考察,这对我们当中的一些人或许会有帮助。"哪些考察?"我们"又指谁?施特劳斯自己是不是从这些考察中得到了帮助?施特劳斯经考察指出,尼采的格言具有非常严密的连续论证秩序。但是,尼采的论证隐藏太深,其寓意难以索解,然而施特劳斯的某些暗示却似乎足够清楚。

<17>施特劳斯在这些格言中所发现或归之于它们的节奏或理由由一系列推论组成,所有这些推论皆可回溯到一个单一论题:追求自然知识的极其特殊的知者所寻找和获得的知识。在段17中,自然被设置为"格言与插曲"[60]的核心主题——而"17代表自然"。② 因此,施特劳斯对第四章的解释成了一种准备工夫:"自然"将是他文章第二部分的一大主题,也是尼采下面将要讨论的道德和

---

① 说"大约"是因为第四章包括格言63到185;如果说有123个格言,那就需要指出,有两个65和两个73。

② 施特劳斯,《如何着手研究〈迷途指津〉》("How to Begin to Study *The Guide*"),页xxx。关于这里和提到数目的其他地方,有必要记住施特劳斯关于"数字7(在迈蒙尼德那里)的意义"的论述:"这类考虑肯定有些诡谲。"(*WPP*,页165)也请考虑施特劳斯在那一论文中关于"提示"(hints)所说的话,参见*WPP*,页162、166。

政治的基础。

由尼采这部分的开篇格言(格言63),施特劳斯注意到"成为你自身、为自身而存在、'保存'你自身的至高无上性(参格言41)",但不是因为这条格言本身谈到这些,恰恰相反,是因为这条格言使人们注意到"成为自身"的反面,注意到一个为其他人而存在的人、一个为学生而存在的教师。直接谈论"成为自身"的重要性的,不是格言63,而是格言41;在那里,尼采的主题是"注定独立和发命令"的人,一个出于本性而不得不玩远离任何偏狭和忠贞的"危险游戏"的人。很显然,施特劳斯思考的主题是:为探究所驱使的思想家会切断所有的情感联系,而这样一个人"必须知道如何保存自己:独立的最艰苦考验"(格言41)。

为自己而存在和从不故步不易(never stick fast)的重要性意味着,知识不可能因其自身而是善的——施特劳斯的第二句话指向尼采的第二个格言,好像它是从第一个格言中引申出的结论;这句话处理尼采的头两个格言,仿佛它们的含义是联系在一起的。施特劳斯得出的结论多于第二个格言实际陈述的东西:"知识……只有作为自我认知,它才是可辩护的。"施特劳斯对苏格拉底"认识你自己"这一命令的解释,促使他进一步得出一个自己的结论:"成为你自身意味着对自己诚实,走那条通向自己理想的道路。"诚实和尼采走向自己理想的道路,将是施特劳斯解说以后各章的重要主题。施特劳斯的系列推论在他最后作出的推论中达到顶点:"这似乎有着无神论的意涵。"这无神论的意涵导致施特劳斯去计数——而他的计数计错了。他说有九条格言涉及上帝,一条有关自然(格言126);涉及自然的格言不多,"倒"有九条格言谈到男人和女人。只有一条格言谈到自然,这是事实,但是,关于上帝的格言其实是十条,关于女人和男人的格言有五条,另有五条格言谈到作为 Weib[女子]的女人,两条格言谈到作为 Frauen[妇女们]的女人。这一错误计数所造就的武断对称,成了一种奇怪的三驾马车,使"自然"突出成为中心,两边分别是同等数目的对上帝和对男人女人的讨论,或许也是对神圣的自然和高贵的[61]自然的讨论。谁会相信施特劳斯真的认为这是尼采给这一章安排的秩序?

但是,施特劳斯不仅计错了数,从而将自然设置为中心,他还表明,当他谈到为自己存在的"无神论含义"时,他为什么使用"似乎"(seems)一词:九条有关上帝的格言,其中有一条涉及"尼采自己的神学"——尼采表面上的无神论仍然含混,因为他的思想显然藏有一种他恰当地不愿意谈论的神学。这种含混保存了尼采思想作为一种实验或诱惑的性质(段11)。

然后施特劳斯转移到一个更坚实的土地上,将想象中的计数和含混留在了身后:"显然"(Surely)是下一句话的第一个词。"显然,尼采心目中的知者并不像康德那样头顶灿烂的星空。"(这里说的是格言71,虽然并没有指出格言的编号)显然,看起来的无神论知者不同于有神论者康德:尼采心目中的知者面对灿烂的星空没有走向自我贬低,没有将天空放在他自己"顶"上。这一有关人和天空的等级秩序将康德和尼采区别开,而施特劳斯从中引出一个重要结论:作为"天空和天光(heavenly lights)的这种降级或贬低"的结果,①尼采心目中的知者"有着一种高级道德"。一种使天空降低的表面无神论,导致了一种高级道德。

这种强调为自己存在并贬低天空的权威所导致的高级道德(high morality)究竟是什么?施特劳斯文章的第二部分将详细描述这种新道德,将其建立在"自然"——施特劳斯使之成为中心主题——的基础之上。新道德将不会是一种康德式的道德,后者遵从某种假定的内在道德律,新道德使人面对灿烂的星空、一个布满偶像的天空时免于被假定的贬低,从而拯救人的尊严。施特劳斯继续说,新道德是"一种超越善恶,尤其是超越清教主义和禁欲主义的道德"。清教主义和禁欲主义,善恶的道德,是教育一个上升种族(as-

---

① 见"耶路撒冷与雅典"一章(见《柏拉图式政治哲学研究》),页153;《迫害与写作艺术》,页20;康德,《纯粹理性批判》,"结论"部分。

cendant race)并使其变得高贵从而走向统治的几乎必不可少的手段——格言61如是说,虽然这里并未明确提出这条格言。除了将清教主义和禁欲主义描述为统治的历史准备之外,格言61还描述了哲人自己的高级道德的某些方面:哲人道德是对人性的全面发展负有最广泛责任的人的道德。

尼采心目中的知者的高级道德同时要求自由[62]和束缚:"恰恰是由于他对其心智(mind)自由的关注,他必然将他的心灵(heart)禁锢起来(格言87、107)。"在个人存在的共同体中,要让心智统治心灵、哲学统治宗教,心灵必须被捆起来,正如奥德修斯在面对塞壬的歌声之前被捆起来。但在描述这一来自格言87的思想时,施特劳斯另外提到格言107;格言107说,一旦作出决定,就对哪怕最好的抗辩也视而不见,此乃强大个性的一个标志。"因此",尼采总结说,"偶尔会有愚蠢的意志"。施特劳斯然后说明,人为什么选择这种愚蠢,将人的心灵绑在心智选定的东西上,不再听其他理由:"没有一点点愚蠢,心智的自由是不可有的(格言9)。"此言出自那条称哲学为"最精神化的权力意志、'创造世界'的意志"的格言。按照施特劳斯刚刚提请我们注意的一条有关尼采自己神学的格言(格言150),创世似乎是围绕某个神发生的事。

施特劳斯在最后一句话的前半部分改述了尼采在几个格言(格言80-81、231、249)中的发言:"自我认知不仅非常困难,而且也不可能。"知识只有作为自我认知才是可辩护的,但对自我认知的追求最终遇到一种不可理解的无知:它知道自己不知道。施特劳斯最后引证的格言(格言249)从德性的角度陈述了这一结论:"人身上最好的东西,人们却不认识,人们也无法认识。"施特劳斯在这一章中通过追问知者得出的一系列残酷结论似乎指向一个特定结论:尼采未能免于重陷苏格拉底主义。尼采与苏格拉底一样,都清楚意识到知识的界限,这种意识——对于尼采来说也一样——看上去似乎是无神论的,其实不然;这是一种带有高度道德责任感的意识,可以引向某种类神的创世。

施特劳斯最后的警句,"人类生活不堪忍受最彻底的自我认知",不是对尼采在任何这些格言中的话的解读。它并不是说自我认知是致命的,因而应该避免,以免人痛不欲生,不能忍受他对自己不可能取得完美的自我认知这一残缺天性的认知。施特劳斯已经表明,努力追求获得这种知识既非不可能,也非不可取。人必然要进行哲学思考。自我认知并不是一个禁区,它为一种伟大的愚蠢所命令——最卓越、最精神化的天性服从这种命令。人如果能够获得完美的自我认知,就不再成其为人;他就会像第俄提玛所虚构的神。

[63]按照施特劳斯最后引证的格言之一即格言80,自我认知是阿波罗的谕令。但是,尼采问:阿波罗"认识你自己"的谕令有何含义?因为"一件事情一旦变得清晰,我们就不再关心它",因此,阿波罗的谕令是否意味着,"停止关注你自己!变得客观!"?对此,尼采莫测高深地补充道:"那么苏格拉底呢?——那么'科学人'(scientific man)呢?"尼采本人似乎认为,人永远不可能变得对他自己如此清楚,以至于不再关注自己。格言81建议我们对格言80作出这种解释,因为正如施特劳斯所表明的,这两个格言是联系在一起的——施特劳斯用破折号联结它们,而不是用句号隔开它们。漂浮在深不可测的真理的海洋上,人至少可以避免自己往[真理之]海里撒盐,以致夺去海洋满足他那不断更新其自我认知这一渴望的能力(格言81)。尼采仿佛正在对苏格拉底和"科学人"发布命令,命令他们停止把洞彻一切的阿波罗解释成似乎在命令他们"停止关注你自己",似乎在命令他们把目光从可诅咒的私己性转移到某种可测度的善本身。无论难以捉摸的神的意思是什么,总之,现在是时候了,人当转向自己,畅饮自己那不可穷尽的可知性的琼浆。

在反对苏格拉底这一特定判断上,施特劳斯肯定不会追随尼采,但通过给予自我认知及其责任以他自己的解说,施特劳斯似乎有意让尼采和苏格拉底更紧密地联系在一起。①

# 第二部分:道德和政治
## 第 5 章:道德的尼采式转向

施特劳斯留给第五章"论道德的自然史"的篇幅,比他留给其他任何一章的篇幅都多。他突出了尼采道德思考的两个主题:自然和理性。在他的讨论就要结束时,尼采和柏拉图之间的斗争突然再度爆发,因为尼采关于道德中的自然和理性的见解招来了新指控:他被指控犯有反对苏格拉底和柏拉图所捍卫的道德之罪。[64]施特劳斯为尼采辩护,反对对尼采的新指控,但在他那里——道德的尼采式转向既是自然的也是理性的,这可能吗?——这个他自己曾精确表述的伟大问题保持了其本身的开放性。他在论文的其他部分试图回答这一问题,并最后暗示,这一问题的答案是肯定的:道德的尼采式转向既是自然的,也是理性的。

因此,施特劳斯研究的第二部分证明,作为一个整体的尼采教诲是内在一致的,它使我们看到,某种一致的道德和政治如何从新哲学、从对自然的新理解中产生出来,以及这一一致的自然、道德和政治观点如何与柏拉图的道德和政治观点对立。一种连贯的自然主义出现了,构成了不同于古老的反自然主义或超自然主义的、当下合理的替代选择,它将高与低(high and low)的区分理解为高贵与卑贱(noble and base)的区分,而不是像古老的反自然主义或超自然主义那样,将高的称为神圣的和永恒的(göetlich and eternal),而

---

① 对尼采第 2、3、4 章的讨论以破折号结束,将关于宗教、关于格言和插曲的讨论与关于哲学和关于自然的讨论分开,从而将它们独立出来。除了施特劳斯可能有意将这些论题与哲学和自然的统一论题分开以外,我看不出破折号只出现在这里而不出现在这篇文章其他地方有什么理由。施特劳斯在《城邦与人》中也使用了破折号,参见页 29、41、45、62。亦参《哲学与律法》,页 10。

将低的称为世俗的和属人的(earthly and mortal)。

## 重新以自然为中心

<18>我们正在走近施特劳斯论文的核心,施特劳斯喜欢这种时刻。刚才我们看到,他在第四章的相关数字上做手脚,从而将自然置于中心位置。现在,在简短的第 18 段中,他提醒我们注意一个事实:第五章在尼采这部著作中是居中的一章;他还指出,这居中的一章同时也是唯一在标题中提及自然的一章,从而将自然与这一中心联系起来。

施特劳斯问:"自然会不会是这一章甚至这本书整个第二部分的主题呢?"自然毫无疑问是施特劳斯论文整个后半部分的主题,而由于尼采著作后半部分主要讨论"道德和政治",施特劳斯的研究转而探讨自然在尼采道德和政治思考中的位置。尼采真像他所宣称的那样,实现了道德和政治的自然化吗?

<19>现在我们读到的是施特劳斯论文前半部分最后一段,在进入尼采著作后半部分并讨论自然在尼采道德和政治思考中的地位之前,施特劳斯在此稍作停顿。作为结束性的一段,它恰当地对前半部分进行回顾,以考察自然在这一部分中的地位,其方法是指出前四章中提到自然的"最重要或最显著"之处。据施特劳斯说,前四章中最重要或最显著地提到"自然"之处,是尼采在自然与生命、自然与"我们"之间的区分。施特劳斯评论说,生命的反面,死亡,"和生命一样是——或者可以同样是——自然的"。另一方面,"自然的反面是不自然";施特劳斯还给出尼采著作前半部分对"不自然"的某些概括:"人为的、经过驯服的、畸形的(格言 62)、反自然的(格言 21、51、55)",并解释了他的[65]意思:"也就是说,非自然的东西同样可以是活着的。"施特劳斯似乎认为,非自然和反自然在"我们"(人类)中间爆发,而这乃是由于死亡这一自然现象。上述思想一举奠定了施特劳斯论文第二部分的主题:尼采要为自然辩

护,他必须与非自然和反自然战斗,这些非自然和反自然在我们人类中间已生长了如此漫长的时间,以至于看上去似乎是自然的。对自然的辩护如今显得非自然,所以,要作有效辩护,必须发展一种政治(politics)来实现其目的。

道德研究:有待整个工人大军开发的一个领域

<20>"在导论性的格言当中"——施特劳斯以此作为这一段的开场白;他以一种恰当的方式进入其论文后半部分。

施特劳斯对比了尼采在这一导论性格言(格言186)中的做法同他在引入论宗教一章时所用格言(格言45)中的做法。在那里,尼采"使我们怀疑",真正的宗教科学就其全部实践目的来说是不可能的。而在这里,尼采只是简单地说,一种"传授唯一真正道德"的道德科学是不可能的。施特劳斯的结论是:"情形似乎是:他对宗教研究者(student)比对道德研究者有着更高的要求。"尼采似乎是在要求宗教研究者做不可能做到的事情,而道德研究者则被免除了这一要求。

看看两个导论性格言本身,我们就可以明白施特劳斯意思何在,因为它们表明,为什么宗教科学和政治科学的可能性不同。关于宗教的经验(empirical)研究属于心理学,考察的是人类灵魂的高度和深度。尼采问何人适合进行这样一种研究,同时感叹,"只有一个猎人,哎,一个孤零零的猎人!"(Only one hunter, alas, a single one)因此,说真正的宗教科学"对于各种实际的目的不可能",就意味着它不可能是学者们的科学,不可能是那些"训练有素的猎犬"的科学,那个猎人乐于打发这些猎犬进入"这片原始森林"寻找他的猎物,"完成他的游戏"。但是,正因为如此,宗教的科学并不简单地是不可能的;施特劳斯将表明,那孤零零的猎人,那被称为"弥补者"的最高精神性的人,其实满足这一段提出的要求,满足最迫切、最孤独的灵魂研究工作对研究者的要求:弥补者"熟知宗教人最深刻的宗教经验,同时还能够居高临下地观察这些经验"。

但是,如果说那一个猎人可能探索真正的宗教科学,[66]那么,却再没有人能够实现哲学伦理学的昔日目标,即教导唯一真正的道德了。宗教的经验心理学研究某种存在着的实体,即人类灵魂,这一研究需要推进,即使只有屈指可数的几个人才能推进它;哲学伦理学探索的则是一种被假设但并不存在的、可以被科学废除的实体。但是,根据同一个标准,各种历史上道德的经验研究或描述有可能作为一种共享的公共科学,在必然缺少那一个猎人之独特经验的工人大军(an army of workers)的推动下前进。成群的学者,训练有素的猎犬,能够在这种不同类型的探究中发挥作用;在关于道德的自然史的引导性格言中,尼采邀请他的读者担负起这一重要的经验研究,它唯一的目标在于发展一种对超越善恶的高级道德不无用处的"道德类型学"(typology of morals)。

对宗教研究者的更高要求则使尼采变成一个踽踽独行者。对道德研究者的较低要求则使尼采变成一个同事,即使是一个发号施令的同事:尼采经常谈到,他在发展道德自然史的共同科学事业中力图谋求其他人的支持,如他的朋友保尔·李(Paul Rée)或语文学、历史学、哲学、心理学和医学等领域专家的合作(*GM*,前言,7;第一章结尾注释)。

### 道德中的自然和理性

<21>哲人不可能的道德科学宣称,它发现了道德要么自然要么理性的基础。与这种道德的自然性或合理性的"虚妄的假设"相反,尼采认为,所有道德都建立在对自然和理性的某种僭政之上,"所有有价值的东西,任何自由"都来自这种僭政。但是接着"尼采断言:对非自然和不合理的 nomoi[礼法]的持久性服从恰恰是'自然的道德诫命'"。因此,尼采最终仍然将 nomos[习俗]建立在 physis[自然]之上。尼采批评将道德建立在自然之上的企图,但这批评本身就建立在自然之上。施特劳斯愿意用希腊文表达尼采巧

妙的反讽观点,使用希腊文使他无须把话说得太白:尼采宣称自己理解自然的基本诫命,并将他自己的诫命建立在自然的诫命之上。希腊文也将尼采思想与希腊的哲学道德学家联系起来,后者是最早使习俗与自然对质,并试图根据自然革新习俗的思想家。

尼采在这一章所转向的道德诫命,来源于[67]他宣称已正确解读其根本道德诫命的自然本身。施特劳斯用下面的话结束这一段:"自然……对尼采来说成了一个问题,但是他不能有没有自然。"自然之所以成为一个问题,是因为通常的自然仅仅是"自然",即人们所谓的自然。按照尼采自己对哲人知识要求的批评,关于自然本身的知识似乎是完全不可能的。但是,尼采又离不开自然,因为他自己的伟大道德转向遵从这样一种诫命:该诫命假定自己建立在自然之上,而不只是建立在人们所谓的"自然"之上。因此,必须作出一个判断,判断尼采说法的有效性;施特劳斯敢于作出这一判断,就在他关于尼采的自然和道德思考的探究到达顶峰时(段 35),施特劳斯重复说到自然"对尼采来说成了一个问题,但是他不能没有自然";他的重复将表明尼采如何解决这一问题。

施特劳斯非常清楚,尼采不是一个怀疑自然知识的怀疑论者。谈到这个时代的哲学怀疑主义风气,尼采亲口说道:"在这些日子里,如果一个哲人让别人知道他不是一个怀疑论者……所有人都会感到不快。"(格言 208)施特劳斯没有不快。他极其认真地对待尼采的结论——从内部看,世界是权力意志,纯粹的权力意志;对于尼采从这种世界观中引申出一种以最高者和最高贵者为指导的道德,他也同样极其认真地对待——在正在被讨论的格言(188)中,[1]尼

---

[1] 在关于《善恶的彼岸》的讨论课中,施特劳斯特别强调了格言 188:"你必须总是将格言 188 作为理解尼采整个立场的一个非常重要的部分。"(1967年讨论课录音整理稿,第 12 课,页 4)。也许值得注意的是,施特劳斯关于《善恶的彼岸》的两次讲课的录音整理稿所包含的重要内容,无不同时包含在他的尼采论文中。在我看来,这一精心润色的论文要更富暗示性,也更微妙。似乎可以说,施特劳斯表达思想的基本阵地不是在讲课中,而是在作品中。

采谈到"die Natur", wie sie ist, in ihrer ganzen verschwenderischen und *gleichgueltigen* Grossartigkeit, welche empört, aber vornehm ist,即"本来的'自然'以其所有挥霍(wasteful)且冷漠(indifferent)的宏大,使我们害怕,却如此高贵"。因为高贵的自然(vornehme Natur)使我们害怕,我们便试图用非自然或反自然代替它。但是如果高贵的自然要取代神圣的自然,那么,本来的自然,以其所有挥霍且冷漠的宏大使我们害怕的自然,就必须被面对,甚至最终被称颂。当尼采在《善恶的彼岸》中第一次以这种方式描述自然时(格言9),他强调,照这样解释的自然来生活似乎是不可能的:"你如何能[68]根据这种冷漠去生活?"尼采对廊下派说;这些廊下派的律令"按照自然生活"实际上意味着"按照我们对自然的非自然解释生活"。"你如何能根据这种冷漠去生活?"究竟如何?现在我们看到,很显然,这正是新的尼采道德对人们的要求。

重复,如施特劳斯重复说自然对尼采来说变成一个问题,是一种写作手段,施特劳斯曾要求我们注意这种手段在其他作家身上的体现(*PAW*,页16、62-64)。这段文字还展示了其他次要写作手段。施特劳斯注意到,在格言188中,尼采每次提到"自然"一词都使用引号,但最后一次却没有,他只说"自然的道德诫命"。我们将会看到,施特劳斯本人也以完全同样的方式运用引号:当他描述"我们的"德性时(段31),他就是这样做的,从而迫使他的读者去问施特劳斯本人如何看待"我们的"德性,并回答这一问题。这里还使用了一种更为常见的手段:在关于这一章的讨论中,施特劳斯只是偶尔给出他正在改述或引用的格言的序号——仿佛在他看来,尼采的著作应该就摊开在那些认真的读者面前,他们会找出尼采的原话,以评判施特劳斯对这些话的运用。

<22>"至于理性主义者的道德":施特劳斯现在从作为道德基础的自然,转向哲人们假定的另一个道德基础,即理性。这里要讨论的是尼采对苏格拉底和柏拉图——道德的理性主义传统的两个奠基者——的看法。施特劳斯在此将脱离《善恶的彼岸》文本,以

便深化和扩展尼采与其对手柏拉图在理性和道德问题上的对比;尼采主义者和柏拉图主义者在一个问题上的根本差异成了他唯一的焦点:哲人与"大多数人"的关系。一个问题将变得具有核心性甚至急迫性:尼采重新调校哲学去反对"人类畜群的道德",他做得对吗? 道德中的尼采式转折能否与理性一致?

施特劳斯利用格言 190 和 191 推进尼采和柏拉图之间的竞争,并使尼采关于柏拉图的苏格拉底的一个玩笑成为这一竞争的焦点。贵族柏拉图如何能够接受苏格拉底的教诲? 对于这种教诲而言,尼采说,"他[柏拉图]实在是太高贵了"。柏拉图的苏格拉底的教诲是功利主义的,将善等同于有用和快乐。"柏拉图的苏格拉底是一个怪物",一个荷马式怪物,尼采这样说,从而将他的玩笑与荷马的希腊联系起来,并用他的名词代替了荷马的名词(《伊利亚特》,6.181):前面是柏拉图,后面是柏拉图,中间是喀迈拉。荷马的诗句则说:它头部是狮,尾巴是蛇,[69]腰身是羊——非自然的怪物喀迈拉。尼采的小玩笑暗示,柏拉图将那一荷马式怪物苏格拉底隐藏起来,隐藏在高贵的柏拉图自己所提供的一个文明的(civil)前面和后面之间。通过将尼采的希腊玩笑解释为一个谜语,施特劳斯使我们觉得,尼采似乎通过解开这个谜语获得了对柏拉图的胜利,因为施特劳斯从这一谜语得出下列推论:"接下来,尼采试图不仅通过以自己的真理取代柏拉图的真理,而且也通过在力量或权力上超过柏拉图来击败柏拉图。"解开柏拉图的苏格拉底之谜,就是透过柏拉图的前面和后面,看到里面隐藏的荷马式怪物,就是洞察柏拉图的柏拉图化技艺,这种技艺从人性的、太人性的东西中创造了一种新理想,一种神圣的理想。因此,解开柏拉图的苏格拉底之谜就是胜过柏拉图,在力量或权力上超过他。但是柏拉图的力量或权力是如此不可小觑,它迫使在他之后的所有哲人和神学家走上同一条道路(格言191)。超越柏拉图意味着带领所有未来哲人和神学家走上一条新的道路。

然后施特劳斯直接走向那有力的竞争:尼采对柏拉图。现在,他将表明,尼采究竟如何通过超过柏拉图而克服柏拉图,高贵的自然如何取代神圣的自然。尼采如何能够在力量或权力上超过柏拉图？施特劳斯引用《偶像的黄昏》("古代人",2)说："'柏拉图还令人厌倦',而尼采却肯定从不使人厌倦。"施特劳斯的回答似乎流于轻浮。但是施特劳斯说,这只是事情的一个方面；他没有提到其他方面,但他引用了尼采提到其他方面的段落。尼采说"柏拉图还令人厌倦",还说他"完全不能信任柏拉图",而且他"对柏拉图的不信任无以复加"。尼采怀疑柏拉图,是因为柏拉图离开了更古老的希腊人的根本本能,离开了修昔底德所代表的更高贵的本能,这种更高贵的本能乃是尼采治疗柏拉图主义的良药。尼采不仅喜欢说柏拉图令人厌倦,而且喜欢说他是"高级骗子",一个先行的"基督徒",他关于上帝和灵魂的策略性谎言为基督教这巨大灾难铺平了道路；尼采则肯定从不令人厌倦。

  为表明对柏拉图的这一指控的严重性,施特劳斯会不会故意制造了一个关于尼采书名的小错误,一个他在其他作者身上乐于发现的那种错误？施特劳斯错误书写了尼采的书名,称其为"诸神的黄昏"(*Twilight of the Gods*),而正是在这里,他提及尼采指控柏拉图的段落。按照尼采的这一指控,柏拉图是先行的基督徒,一个将"'善'的概念拔高为最高概念"从而为基督教的上帝开辟道路的哲人,而基督教上帝的日益坐大[70]事实上标志着诸神的黄昏。是否诸神的黄昏——尼采心目中的诸神的黄昏——是柏拉图的一件作品,一个伴随着理念和善的黎明到来的黄昏？超越柏拉图的作品可以恰当地命名为"偶像的黄昏",因为这部作品使我们看到,理念和善是堕落的德性,它们取代了更古老的希腊人的高贵德性,并为基督教开辟了道路。几页之后,施特劳斯又提到尼采的著作,这一次则赋予其正确的名字——"偶像的黄昏",并在其论述中表示,尼采的著作通过向自然的上升,标志着柏拉图主义的诸偶像的黄昏(段33)。说起来十分奇怪,关于尼采著作名字的这一小小笔误,很可能只是完成了施特劳斯在《苏格拉底和阿里斯托芬》中便开始的关于这一书名的游戏:当提到"苏格拉底问题"时,施特劳斯将尼采著作称为"偶像的黎明"——命名柏拉图著作的另一种方式——将其视为一种新理想的破晓(SA,315 注 6,见页 6-8)。①

尼采试图通过在理性面前为本能辩护而超过柏拉图。施特劳斯说,无论苏格拉底还是柏拉图,他们追随的都不仅仅是理性,他们也暗中站在本能的一边:理性乃是他们的激情,如尼采所说;哲学是最高的爱欲,如柏拉图的第俄提玛所说。但是,尼采公开站在本能一边反对理性;他站在自然一边,站在可以被赶走但最终还是会回来的东西一边(BGE,264);他站在基本本能即权力意志一边。但是施特劳斯在此补充了另外一个考虑:他说,尼采还与宗教性本能、"造神的(god-forming)本能"站在一起。为什么在这里以一种并不引人注意的旁白形式提到这一点?大概是因为它指向尼采和柏拉图在宗教方面的一个巨大不同。柏拉图竭尽全力(格言 191)"向自己证明理性及其本能趋赴一个目标,趋赴善、'上帝'"。而尼采认为(见施特劳斯这里所提到的 WP,1038)人造神的本能是多方面的:"还有多少神仍然是可能的! 神性总是以多么不同、多么多样的方式向我敞开!"这就是柏拉图的令人厌烦之处:他的道路将每一个人带向统一、一致、普遍和无聊。尼采拒绝单义性的僭政(the tyranny of the univocal)。在通俗形式上,那一僭政由启示宗教的一神论中的"上帝所施行"。正是由于其僭政,由于它指定了[71]"一种规范的类型和理想",一神论也许是"人类曾经面临的最大危险";"多神论的最大好处"在于它使人们看到"多种规范"(GS,143)。

《善恶的彼岸》教导说,现在是宗教再一次投入哲学怀抱的最佳时刻,因为现在是宗教投入一个不令人厌倦的哲人怀抱的最佳时刻,这个哲人走在新的道路上,他的本能或天性自然反对如下僭政式的观念:存在着某些普遍、统一的规则,每一个人都必须服从它

---

① 施特劳斯的尼采论文手稿一直使用"偶像的黄昏"这一题目,表明题目的改变不是笔误而是后来的略施小计。

们。柏拉图,以及柏拉图之后的所有哲人和神学家,都走在同一条令人厌倦的道路上,这条道路通向普遍,通向一致,通向一神论,通向尼采所谓的单调一神论(monotonotheism)——强迫人服从的上帝和让人厌倦的众口一词(*TI*,"理性",1)。无论这种单调是一个单一的善——它在尊严和力量上超过其他一切并将所有东西奠基在其不变的辉煌中,还是一个单一的上帝——他通过他的意志引导所有事物,抑或是指导普遍化和自动化畜群的机械的和科学的单调图景,这种单调都是追随柏拉图且令人厌倦的——"除了别的"。尼采,毫无疑问他从来不会让人厌倦,他奋起反对单义性的僭政,承诺代替柏拉图。

到了这一段最后一句,施特劳斯从该段思考的理性与本能的竞争中引出了道德后果,并加上了他自己的推论。尼采曾说,苏格拉底最后"认识到道德判断中的非理性"(而柏拉图"在此问题上更天真"),施特劳斯利用尼采这一陈述,得出一个尼采自己没有明确得出的结论:"不会有任何普遍有效的道德规则——不同的道德适用于并归属于不同类型的人。"这一结论为下一段关于道德的讨论埋下了伏笔,因为人们必然会问:存在着多少种不同的人类类型?分别是什么道德适合他们?施特劳斯将给出尼采的明确回答。"大多数人",或用尼采的粗话来说,人类畜群,构成一个类型,适合他们的道德倾向于普遍化,因为最大多数人害怕特出者(the exception)或特出的东西(the exceptional)。大多数人需要普遍的东西的慰藉,他们也利用普遍东西的权力统治特出者,并最后消除危险的特出者,而——这将是主要的一点——柏拉图主义为大多数人的道德服务。普遍有效的道德规则,对所有时代的所有人都有效的道德规则,可以用建立在善、上帝上的——用尼采的话来说,用建立在某种宇宙蜘蛛上的柏拉图主义理性原则支持自己。柏拉图和尼采之间关于道德的斗争展现出一种历史维度:柏拉图的力量或权力支持[72]一种站在大多数人一边的道德教诲,并将所有后来的哲人和神学家纳入了同一条道路;但是现在,柏拉图的教诲引起了一种哲学上的抗议,这种抗议主张一种新的道德教诲,一种站在其他道德类型一边,站在唯一的其他类型即特出一边的道德教诲。

只有两种道德类型的道德类型学

<23>施特劳斯继续讨论道德,他找出尼采对自然一词的下一个用法(格言 197),利用这一用法,他给尼采所解析出来的东西——"道德作为恐惧"——加上了他自己的分析。这一格言主要讨论两种道德类型,一种是"掠夺性存在",另一种是"危险的、无节制的、激情的、'热烈的'"人及其判断,他们谴责掠夺性存在,正如"几乎所有道德家"迄今为止所做的那样。道德家的判断反对掠夺性存在,谴责其有缺陷的天性,但是尼采的观点相反:恰恰是道德家的有缺陷的天性,和他们的恐惧或胆怯,引出了他们的虚假判断。施特劳斯特别指出,道德家并没有自己创造来源于恐惧的道德,因为这种道德是"大多数人"的道德。适合或归属于大多数人的道德害怕特出的天性(the exceptional natures),把它们看作是有缺陷的天性。道德家只是认可了已经存在的大多数人的偏见,并为其提供基础,这种偏见来源于大多数人的恐惧——恐惧与他们自己不同的存在,恐惧更高的存在,那不受控制、不可预测和有力量的存在。

"最多可以说"(the utmost one could say)——施特劳斯最后一句话这样开始,以此引出对道德哲人的一个辩护。但是,施特劳斯所谓针对道德哲人的"最多可以说"的辩护,它所回应的指控是什么?施特劳斯的句子突然开始,并没有交代前因,读者必须重新发动潜在的对话,重建这一段的逻辑,找出施特劳斯省略的东西。尼采刚刚提出一项指控,指控站在最大多数人一边的道德哲人们,指控全都走在柏拉图所规定的道路上的"道德哲人(以及神学家们)"(格言 191)。施特劳斯发言为他们辩护:人们可以为道德哲人和他们的柏拉图主义道德——即尼采所谓的恐惧道德,施特劳斯则更客气地称呼它为"明智的顺从"(judicious conformity)的道德(WPP,页

153），总之，一种站在大多数人一边的道德——提出的最大限度的辩护是，他们"图谋保护其本人免遭某些危险的威胁，这些危险并非来自他人，而是来自其自身的激情"。这实际上是尼采自己[73]在下一格言(198)中的说法，该格言构成了通向"'道德作为恐惧'一章的"另一个入口。从掠夺性存在转向大多数人的"激情的处方"(recipes for passions)，尼采自己提出了这一柏拉图主义道德的辩护：就自身而言它是有公共精神的(public-spirited)——它为那些面临自身激情危险的人提供了一种控制激情的方法。

但是，如果这是施特劳斯解读尼采观点时所能提出的"最多可以说"，那么尼采自己实际是怎样说的？施特劳斯恰好没有描述尼采的判断最具锋芒的一面：这种所谓理性道德科学、这种站在为其激情所威胁的大多数人利益一边的柏拉图式公共精神，到底是什么？尼采说，这种道德是"审慎、审慎、审慎与愚蠢、愚蠢、愚蠢的结合"(prudence, prudence, prudence mixed with stupidity, stupidity, stupidity)。柏拉图率领的恐惧的哲学道德家对大众的愚蠢作出谨慎的妥协。尼采说，这些愚蠢的特征是，"他们全都绝对地(unconditionally)"讲话，因为他们全都需要消除特出者。对愚蠢作出这种谨慎妥协的哲人们给人类的未来带来了巨大的危险，一种在尼采看来并不必要的危险；尼采与伊壁鸠鲁、"与所有古代的深刻的天性"站在一起，他们全都讨厌从苏格拉底及其道德教诲孵化出来的"德性哲人"(the philosophers of virtue)(*KGW*, VIII, 14[129] = *WP*, 434)。

即使关于柏拉图式道德及其对于大众道德的历史推动的最大限度的辩护，也并没有免除其对于目前道德状态的最终的、即使是非故意的责任。在下一段，施特劳斯追随尼采，表明现代欧洲已经落入一种愚蠢的全面支配，这种愚蠢是如此有力量，以至于现在可以通过普遍有效的道德规则消除任何特出者。可以看到，曾经作为审慎的公共精神可以得到辩护的东西，现在则在为愚蠢的全面支配、为"畜群的自治"效劳。

<24>施特劳斯开始追溯柏拉图主义与愚蠢审慎妥协的后果，

他提取了格言 199 和 201 的主要观点而没有提供出处。问题涉及良心的谱系、道德的历史等尼采式的重大主题,在这一谱系和历史中,我们精神的过去表现为服从本能与命令本能之间的冲突。这两种本能定义了人类存在的两种基本类型,以及适合或归属于这两类人的两种不同道德。如果说我们的历史表明了这两种本能之间的冲突和妥协,那么我们的现在则表明服从本能获得了最后胜利,表明了扎拉图斯特拉所描述的末人(the last man)的统治。

施特劳斯强调,大多数人的道德现在[74]"成功宣称自己是唯一真正的道德"。这一成功宣称意味着消除了一种与之竞争的道德,消除了以独立、卓越和不平等为标志的那些人的道德,消除了那些发布命令者的道德。虽然特出者在什么时代都是一种威胁,他们还是受到尊重,因为他们作为无畏的领导者和保卫者对部族的共同善是有用的。但是在当代欧洲,他们不再被需要,因此也不再有必要容忍他们;畜群道德的"最终的果实"使他们成为多余的。因为走向"自治"的畜群意味着它不再需要更高的领导者。当施特劳斯像尼采一样谈到畜群道德废除了它仅存的恐惧基础时,他谈到使"罪犯"变得无害。他指的不可能仅仅是小偷和杀人犯:真正的罪犯是这一格言所描述的高级罪犯,他们的罪行在于反对最大多数人的道德,他们是天然的主人(natural masters),他们的废黜标志着大多数人的道德或这种道德上升为"自治畜群"(the autonomous herd)的最终后果。在结束这一段时,施特劳斯给关于善的新观念贴上了他自己的标签,这种观念为恐惧和废黜大罪犯辩护:他将新的善称为"不加歧视的同情"(indiscriminate compassion)。

这里所暗示的犯罪是施特劳斯的毕生研究——哲学和律法——的重大主题之一。伟大的哲人——伟大的柏拉图传统中的政治哲人——力图成为秘密的精神统治者,同时他们也认识到,在此意义上的哲学必然被单纯道德者(merely moral)判断为一项罪行。哲人——知道他们自己是最大的罪犯,在这一点上他们彼此心照不宣;他们移动了界石;作为新的立法者,他们必然被站在律法一边的人,被大多数人,或如尼采所言,被按照古老方式生活在古老土地上的"精神上的农民"称为恶的(*GS*,4)。但是现在,服从本能得以全面威胁少数特出者的存在,威胁以独立、卓越和不平等表明其更高精神性的特出者的存在。柏拉图与大多数人道德妥协的最终后果,审慎与愚蠢妥协的最终后果,由于愚蠢的普遍支配而威胁到了哲学的根本生存。

### 追随领导者

<25>我们现在看到了施特劳斯关于道德自然史的论证的自然结论:道德史的发展带来了一种新的同质性,这种同质性有抹平一切差别的危险。谁是真正与众不同之人?例子从拿破仑、阿尔喀比亚德(Alcibiades)和恺撒开始,而以新哲人——"拥有最高精神性和最伟大理性的人"——结束。道德的转变,最伟大的尼采式转变是从"畜群[75]自治"走向"未来哲人统治"的转变。真正与众不同者,他们根据自然、根据他们自己的最高精神性行动,他们还根据理性行动:由于柏拉图式道德的最终后果,哲学面临着空前的威胁,所以哲学现在以崭新面目出现是合理的。

这一论证当然是尼采的论证。通过如此表述这一论证,施特劳斯为其论文余下部分准备好了基础;论文整个后半部分的轮廓展现在我们面前。首先,在思考到底谁是真正的领导者时,施特劳斯再一次将自己描绘为面临诱惑的人。我们在前面曾经看到他抵制了诱惑(段7),但是这一次他似乎屈服于诱惑了:道德中根本性的尼采式转折,"我们禁不住要说,依据自然,[未来哲人]属于最高的等级"和"依据理性,[他们也]属于最高的等级"。然后,在接下来一段,施特劳斯审查了尼采的诱惑,并为之辩护(段26)。最后,由于这一审查解决了所有问题,只留下一个问题没有解决,即一种自然的或理性的道德对尼采来说究竟是否可能,所以施特劳斯主攻尼采本人选定的决定性的根本问题,即永恒复返的道德问题(段27)。

这一问题指引着施特劳斯对接下来两章的考察,并在结尾处得到了最终的和肯定性的解决(段35)。

在目前的段落里,"民主运动取得胜利"已成过往,其胜利标志着道德多样性的结束。这一走向普遍一致的运动以其对多样性的容忍而自豪,甚至以此定义自己。但是,在尼采看来,甚至其中对立的两极,即无政府主义者和社会主义者,也同样是某种单一道德类型的体现。民主运动是道德同质的:表面上对多样性的容忍掩盖了对于一种重要的道德差异的不容忍。这一道德视野的现代狭隘化,意味着人们不再知道"不同于并且高于畜群道德的各种道德"。

在谈到"不同的道德"之后,施特劳斯紧接着提到尼采的例子——拿破仑、阿尔喀比亚德、恺撒,并强调从畜群道德的观点来看恺撒和阿尔喀比亚德的区别。但是,施特劳斯追随尼采,谈及"此种本性的人"时,将他刚刚要人们注意的巨大区别存而不论,并通过将他们与"有着相反本性的人"对比来突出他们天性的相同。施特劳斯指出,人的天性有两种,这一观点贯穿尼采的第五章,虽然尼采不再使用"天性"(nature)一词。两种天性之一的废黜意味着人的天性的某种改变,或者,由于被驱逐的天性总是去而复返,因此它意味着一种反人性的社会契约。

[76]在没有明确说明的情况下,施特劳斯转向"论道德的自然史"这一最后格言。在格言212里,尼采刚刚描绘了"自治畜群"的信念和希望,现在他这样开始最后的格言:"我们,怀抱一种不同信念的我们。"伴随这种信念的是一种希望,一种对新哲人的希望(格言203)。施特劳斯说,尼采发出一个呼吁,呼唤"从当今欧洲大获全胜的畜群道德走向领袖们的优越道德"。对于某种现已不再为人们所知的道德的这一呼唤,由于施特劳斯坚持使用尼采自己的德语词汇Füehrer[领袖]而更加不能见容于人们的耳朵,让人们反感。但是,这些领袖究竟何在?他们的任务是"阻止人类的堕落以及由此导致的畜群自治"。在这样广阔的范围内反对现代道德,不能只是由"拿破仑、阿尔喀比亚德和恺撒那样的天生统治者"领导。施

特劳斯将尼采在这一格言中的用语组合起来,描绘了能够对抗人的现代堕落的真正领导者:"他们必须是哲人,新的哲人,是一种崭新类型的哲人和发号施令者,是未来的哲人。"施特劳斯在这里说,"单单恺撒,无论其多么伟大,都是不够的",而这些哲人至少在他提请人们注意的一个方面像恺撒,这个方面将恺撒与甚至苏格拉底也不能驯服的猎取荣名的阿尔喀比亚德区别开来:他们将发挥"一种伟大的历史作用",不仅仅是为了罗马,而且是为了人类;如尼采所说,他们屈指可数,担负着最伟大的责任,"将整个人类历史放在他们的良心之上"(格言61)。

在结束以一种新的信念和希望开头的格言时,尼采谈到这一信念和希望规定了"一种新的任务"。这一任务从道德的自然史中产生,施特劳斯以对新任务的描述结束了他对这一章的解说。"新的哲人",施特劳斯对格言203的解读如是说,"必须将人的未来作为他的意志教给人"。走向这一新的未来,人类便能"终结迄今被称为'历史'的无意义和偶然所施加的丑恶统治"。"真正的历史要求由拥有最高精神性和最伟大的理性的人征服机运和自然(*GM*,Ⅱ,条2)。"通过给尼采自己的任务描述加上"征服自然"这一短语,施特劳斯用《道德的谱系》中关于最高精神性的人们的一个平行描述补充了格言203。尼采的这两段文字都清楚地表明,"征服自然"不能在流行的培根主义的意义上来理解。海德格尔认为尼采表达了技术宰制自然的形而上学,[72]但施特劳斯与这种怪论没有任何共同之处。这一宰制,正如其奠基者和先知培根完全理解了的那样,乃是一种手段,通过这一手段,大多数人可以减少自然差异或在一定程度上克服命运的随意分配。当施特劳斯引用一种"根据马克思"的区分——这种区分曾经被用来推动培根式的自然征服——时,他想到的可能是培根意义上的对自然的征服。但无论他在那里怎样想,施特劳斯在此讲的征服自然,则主要是一种出自最高的人或"有主权"(sovereign)的人的行动,针对的首先是这样的人自己,其次才是"自然",且"自然"在此被定义为更加意志薄弱和不可靠的生物,也就是人类,他们的天性与主权者的天性不同(*GM*,2.2)。

施特劳斯关于这一章的全部论证,要求把最高的天性(自然)对自然的征服理解为对那已经存在的征服自然的努力——主要是按照人类的一个类型征服人的天性(自然)的现代道德努力——的一个反应。正如施特劳斯在《论僭政》中所说,"征服自然"特别是对人的天性(自然)的征服,将我们带到这样一种处境:一种新型僭政成为我们的现实命运(*OT*,页27)。尼采的新任务由于我们征服我们天性的历史而势在必行。新任务并不征服人的天性;相反,它试图征服已经极端发达的、通过清除人的天性的最高形式而对人的天性的僭政。为了达到其目的,新任务承认掠夺性存在的支配,"拥有最高精神性和最伟大理性的人"的支配,那些根据他们的天性(自然)和根据理性行动的人们的支配。

论证的主旨是清楚的(虽然该主旨在顶点性的段35中将更清晰):当前的道德时刻要求那些拥有最高精神性的人和拥有最伟大理性的人为人类未来的利益而代表人的天性行动。转化成尼采的语言,就是说,哲学再不能享受与愚蠢审慎妥协的奢侈;哲学不应该再对大多数人的自然道德让步。哲学需要一种由拥有最高精神性和最伟大理性的人从事的新政治,这种哲学政治带着自我意识反对柏拉图式的妥协,因为它现在就站在这一妥协的最后结果面前并知道它站在那里。"对自然的征服决定性地取决于那拥有某种本性(自然)的人们。"尼采"不能没有自然"(段21),因为尼采一直在呼唤某种自然。

施特劳斯屈服于诱惑并说,新哲人[78]在最高程度上是符合自然的,或者说,他们根据自然行动,且在最高程度上也是符合理性或根据理性行动的——他关于道德中的自然和理性的全部讨论引出了这一肯定性结论。但是我们并不能因此说,施特劳斯毫无保留地同意这种清算柏拉图主义并认为它与愚蠢的妥协具有灾难性后果的反柏拉图观——因为接下来的段落表示出某种程度的反对和犹疑。

在反对意见登场之前的最后一句话中,施特劳斯将目前从道德史出发的论证,与较早从哲学与宗教出发的论证联系起来。他说,从畜群自治到未来哲人统治的道德的历史转折,与从崇拜虚无到对曾在和今在的一切的无限肯定的历史转变"类似"。这种相似性到底何在?也许可以认为,道德转向的合理性本身证明了从虚无主义转向肯定永恒复返乃是合理的。

首要的一点:永恒复返除了具有作为对权力意志的认识而产生的肯定的自身内在逻辑,还具有一种历史逻辑,这种历史逻辑将其与从畜群自治到未来哲人统治的转变联系起来。在一个现在可以纳入道德自然史的历史轨迹中,永恒复返的教诲合理地产生了。永恒复返作为一种与否定世界的理想相反的肯定世界的理想产生,那种否定世界对于大多数人的恐惧道德来说是自然的,并得到柏拉图以后审慎的哲人的鼓励。相反的理想恰好在这样一个历史时刻到来:在这个历史时刻,一种不同于大多数人道德的道德观念本身作为可耻之物出现,作为野蛮社会的一个不道德的遗迹出现。在这一历史时刻,向未来哲人统治的转向是合理的。因此,相反的理想作为他们的统治工具而出现,服务于他们那以柏拉图的统治为原型的精神统治,为那通过灌输一个理想、一个与否定世界的理想相反的理想而取得的统治效劳。未来哲人通过哲人曾经实行统治的唯一方式、通过一种新的最高理想进行统治。由于它是新的,由于它是相反的理想,所以,它以根本的新奇之物要想出现就必须采取的唯一方式出现——作为一件罪行出现。但是,在我们的道德史的这一时刻,它是一个合理的罪行。

## 审查尼采

<26>施特劳斯的读者、施特劳斯的朋友的耐心是有限度的。所以,施特劳斯让他们有机会说话,正如尼采在[79]格言 37 中让他的读者一吐为快一样——他让他们发泄反尼采的怒火。他们带着

偏见忿忿不平,提出一系列反驳,使得柏拉图和尼采之间成了不理智的争斗,而施特劳斯的研究则将这场争斗提升为高度理智性的。每一个反驳都是施特劳斯在他的作品所培养的读者身上可以预料到的,但对待每一个反驳,他都报以一个平静的或令人平静的回答,将反驳引向思考(deliberation):尼采与柏拉图之间的有力竞争不会在偏见的怒火中化为灰烬。而且,在此爆发的斗争表明,尽管或许可以回答种种反驳,却无法回答反驳者本身。他们知道关于尼采的丑陋真相,仅凭论证还不能够让他们屈服。

反驳发生在论证的这一点上,施特劳斯屈服于诱惑,将从畜群道德到未来哲人统治的历史性转向看成自然的和理性的,以致引起了他们激烈的驳斥:"但是,道德判断的非理性,亦即关于每一种道德判断(格言191)的非理性又怎么样了呢?"身为一切道德判断之非理性的教导者,同时又主张从畜群道德向未来哲人统治的历史转向是合理的,尼采这不是在自相矛盾吗?

"为了能够与它取得一致甚至理解它,人们必须强壮、健康并且高贵,仅仅因为这一点它就不再是理性的了吗?"这一巧妙回应使两个答案成为可能,而每一个答案都以自己的方式为尼采辩护而反驳下述肤浅指控:认为道德的尼采式转向理性(reasonable)或合理(rational)是自相矛盾。

是。在任何普遍的、柏拉图式的合理性的意义上,它确实不再是合理的。因此尼采没有自相矛盾:他转向未来哲人统治的合理性在某种意义上可以说是"不合理的"——它不是普遍的,而只是适合或属于某种道德类型。

不。在尼采所赋予的"合理性"一词的意义上,也就是说,在最高的精神性为自己赢得在这个世界上的位置、为面临被现代潮流吞没危险的道德类型赢得位置的意义上,它确实不再是不合理的。因此,尼采并没有自相矛盾:他向未来哲人统治的转向的理由是充分合理的。

每一个道德判断中非理性的决定性存在,可在其来源的非理性中发现,也就是在一个人属于两种类型之一这个纯粹偶然的事实中发现。这并不意味着所有道德判断都因此不再合理。道德中的尼采式转向的合理性或理由,必须根据其来源(source)、根据其[80]环境(circumstances)来判定。它声称来源于更高的精神性;哲学总是宣称拥有这种精神性。而它的环境是一个这样的世界:在这个世界中,这样的宣称不被许可或不受承认;在这个世界中,哲学受众所周知的真见解(true view)排挤。

"但是,能够认为尼采对残忍的赞赏——这有别于柏拉图对温和的赞赏——是理性的吗?"这一问题似乎是凭空而来。但是从这一问题的构造方式,从它用"但是"(Yet)开头,我们不难体会到,尼采式转向已经得到了成功的辩护,为攻击这一转向,必须找到新的论据。而还有什么比人人都知道的关于尼采的那些令人震惊的事情——比如说,他鼓吹残忍——更好的论据呢?而且,柏拉图的突然出现暗示着尼采的合理性正是在反对柏拉图的合理性的背景下得到辩护的;这一不动声色的对比所引进的柏拉图,现在随时可用来为人人都知道的柏拉图所捍卫的高地辩护。

"或者,这种对残忍的赞赏只是针对同情的非理性赞颂的一个必不可少并因而合理的矫正?"(参 *GM*,前言,条 5 结尾)这是施特劳斯整个论文中最让人回味的句子之一。施特劳斯真能为尼采赞美残忍辩护吗?首先,他减轻了尼采所面临的指责:受到指控的不是残忍本身,而是以我们对同情的非理性赞颂为背景看上去像是残忍的东西。然后,他表明其他哲人同样不能免于这种指控:他提到《道德的谱系》,其中谈到一系列哲人,他们也并不持有当代对于同情的过高评价——柏拉图在这个系列中名列前茅。施特劳斯甚至还请出柏拉图来为尼采辩护,反对关于尼采赞美残忍的指控。最后,关于施特劳斯"对同情的非理性赞颂"这一说法,我们应该如何理解?施特劳斯通过这一巧妙说法,戏剧性地表达了他在为尼采辩护方面作出的贡献,因为他概括了尼采之所以呼唤强硬(hardness)的基督教化的、软化的背景,并把整个问题,即在敏感的残忍问题上什么是合理或理性的这个问题重新交给了控方。

残忍问题一旦提出就不会轻易消失：在施特劳斯论文的余下部分，直到最后论德性的段落，它一直是一个重要的考虑因素。尼采并非疯狂地提倡残忍待人，施特劳斯在讨论理智良心时清楚表明了这一点：残忍对尼采来说是对于疯狂享受的拒绝，对于愚蠢的拒绝。尼采意义上的残忍，意味着轻松的快乐被更为困难和更为痛苦的快乐取代。

为了替尼采的残忍辩护，施特劳斯还可以请出马基雅维利，除非担心由于其邪恶教师的名声，这样一个证人会被认为不[81]适合作证辩护。① 但是，多少令人好奇的是，残忍偏偏在施特劳斯论文此处成为一个问题，这种好奇似乎终究以某种恰当的狡猾方式引入了马基雅维利：残忍主题作为谴责尼采的一种手段，没有经过任何预先警告就出现在第 26 段中；而这也恰恰是马基雅维利的《君主论》第 26 章的主题——施特劳斯在论述马基雅维利对数字"26"的使用时表明了这一点（*SPPP*，"马基雅维利"，页 224）。② 在《君主论》第 26 章中，马基雅维利谈到残忍对于创始者、对于全新国家中全新君主的必要性："他的手段必须是残忍的和有害的，不仅就所有基督教生活方式来说是如此，而且就每一种人性的生活方式来说也是如此。"施特劳斯补充说："新的君主不能避免落得某种残忍名声的命运。"而施特劳斯再清楚不过地表明，最具君主性的是少数几个真正的哲人，他们引进了新的方式和秩序，如残忍的马基雅维利或残忍的尼采（*TM*，页 49；见 *SPPP*，页 223）。如果不是马基雅维利本人，那么至少马基雅维利的第 26 章，构成了对尼采的辩护，因为尼

---

① 施特劳斯也许还可以请出色诺芬为尼采的残忍辩护，参见施特劳斯在评论指挥官色诺芬的残忍时关于"正义问题"的说法；"色诺芬的《上行记》"，收于《柏拉图式政治哲学研究》，页 127–128。

② 但为什么关于数字 26 和残忍的讨论出现在施特劳斯论马基雅维利著作的第 27 段？关于 26 这个数，参见 *TM*，页 48 以下。在《思索马基雅维利》中，施特劳斯用 26 段组成的一个章节讨论《君主论》这一由 26 章组成的著作。

采所处的背景乃是马基雅维利所处背景的一种极端化,是对于同情的非理性赞颂。

"进一步说,尼采对柏拉图和苏格拉底的批判难道不是一个严重的夸张吗——即便说不上是一种漫画式讽刺?""进一步说"——这个最后的问题,首先通过引入苏格拉底,然后通过质疑尼采对柏拉图和苏格拉底的批评,而干脆无视了施特劳斯对尼采所受残忍指控的淡化,并扩大了对尼采的指控。这里我们看到的问题,施特劳斯使之成为对理解整个哲学史具有核心意义的问题,是尼采的苏格拉底批判,尼采"对于苏格拉底所代表的东西有什么价值的质疑"(SA,页6)。施特劳斯,这位伟大的苏格拉底当代弟子,面对尼采的苏格拉底批评——人们现在提出这一批评作为谴责尼采的道德教诲的根据——又该说些什么呢?

接下来的思考全都集中在柏拉图的苏格拉底身上。这些文字没有像上述两个对尼采的指控所引起的反应一样,以"或者"开头;它们没有拒绝指控,而是阐述它,说明尼采[对苏格拉底的]批评可能发生偏差的理由。那么,这些文字是否因此就证明了尼采的批评是"漫画式讽刺"这一指责呢?该段文字的逻辑[82]不允许我们作这种解释,因为接着这些思考的是下述陈述:"基于此,人们被迫作出这样的反驳"——这一反驳提出了针对尼采最后的新指控,即道德的尼采式转向不可能是合理的或自然的,因为尼采与施特劳斯不同,否认存在着一种人的天性(自然)。由于是这些思考导致的反驳唤起了这一最后指控,施特劳斯的思考必然是为尼采辩护。如何进行辩护?就是使苏格拉底靠近尼采,并且表明苏格拉底比尼采本人可能想象的更尼采化。

施特劳斯的思考首先让人研究柏拉图的《普罗塔戈拉》和《高尔吉亚》,从而认识到苏格拉底不是一个尼采意义上的功利主义者。然后施特劳斯笔锋一转,指出在尼采谈到苏格拉底是一个功利主义者的"同一章"中,尼采又说,"苏格拉底并不认为自己知道善恶是什么"。在施特劳斯提到的段落中(格言202),尼采讨论了在欧洲获得支配权的统一道德立场,他作出一个特别吸引施特劳斯这类柏拉图读者的陈述:"显然,在欧洲人们现在知道了苏格拉底认为他自己所不知道的东西,以及那一著名的老毒蛇嘴上说要教导的东西——今天人们'知道'了什么是善和恶。"尼采在讽刺和讥笑关于善恶的所谓现代知识时,诉诸苏格拉底所知道的东西与他声称要教导的东西之间的区别,诉诸伪装的知识掩盖下苏格拉底的无知。因此,施特劳斯的第一个思考提出了怀疑,他怀疑尼采批评苏格拉底是一个功利主义者远非故事全貌,因为尼采知道,苏格拉底关于无知的知识使他不可能知道善"等同于'有用和愉快'"(格言190)。

"换句话说"——施特劳斯下一句话解释了由尼采自己的文本提出的关于老毒蛇苏格拉底的怀疑:"换句话说,'德性即知识'与其说是一个答案,还不如说是一个谜。"施特劳斯提出两点评论,试图对苏格拉底的这个谜语提出一个解决。每一点评论都涉及一种"意识"(awareness)、一种知识,并且每一个都来自尼采自己,作为尼采为他自己取得的一种意识——施特劳斯的观点似乎是,尼采和苏格拉底持有对相同现象的共同意识。

这个谜语,施特劳斯首先说,"建立在"意识到尼采提请注意的某种事实之上,该事实表明了德性与知识并不吻合:"苏格拉底的神秘言说建立在他对这样一个事实的意识之上:有时候'一个科学的头脑长在一个猿猴的身体上,一种微妙特出的理解力却与一个庸俗的灵魂为伍'(格言26)。"尼采的[83]格言26涉及哲人自我认识的一个方面,即哲人有一种隐秘的内在意识,他意识到自己与普通人(average)之间的差别;这一格言谈到如何获得这一意识:"长期认真研究普通人,构成了每一个哲人的生活史的一个必要部分"——正如其构成了柏拉图的苏格拉底公共生活史中最显著的部分。关于普通人的研究,尼采说,敢于公开谈论兽人的犬儒学派提供了很大帮助。关注犬儒学派有启发的言辞,可以使人意识到,有时"一个科学的头脑长在一个猿猴的身体上,一种微妙特出的理解力却与一个庸俗的灵魂为伍"。获得这种意识,就是认识到"德性即知识"并不完全真实,而正如施特劳斯所说,苏格拉底取得了这种意识。

苏格拉底还意识到尼采所强调的第二件事,因为他那令人费解的"德性即知识"的说法,"用尼采所偏爱的一个区分来说——这一区分在此形式上对苏格拉底来说的确是陌生的——还意味着对 Wissen[知识]与 Gewissen[良心]之间复杂关系的意识"。尼采表达这种对复杂性共同意识的方式,对于苏格拉底来说是陌生的,因为苏格拉底以来的道德史既为尼采提供了不同的词汇,也为尼采提供了更清晰的证据:按照尼采的历史观,在两千年的时间里,由于一个知道一切并惩罚一切的上帝的巍然存在,良心被尖锐化和深化,其定义成为某些人的专利,这些人的经验是一种有亏的(bad)良心的经验,他们因为不能做到自以为知道的善而自我谴责。(尼采解释了"有主权的人"所拥有的新的、肯定性的良心,它是"德性即知识"的一种形式,见 *GM*, 2.2。)

施特劳斯在此使用《善恶的彼岸》的资源来拉近苏格拉底和尼采;他运用尼采的材料表明,苏格拉底和尼采共同持有一种意识,尼采公开地表达这种意识,苏格拉底则用一个谜语隐藏这种意识。尼采知道"苏格拉底是一个伟大的反讽者,充满了秘密"(格言191);他知道柏拉图的苏格拉底是一个谜,前面是柏拉图,后面是柏拉图,中间是喀迈拉(格言190)。施特劳斯因此认为,尼采知道,苏格拉底知道他自己的"可诅咒的私己性"(格言207),而苏格拉底利用类似"德性即知识"这样的谜语,或通过编造一个教师教导他"神不进行哲学思考,它们是知者",又或通过许诺教导一种他自己并不拥有的关于善恶的知识,使自己离开这种私己性(格言202)。

"基于此"——基于将苏格拉底[84]和尼采在他们对知识和自我认知之谜的意识方面拉近的思考——"人们被迫作出这样的反驳……"而这种反驳意味着,支持尼采的论证在一个基本方面仍然是未完成的。施特劳斯迄今为止的论证涉及自然和理性在新的尼采式道德中的位置。这种论证刚刚发动了一场尼采保卫战,保卫道德中的尼采式根本转向所具有的自然和理性特性,抵抗那基于对尼采的义愤和对古典作家的信任——对于一个反讽的柏拉图和一个反讽的苏格拉底的盲目信任——而对尼采发起的攻击。但是现在他提出了最后的反对意见:尼采的转向既不可能是自然的,也不可能是理性的,"因为他否认存在着一种人的天性(自然)"。这一反对意见可以说提出了一个难题,试看不连贯的尼采如何能够连贯。尼采被禁行肯定,因为肯定与他的否定不兼容:"对人与野兽之间的任何基本差异的否定乃是一个真理,即便那是一个致命的真理。因此,人之为人并没有自然的目的——所有的价值都是人的创造。"

施特劳斯曾经说,尼采"倾尽全力去破坏致命真理的权力"(段7)。但是,是否尼采虽倾尽全力却仍然功亏一篑?是否如这一反驳所指控的,人类动物只能进行没有任何自然和理性基础的胡乱创造?或者,动物人能不能有一个自然目的?是否某种价值创造可以是理性的?下个主要论证表明,对自然的新的历史性理解,开辟了通过理解其谱系来理解人类动物的道路。而且,这种历史性的理解将可以合理地认为,道德的尼采式转向在人类历史的这一时刻是合理的。因此,关键的论证延续到第六章和第七章:道德的尼采式转向是建立在自然和理性的基础上的吗?现在,这一论证必须处理未解决的问题:尼采否认人有一种天性(自然)吗?

<27>毫无疑问,作为上述两章的准备工夫,还有一件事必须加以说明:对从自治畜群到新哲人统治的尼采式转向的另一个似是而非的反驳。尼采的这一转向,施特劳斯说,"与其权力意志学说完全一致",但他又补充说,"但却与他永恒复返的学说不能相容"。施特劳斯接着表达了表面存在的困难:对某种全新的东西的要求:"对整个过去……的断然告别,何以能够与全然肯定过去与现在存在的万物调和起来呢?"施特劳斯马上就暗示了他所提出的该困难的解决办法,他告诉我们,"在这一章接近结尾的地方,尼采某种意义上暗示了对全新哲人的要求与永恒复返之间的联系"。尼采在格言203中的提示是,"未来[85]哲人必须能够担负对人类未来的责任重负"。在施特劳斯那里,这种重负对于永恒复返教诲而言具有根

本性意义,他引用了尼采第一次公开宣布永恒复返这一格言时所用的标题:Das gröesste Schwergewicht[最大的重负]。施特劳斯在下面的段落中将会表明,永恒复返教诲到底如何要求未来哲人通过承担对全部过去、对所有曾在和今在的事物的责任重负而承担对人类未来的责任。因此,包含在新教诲中的责任正好与"告别整个过去"相反,无论其新理想是如何将过去的理想远远抛在后面。施特劳斯的论证以表面上的困难和通向其解决的提示为先导,将围绕尼采式转向合理性的问题继续推进。但是,现在,它将特别关注意愿永恒复返的合理性,直到施特劳斯最后能够得出结论说,道德中的尼采式转向与其两个基本学说,即与权力意志和永恒复返学说完全一致。

施特劳斯从一段话中抽出尼采的提示,这段话充分暗示了道德的自然史的新阶段。它出现在居中的论自然一章的结尾,描述了实现道德中伟大转变的必要品质,但没有描述转变的内容。谈到未来哲人必须承担的责任重负(格言203),尼采将他们的全部任务命名为"价值的重估"。这一重估将运用尼采所谓"新的压力和锤子",在它们的作用下,"一种良心锻造出来(gestaelt),心灵转变为金属"。只有这样一种钢铁(steeled)良心和硬化心灵,才会使未来哲人能够担起道德新转变的责任。施特劳斯现在将追随尼采著作的谋篇,描述未来的钢铁哲人(第6章)及其通过永恒复返教诲实现的价值重估(第7章)。

## 第6章:自然和哲学

> 无疑,我们可以毫不夸张地说,还从来没有人像尼采那样如此伟大而高贵地谈论哲人是什么样的人。
> 
> 施特劳斯,*RCPR*,页40

施特劳斯对第六章"我们学者"的解说,继续讨论伟大的自然主题,但是现在将其应用到哲学上面。自然和哲学如何[86]联系起来?施特劳斯和尼采一样,将注意力集中在少数真正哲人身上,他们与多数哲学劳工完全不同。到底谁是真正的哲人,这是施特劳斯毕生哲学史研究的一个核心问题,也正是在这个问题上,尼采构成对柏拉图的最大挑战。因为施特劳斯的毕生工作表明,柏拉图政治哲学力图模糊以真正哲人为顶点的自然等级秩序。柏拉图政治哲学不是炫耀这一事实,而是相反,它将哲学隐匿在现存等级秩序观念之中,将最高权力拱手让给假冒者。尼采的哲人观与柏拉图没有什么不同,但尼采迫使哲学脱掉保护性外衣,将审慎的顺从扔在一边,如其所是地公开自己:心智和心灵、理智和精神的最高联合(the highest union of mind and heart, intellect and spirit)。

尼采为何丢掉哲学那审慎的节制(modesty)?这是不是纯粹的虚张声势,盲目的勇气,而没有看到柏拉图政治哲学清楚看到的东西,即没有看到哲学在这个世界的危险处境?恰恰相反,施特劳斯表明,尼采恰恰认识到一种空前的哲学危险,它迫使哲学公开其主张。哲学的主张是自然的主张:针对通过某种新的社会契约机械地拉平自然差异而改造自然和人性的现代主张,尼采将自然等级秩序公之于众,并为了哲学事业而犯险炫耀哲学的伟大和自然高贵。现已完成的历史性道德转折,走向畜群自治的转折,要求哲学采取一种新的政治。施特劳斯,柏拉图式政治哲学杰出的当代传人,在这里遭遇了柏拉图式政治哲学所面临的最大挑战:尼采公开宣布,真正哲人的自然高贵使他们处在一个远远高于科学和学术的地位,他们的成就证明了人的尊严以及与之相随的世界之善的真正基础(*LAM*,页8)。

施特劳斯关于第六章的解说将第五、六、七章联系起来,认为它们表达了尼采《善恶的彼岸》第二大部分的基本论证,这一基本论证将自然和道德以及政治联系起来。第六章的关键是真正的哲人与哲学劳工的区别。哲学劳工,哲学学者和哲学科学家,必须认识这一区别,或者说必须了解真正哲人的地位,因为第五章结尾所表达的希望和信念完全系于真正哲人的成就。在澄清这一区分之后，施特劳斯进而表明，[87]真正的哲人正是第七章中的弥补者，是施特劳斯脱离正轨——处理《善恶的彼岸》——去描述其使命的思想者。关于这一使命的描述可以说是施特劳斯关于《善恶的彼岸》第二大部分全部论证的顶点：真正哲人或弥补者使命的成功完成，实现了从畜群自治到未来哲人统治的转变。

### 哲学劳工和真正的哲人

<28>哲学劳工，"哲学教授"，本应在哲学面前低头，做哲学的婢女，但他们不是这样，而是经历了从哲学中的"解放"。但是，表面上的解放代价是实际上的奴役，因为哲学劳工变成了现代民主政治的仆人。由于得到解放，不再服从他们本该服从的更高的东西，他们——我们——就被一种政治的契约所束缚，这种政治的广泛目标是将较低的东西从对更高的东西的臣服中解放出来。这就是尼采经常谈论的"现代学者的堕落"(*GS*, 358)。

没有比尼采关于奴隶状态的指控听上去更让人反感的了，因为这一指控所针对之人恰恰认为自己是已得解放之人。不仅如此，尼采以完全同样的口气宣称他自己从学者们所谓的解放中真正解放出来了，同时还宣称这样的解放除了少数几人外无人能得到。尼采主义者——如果有尼采主义者的话——在某种意义上与柏拉图主义者相似：他们同样会成为哲学劳工而不认为这是一个侮辱，他们同样会承认哲学和科学之间存在一种等级秩序，并将他们自己看作哲学科学家。关于科学的表面解放带来的哲学危机，施特劳斯表达了他个人的意见，他同意尼采："我们在20世纪就人类科学所观察到的症状印证了尼采的诊断。"尼采关于哲学丧失地位这一诊断的正确性和重要性，是施特劳斯下面两段关注的重心。

施特劳斯提醒我们注意尼采的标题——Wir Gelehrten[我们学者]的反讽性。作为唯一使用"第一人称代词"的章题，它使尼采成为学者中的一员,处在哲学科学劳工永远不能超越,而真正哲人必须跨过的诸多阶段中的一个阶段。施特劳斯认为自己知道,当尼采使用这一标题时他"希望强调"的是什么:他希望强调,"除了作未来哲人的先驱者之外"——至于[88]这先驱究竟被赋予多么崇高的地位我们在后面才会看到——"他也归属于学者的阵营,而非诸如诗人或者宗教人的阵营"。诗人和宗教人追随尼采心目中的更高召唤,追随要求精神劳役的更高召唤:他们总是某种道德或某种神性的仆人。在一本面向自以为是自由心智的学者们讲话的著作中,尼采强调自己是学者中的一员,而非那些学者们视为不自由心智者中的一员,这只是一种政治策略。而且,在其著作的最后,尼采不惜贸然透露,他是狄俄尼索斯神最后的信徒和入门者,虽然他明知道学者们不会喜欢听到他这样说(格言295)。进而,他将以反思必要的哲学诗歌来结束他的格言,并且最终加上一首名为"朋友扎拉图斯特拉,客人中的客人"的诗;扎拉图斯特拉是一本诗体作品的灵感来源,在那部作品中尼采描写了一个学者,他浅尝扎拉图斯特拉的诗后宣布"扎拉图斯特拉不再是一个学者"(Z, 2.6)。尼采所希望强调的,只是他可能现身的诸多方式之一。

施特劳斯这一段关心的是尼采的真正身份以及他希望赋予自己的身份,因为尼采的真正身份乃是他这一著作的主要问题之一。尼采的多重伪装和面具使问题更加复杂化和深化,解决它成为对读者的挑战:探索尼采的真正身份乃是对读者的一种教育,让他认识到对一个人类存在来说什么是可能的,或什么是一个真正的哲人。尼采真像他希望强调的那样属于学者队伍吗?①

---

① 施特劳斯在此犯下一个小错,以便促使人们注意到这一身份问题?施特劳斯说:"论述这类人[哲学劳工]的章节被冠之以'我们学者'的标题,它是唯一在标题中用到第一人称代词的章节。"是这样吗?下一章的题目是"我们的德性",而当他转向这一章时,施特劳斯提请注意两个题目之间的关联:在这里讨论的"我们的德性"中的"我们"不是"我们学者"(段31)。在1967年芝加

<29>当格言207就要结束时,在关于学者的有害但必要的客观性的大段讨论中间,尼采写下一个简短评论,[89]谈论学者唯有怎样才能仍然是"'自然'或'自然的'"。施特劳斯显然仍在追寻尼采对自然一词的每一个用法,因为他突然提到该词在本章中的第一个用法①并开始讨论其具体含义,虽然尼采的简短评论出现在这章三分之一以后的地方。关于这一评论,施特劳斯写下了整整一段话,讨论自然和历史问题,或用历史代替自然的现代问题。这同样是施特劳斯毕生工作的一个重要主题。他曾经激烈批评极端历史主义,批评他们用历史来消解自然,用流逝来消解永恒。他这样定义极端历史主义:"一切理解,任何知识,无论如何有限和'科学',都假定了一种参照框架;它假设了一个视界,一个全面的视角,理解和认识在这视界和视角中发生。"(*NRH*,页26)与施特劳斯自己对哲学的历史研究不同——他曾经称这种研究为对哲学社会学的贡献(*PAW*,导论)——历史主义与哲学是不兼容的。面对哲学中出现的有关知识可能性问题的巨大困难,历史主义堕入了怀疑主义。尼采是一个极端历史主义者吗?施特劳斯所培养的学派的通常回答是肯定的,因为它会谈到"尼采和海德格尔",仿佛这是某个1844年出生并于1976年去世的德国哲人的冗长名字。那么,施特劳斯本人

---

哥大学《善恶的彼岸》讨论课的录音整理稿中,施特劳斯谈到"只在两个地方出现了第一人称复数——或者简单地说第一人称,两次都出现在某一章的标题中"(第9课,页1,重点为笔者所加)。在下一课中施特劳斯说:"第6章讨论'我们学者';第7章讨论'我们的德性'。两个'我们'相同还是不同?"(第10课,页2)当施特劳斯在论文中写到这对词汇时,他挑出其中一个作为"唯一在标题中用到[的]第一人称代词"。"我们的"是一个人称代词吗?在这里,它是作为属格形容词使用的,但是,是否作为形容词使用表示属格的人称代词就不再是一个人称代词?如果这是施特劳斯的一个有意为之的错误,那么它与尼采在这两章中谈到"我们"和"我们的"时关于他身份的戏说完全一致。

① 在格言206中,尼采曾经在一种不同的意义上使用"自然"一词,他谈到学者所拥有的锐眼(lynx-eyes),这锐眼使他们看到"这种天性(自然)的卑微方面"(das Niedrige solcher Naturen),却无法企及其高度。

认为尼采仅仅是现代性辩证法中的一个阶段吗？当施特劳斯在其较早的关于海德格尔和尼采的讨论中遇到这个问题时，就涉及尼采的方面而言，他似乎小心翼翼地将这个问题保留为一个开放的问题（如 *WPP*，页 53-55；*NRH*，页 26；*SPPP*，页 33-34）。那么，现在如何？

施特劳斯谈到哲学中的转变，即哲学不再将"自然"与"真实"等同：柏拉图坚持这一等同，而卢梭则力图消除这一等同。那么，尼采呢？施特劳斯说，"尼采为本真事物取代自然事物打下了决定性的基础"：他自己并没有做这种取代，他自己并未陷入自己所准备的东西。但是他所准备的东西，海德格尔的本真性教诲和极端历史主义，是否只不过是尼采思想的自然开展？施特劳斯没有回答这一问题。他不是考虑尼采思想的后果，而是相反，他考虑其原因，考虑促使它作出回应的背景。他试图对尼采采取的方向给出他自己的解释，解释尼采关于自然的思考"如何"及"为何"采取了[90]那样的方式。施特劳斯说，尼采面对着哲学的危机，一个并非他自己造成的严重危机。哲学，最高的探索，经常不可避免地处于危机情势中，在尼采时代它更是面对一个严重的危机，这个危机与其说来自自然科学，不如说来自历史研究。根据柏拉图的《斐多》，自然科学在苏格拉底时代导致了哲学的巨大危险，这一危险迫使苏格拉底开始他的第二次起航，从自然科学转向 logoi［言辞/理］，这一转向构成了柏拉图主义的标志。苏格拉底说，这一伟大转折的目的，是将哲学从厌恶言辞和厌恶人类中解救出来；对哲学来说，这是一条"安全道路"，可以缓和由于不切实际地希望理性拥有解释一切的能力而引起的对理性的仇恨。尼采所遇到的哲学危机与苏格拉底所遇到的哲学危机相似，但是由于"历史研究与哲学靠得更近"，一种现代特有的危险产生了。施特劳斯说，尼采所遇到的危险乃是"哲学的历史化"的一个后果，是将哲学化约为时间和地点函数的黑格尔教诲的一个后果。施特劳斯在下一段清楚表明，尼采反对黑格尔，他没有将哲学化约为其所由产生的时间和地点。①

对尼采自己来说,历史并没有"取代"自然。相反,是一种形式的自然或一种对自然的理解取代了另一种形式的自然或另一种对自然的理解。在施特劳斯看来,尼采试图找到"一种超越历史主义的思考和生活方式"(段31)。"一种特殊的现代取向是将万物依照其起源……来加以理解,历史主义正是这种特殊的现代取向的产物"——但是施特劳斯又引用洛克的观点说:"自然则仅仅提供就其自身来说几乎毫无价值的质料。"施特劳斯提到尼采的两段话,《善恶的彼岸》格言213和《朝霞》格言540,表明尼采与这种人类生产观相去甚远。尼采不是洛克的后裔。他不允许哲学在现代性高抬[91]历史及其人类自我塑造神话(这一虚构是尼采《快乐的科学》中批判现代性时的靶子之一)所造成的危险面前投降。尼采注意的焦点是自然的人,而对自然的人的恰当理解,不能忽视历史或超越历史进入神的领域,进入某种假定的永恒(timelessness)。历史必须被整合进自然,如施特劳斯所理解的那样(段34):对自然的研究必须变成自然史、谱系学和关于人类家族的私密故事。②

---

① 在此语境中,值得考虑的是《政治哲学和历史》一文极端费解的最后一句(WPP,页77):"因为,历史主义断言,哲学和历史问题的融合本身标志着超出'幼稚的'非历史哲学的进步。而我们自己则只限于断言说,在所描述的限度内,根据与前现代哲学或'未来哲学'不同的现代哲学,这一融合是不可避免的。"这句话最后一部分在这一语境下如此奇怪,但难免让人想到尼采,它将尼采和前现代哲学联系在一起,反对共同的敌人——历史主义。而且,它将尼采与必须增加到前现代哲学身上的东西联系起来,以便克服历史主义:我们需要"一种特殊的探究",以便保持现代教诲所丢失的东西的生命力,我们需要施特劳斯称为"哲学史或科学史"的"哲学探究"(前两段的结尾)。施特劳斯暗示,"未来哲学"满足了对于一种哲学史或科学史的需要。

② 施特劳斯发表于1961年的一篇关于"相对主义"的论文以下述判断作为高潮:"尼采可以说将相对主义的致命真理转变成了最赐予生命的真理。"(《古典政治理性主义的重生》,页26)但是在最后一段中,施特劳斯转而"以全然必要的含混"讨论尼采——为什么这样做是必要的?施特劳斯最后提到尼采

## 弥补者

<30>在洛克和黑格尔驱使下操劳并将哲学化约为历史的哲学劳工,已经篡夺了哲学的位置,现在尼采如何回答哲学面临的这一危险?他大胆地公开表示,真正的哲人位于自然的顶点。关于尼采所谓真正的哲人,施特劳斯善意地使用《善恶的彼岸》的用语,而不是较早的《扎拉图斯特拉如是说》的用语,他称其为"弥补者"而不是"超人",从而使尼采避免了仍然与后一用语联系在一起的责难——这一豁免是恰当的,因为尼采自己废除了这一用语,且他使用该用语时的含义,与我们必然会在这一用语中听到的东西从来就没有一点瓜葛。施特劳斯不厌其烦地五次重复"弥补者"一词,最后一次他描述了什么是弥补者必须做的,描述了弥补者必须创造的价值(段35)。

哲人,"严格地说"或"精确意义上"乃是弥补者,尼采也称其为未来哲人。施特劳斯接下来关于弥补者所说的话展示了尼采对极端历史主义的反对,因为弥补者是"不容超越,更不需要超越的"顶峰。尼采问"是否曾经有过这样的哲人?",而施特劳斯暗示,答案是肯定的,未来哲人曾经存在于过去,过去曾经有过为数极少的哲人,他们将人类的整个未来置于自己的良心之上(*BGE*, 61),柏拉图就居其中心。但是,施特劳斯问:"我们也必须克服希腊人这一说法,它还是真的吗?"施特劳斯关于这一问题有两个引证,一个是《快乐的科学》中的"垂死的苏格拉底"(格言340),另一个是宣布上帝已死、宣布诞生于柏拉图作品中的[92]神圣自然已死的疯子(格言125)。两个引证由此将施特劳斯论文的一贯主题——尼采反对柏拉图——应用于弥补者或未来哲人问题。这些格言的内容表明,一个未来哲人必须克服另一个未来哲人,而无须克服未来哲

---

"重陷形而上学或……诉诸自然"——根据两者在他的尼采论文中的对应观点来看,这个句子意味深长。

人这一类型本身,这一类型是一种自然的人类类型,是人性成就的罕见顶峰。如果这样一种自然的人类类型是存在的,那么极端历史主义就不可能是真实的;人性在时间手中并非完全可塑的——如施特劳斯将继续表明的,对于尼采"否认存在着一种人的天性"(段26)的指控是虚假的。

"哲人之为哲人属于未来。"施特劳斯确认,在过去存在着未来的哲人,因为真正的哲人"任何时候都与他的时代对立"。他们从来不是像历史主义者哲学劳工黑格尔所想的那样,是"他们时代的儿子";他们总是像尼采所认为的那样,是他们的时代的"继子"(step-sons):他们超出他们的时代,走向一个他们试图实现的未来。

在这一段的最后一句话中,施特劳斯转向"未来哲人的先驱者"所面临的伟大使命。这些先驱者在下面的段落中被等同于"我们自由心智"。他们同样不再是时代和环境的奴隶,而是其继子;他们同样也有更高的关切——"人的一般性的卓越"和"欧洲的保存"。但是只有未来哲人才能完成满足这些关切的创造性工作,只有他们才"必须成为一个统一欧洲的不可见的精神统治者,而从不成为它的奴仆"。

## 第 7 章:自然、历史和弥补者

> 意识到心智的尊严,我们就会认识到人的尊严因而还有世界的善的真正基础。
>
> 施特劳斯,*LAM*,页 8

施特劳斯对《善恶的彼岸》中"自然"主题的不懈追踪现在赢得了其最伟大的收获,因为在这里,自然人,弥补者,将"解决最高的和最困难的问题"(段35)。弥补者本身就是一种高级道德的产物,他必须完成一项比道德还要高的行动,一项超越善和恶的行动:他必须创造价值,这些价值将使自然得到弥补,并把迄今为止的人类历史即[93]无意义和偶然的历史带到一个恰当的终点。新价值通过为征服自然设定界限而弥补自然;它们通过既在事物之中也在人类之中维持等级秩序来保存自然差异。基于自然且完全自然,弥补者在本质上是历史性的;作为一个注定要过去的自然秩序的一部分,他学会了热爱那要过去的东西,他还学会了教导有朽的(mortal)存在去热爱有朽之物。

### 半野蛮的道德家

<31>在关于"我们的德性"这一大段曲折文字的严肃论题和响亮声音背后,我们看到一个小小的游戏,一个玩弄引号的尼采式游戏。最初是"我们的"德性的东西,即尼采对之讲话的自由心智的德性,当它们被界定为历史感和理智正直时,就变成了我们的德性。施特劳斯在悄悄抹去自由心智与他自己之间的距离吗?毫无疑问,他是一个拥有历史感和理智正直的自由心智。他在多大程度上拥有这些德性?

施特劳斯告诉我们,"我们的德性"一章从学者("我们学者"的主题)转向自由心智,这些自由心智不再是所处时空的奴隶,而是由于其历史感和理智正直,成了他们所处时空的继子。但是自由心智的德性有其相伴随的恶。了解这些不可避免的恶的救治方法,也许就是了解如何理解自由心智与未来哲人之间的区分。早先施特劳斯曾经表示,很难说人们应该如何理解这一区分:"自由心智有可能比未来哲人更自由吗?他们拥有一种只是在过去哲学与未来哲学之间的过渡阶段才有可能的开放性吗?"(段5)是的,施特劳斯现在回答,这种暂时的开放性乃是一种野蛮,而未来哲人可以使这种野蛮成为文明。

自由心智的德性和邪恶代表了道德的进步,但是对自由心智来说,如果他们为他们的进步骄傲,那将与另一项道德成就,即与道德事物中日益增长的精细不兼容。另外,施特劳斯马上强调说,一旦自由心智清楚意识到自己因不能掌握最高的东西而具有的限制,这样的骄傲就会变得清醒和温和。施特劳斯在此为解释弥补者所扮演的文明化角色埋下了伏笔。

只有通向自由心智的道德进步才使道德的下一个进步,即走向弥补者的进步成为可能,[94]施特劳斯将这看作一个"让步",看作某些尼采"乐意承认"的东西。施特劳斯接着改述了尼采展示弥补者精神之壮丽恢弘的那段升腾的文字(格言219)。他的"高度的精神性(理智性)是道德品性的最终产物";它是对所有那些状态的综合,人们将这些状态归之于那些'仅仅道德'之士"。施特劳斯从尼采的格言中去掉了对"仅仅道德者"的戏谑嘲弄,后者即那些"自由"心智,他们十足的道德主义使他们能够否认任何超出他们自身严肃道德的高度存在,从而帮助他们反对他们的精神上级。但是尼采不是通过强调仅仅道德者与更高精神性之间的距离来得罪他们,而是宁可恭维他们,承认这一更高精神性本身乃是他们道德品性的产物。施特劳斯接着引用了尼采在格言219中对那一更高精神性的定义,这一定义的内容最终在施特劳斯本人叙述弥补者必须做什么时将得到充分表达。这一更高精神性"是对于正义和某种严肃性的精神化,这种严肃性知道,它负有这样的使命,即维持世界的等级秩序——甚至在事物当中,而不仅仅是在人类当中"。

在接下来各段中,尼采定义中的每一个方面在施特劳斯笔下都得到了体现。正义的精神化和严肃的精神化将成为核心,即使这一核心由于施特劳斯使用苦难和残忍等词汇描述尼采所主张的东西而有所掩盖。赋予使命去担当这一令人敬畏的责任的,将被表明是自然本身——不是某种浪漫化或人性化的自然,而是尼采式的自然。我们将会看到,维持事物之间以及人类之间的等级秩序,依赖于弥补者所创造的价值,这种价值主张自然的差异、自然的等级,且它建立在对差异的感激之上,而不是建立在对差异的仇恨之上。

施特劳斯在其尼采论文之前不久所写的一篇论文中提出一个定义,这个定义可以帮助我们理解施特劳斯赋予尼采精神化一词的意义和重要性。在他为柯亨(Hermann Cohen)的《犹太来源的理性宗教》(Religion of Reason out of the Sources of Judaism)所写的介绍性论文中——这篇论文本来计划作为《柏拉图式政治哲学研究》的最后一章——施特劳斯说,柯亨"通过将犹太思想'理想化'或'精神化'来解释犹太思想"。随后,他为精神化活动的这一扩展和解释提供了一个现成的精神现象:"根据其最高的可能性彻底思考……和理解它。"(SPPP,页235)[95]施特劳斯在其尼采论文的余下部分将表明,弥补者到底如何根据正义和严肃的最高可能性,彻底思考和理解它们,从而将它们精神化。

弥补者与我们处于一种什么关系之中?"我们的德性"不是未来哲人的德性;后者具有一种"优越道德"。在此存在着三种道德:第一种是占统治地位的道德(被界定为利他主义、善即同情论和功利主义);第二是我们对于这些占统治地位道德的批评;第三是从这种批评产生的优越道德。我们的德性是这些德性中的第二种德性,它在被施特劳斯描述为一个既新奇又"模糊的现象"的历史感中得到体现。它建立在一种自我满足的缺乏之上,表达了现代性的自我批判。因此,我们的德性具有一种缺陷,施特劳斯使用尼采的语言表达这一缺陷:"尺度于我辈是陌生的;我们为无限之物和不可测度之物所挑逗。"施特劳斯用他自己的话进行评论,第一次不加引号地使用第一人称复数:"因此,我们是半野蛮人。"从单纯的批评中产生的优越道德将补救这种缺陷,教我们以尺度;它将使不知道如何设定一个尺度的我们这些半野蛮人文明化。它将教导我们如何限制历史感,或停下走向无尺度的极端历史主义的脚步;它将教我们如何为征服自然——这是最后的总结性段落中提取的我们野蛮主义的关键方面——设定界限。历史主义之缺乏尺度"指向了一种超越历史主义的思考和生活方式",但直到目前为止,这种方式在施特劳斯那里一直是抽象和空洞的,他只是将其作为弥补者的"优越道德"。

施特劳斯告诉我们,在他看来,尼采表述历史感诸格言的顺序隐藏着一个小小的设计。施特劳斯得出结论说,历史感构成了尼采道德类型学中两种道德类型之间的联系或过渡:一种是大多数人的以消除苦难为目的的道德,另一种"反面道德则总是意识到人的伟大由苦难造就"。

施特劳斯追随尼采,强调"我们非道德家"作为信守我们的德性的"义务中人"的反讽性:我们的非道德的德性是我们的理智正直。但是施特劳斯没有提到尼采强调的重点:这样的义务中人在道德人士看来永远完全是不道德的,"无论我们做什么,愚人和表象都会反对我们——'这是些不尽义务的人',我们总是站在愚人和表象的反面"(格言 226)。因此,在尼采胆敢吹嘘其邪恶教师身份时一直强调的那种意义上,理智正直总是"邪恶"的。"邪恶就是习俗的[96]反面"(*HH*,96)。"新的东西总是邪恶的……善良的人是所有时代那些培植陈旧思想的人……精神上的农民。"(*GS*,4)

理智正直的德性具有种种局限,为了展示它们,施特劳斯未加提及地转向下一个格言(227),这一格言描述了发生在诚实者(the honest)与愚人之间的一次简短争论,旨在给诚实者以勇气。由于它指向过去而不是未来,理智正直需要"我们最精微、最隐秘、最精神性的权力意志"的补充。具有精微、隐秘和精神性的权力意志,被尼采描述为必要的装备,有了这些装备,我们才能"用我们全部的'魔鬼'支持我们的'神'"。任何接受这样的权力意志之魔鬼为其效劳的正直之神,理所当然地被误解,正如权力意志通常被误解一样:

他们会说:
"他们的'正直'——实际上只是他们的邪恶,除了邪恶还是邪恶!"
——谁管呢?①

---

① 考夫曼(Kaufmann)的翻译遗漏了尼采的简短对话。这是非常令人遗憾的,因为尼采在谈论其最基本思想("《善恶的彼岸》一书的全部学说",段 9)时的简洁(economy),表明尼采在这里肯定想到了他前面一个小对话的语境,在那一对话中,他讨论了"最精神性的权力意志"(9),讨论了自由心智发出的指控:一种全面的权力意志教诲拒斥上帝而没有拒斥魔鬼(36-37)。

但是,比站在了魔鬼一边这种古老指控更具威胁的,是来自内部的一种诱惑,施特劳斯在这一段最后一句话中提到这种诱惑,即因为正直而感到骄傲的诱惑,这种骄傲"会把我们重新引回道德主义(以及有神论)"——并因此离开最隐秘和最精神化的权力意志。格言227结尾,尼采自己的谐谑说法详述了这种回到表面而非降至深处的诱惑:

> 每一种德性都倾向于愚蠢,每一种愚蠢都倾向于德性。"愚蠢到神圣的程度",在俄罗斯人们这样说。让我们小心,我们不要由于正直,最后变成圣人和无聊的人(bores)。一百次生命难道不也是太短——就无聊而言?人们必须相信永生,才会——

会怎样?会回到无聊,回到道德主义(以及有神论),回到柏拉图主义,回到与愚蠢的妥协;这种妥协认为,愚人和表象反对我们,意味着我们不得不以圣人和道德的无聊的人的面目出现,这是为了我们自己的生存——也为了他们的生存。

## 残　忍

<32>[97]残忍再度出现在我们面前,而它之所以再度出现,是因为施特劳斯在"我们的德性"与英国功利主义者所鼓吹的道德之间展开一个巧妙对比。利用来自格言228、229和230的要素,施特劳斯表明,两种道德论都坚持自我主义(egoism),但是由于缺少对权力意志的见识,功利主义未能意识到自我主义可以包括指向一个人自己的残忍,就是"在理智正直、在'理智良心'中是有效的"残忍。施特劳斯在下一段论述了这种形式的残忍。这是一种对尼采格言229和230中关于精神和精神化的伟大教训来说至关重要的残忍,是知识追求者的残忍,他"迫使他的精神意识到与其精神倾向相悖且总是与其心灵愿望相悖的事物",他想要"伤害不停地要奔

向表象和表面的精神的基本意志"(格言229)。

<33>为什么强调残忍？因为，"如果要想使得'令人恐惧的基本文本①即 homo nature[自然人]'，亦即'那个永恒的基本文本'重见天日，如果人类要'重新迻(译)入自然'，那么承认残忍的至关重要性就是必需的"。尼采的根本使命要求直面残忍的不可消除性，要求它不被"对温和的赞赏"所消除；这种赞赏作为对精神基本意志的贿赂，允许其愚蠢变成主导。第 26 段中的尼采审查在此得到了对尼采一方的进一步证据支持：坚持残忍，利用残忍服务于理智正直，不是一个爱好恶意的轻率或乖张的思想家可谴责的私人怪癖；坚持残忍对于人性的恢复和保存必不可少。

为补充论证格言 230 中尼采的使命是恢复人性中的自然性，施特劳斯离开《善恶的彼岸》文本，罗列了一系列引文，以说明尼采的自然化使命。这是一项为了未来的使命，使这项使命成为必要的，不仅是哲学的现在和过去，还有整个人类的现在和过去。人类种族还从来没有成为过自然的，但是按照尼采的进化观点，人类可以通过一种新的自然观而变成自然的；关于新的自然观，施特劳斯引用《快乐的科学》的重要格言 109，这一格言将新的自然观描述为拒绝赋予自然以任何人性化的神话，拒绝任何格言 108 中所描述的死去的神的影子。与其他族类不同，人类尚未定型，还没有获得最终的特点，施特劳斯在此还引用亚里士多德来证明尼采的[98]论点。只有在向人类的顶峰上升的意义上，在向未来哲人即真正的弥补者上升的意义上，尼采才能谈论一种"回归自然"——"回归"罕见的特出者，或"回归"如下认识：存在着这样的特出者，他们的偶然出现作为人性自然的冠冕属于人性。② 自然化过程要求施特劳斯定义真正的弥补者的使命是什么，而他在这里通过结合他论文中的两个

---

① 遗憾的是，考夫曼的翻译漏掉了 schreckliche[令人恐惧]一词。

② 在这一回归自然的语境中，施特劳斯正确地引用了尼采的题目：向自然的回归是"偶像的黄昏"，神圣超自然的黄昏。

基本论点做到了这一点。

一、弥补者"是将权力意志理解为根本现象并在此基础上有意识地创造价值的第一人"。至于这些价值到底是什么,施特劳斯将在下面告诉我们——它们绝对不是任意的,它们发明或创造出来,不是为了庆祝单纯的创造性。这样的创造性就其本身来说在尼采那里什么也不是,之所以什么也不是,是因为单纯的创造性是现代的方式,行动者的方式,尼采最为反对的方式:尼采反对瓦格纳。将权力意志理解为根本现象,会产生出一种特别种类的价值,自然的价值,自然化的价值。对根本事实的洞察带来新的最高价值的诞生。

二、弥补者通过弥补自然的创造价值行动,"终结了无意义和偶然的统治(格言203)"。这里提供的参考援引了施特劳斯刚刚揭示的道德的自然史:真正的弥补者创造的价值,促进了从畜群自治到未来哲人统治的合理转变。

施特劳斯接着作出一个可能造成极大混乱的陈述,他说,人的自然化"同时也是非人的拟人化的顶点"(参 *WP*,614 前后)。施特劳斯将拟人化问题延伸到什么程度? 他是否以为,尼采认为所有认识都是拟人化?《权力意志》614 就说:"'人化'世界,也就是说,我们感觉在其中越来越像是个主人。"(*KGW*, VII 25[312])如果施特劳斯认为这些话表达了尼采的愿望,那他就误读了,因为它们的实际意思是要批评任意解释世界的整个历史。尼采不赞同对世界的基于愿望而非基于事实的解释,相反,他把终结这种解释看作他的使命的一个主要部分。另一则笔记毫无疑义地说明了这一点:"我的使命:[99]自然的解人类化(Entmenschung)以及在获得纯粹的自然概念之后人的自然化。"(*KGW*, V 11[211],1881 年春季至秋季)在一则相关的笔记中,尼采说:"人性和哲学迄今诗意地使人化身为自然——让我们解除自然的人化!"自然的这一解拟人化是尼采在《快乐的科学》109 中提出的任务,而施特劳斯在这一段中提到这一格言。但是,施特劳斯自己似乎将基于愿望的拟人论推及《善恶的彼岸》格言9,因为他提到这一格言时说,"最精神化的权力意志在于对自然应该是什么和如何是作出规定"。这是否意味着,尼采在这一重要格言中也在做他所批评的基于愿望的人化?这条格言批评哲学对自然实行僭政,批评按照自己的形象创造世界,而就是在这么一条格言中,尼采本人却提供了一种对自然的描述,施特劳斯是否没有看到格言9中这一暗含巧妙反讽的奇观?尼采无疑希望格言9的读者挑战他:如果你说哲学是最精神化的权力意志,这种权力意志按照自身的形象创造世界,那么你自己宣称的对自然的描述又能处于什么地位呢?尼采权力意志版本的自然描述为自己要求的地位,要超过单纯的拟人化,这一事实在格言13、22和23中逐渐得到表现,最后并决定性地在格言36和37中得到说明。施特劳斯要我们注意这两个格言,将它们看作尼采关于权力意志乃是基本事实这一论点的核心。

尼采关于拟人化的见解在施特劳斯此时讨论的重要格言230中得到了极其清晰的表述。人类要站在人类面前,尼采说,正如它现在站在"别的自然"面前,非人类的自然面前:对于自身的自然,人类也必须在"科学规训"下变得强硬;他必须如其所是地看待自己的自然,他必须允许自己的自然是其所是。为了做到这一点,人类还必须克服希腊人,哪怕其中最伟大的俄狄浦斯和奥德修斯:它不能一看到自己是什么和做了什么就扎瞎自己的眼睛,它必须凝视自己而"无所畏";它必须用蜡堵住自己的耳朵,以便抵抗某种特殊塞壬的诱惑,抵制"老形而上学捕鸟者"的诱惑,这些老捕鸟者像奥德修斯本人一样,在他们朋友的耳朵里塞上蜡,以免他们成为塞壬的猎物。那些老形而上学捕鸟者,那些柏拉图主义者,已对人类吹了太久引诱的笛声:"你是更多者,你是更高者,你来自不同的起源。"尼采的目的不是自然和人的自然的拟人化,而是它们的解拟人化;这一目的在一定程度上可以[100]通过科学规训实现,科学规训的理智正直迫使人类残忍地对待自己,并如其所是地看待自己的自然。

在拟人化这一极其根本的问题上,施特劳斯是否误解了尼采?答案是没有。拟人化在这里意味着什么?要理解这一点,前提是必须

第二章　施特劳斯如何读《善恶的彼岸》　117

弄清施特劳斯的论文现在进展到了什么地方：我们现在处于施特劳斯论文的哪一部分？我们正站在他将要谈论永恒复返的关键段落之前，站在谈论新的、有意创造的价值的核心段落之前。施特劳斯刚才提醒他的读者，创造是在"将权力意志理解为根本现象"的基础上发生的。正是在如此再次确认这一根本现象之后，他继续谈论拟人化，此时他的意思并不是说，根本现象，即权力意志，本身是一种拟人化。这一点施特劳斯在他论文早前明确以权力意志为主题的部分已经解决。但是，在关于道德史的长篇思考——这一思考的中心是该历史置于我们面前的具体转折点——已经准备好舞台之后，现在是时候引进通过认识根本现象而产生的被创造价值了。这些价值和所有价值一样必然会拟人化；这些价值和所有价值一样，表达的是人的激情和渴望。但是，它们的这种拟人化、这种表达，是基于对自然的见识，一种并非把自然拟人化的见识；它们的这种拟人化、这种表达，是凭借在尽可能最高的程度上肯定自然本身之所是。

　　因此，施特劳斯的论文忠实追随尼采思想整体上的简练（economy）。首先，解拟人化的残忍行动必须开展：基于愿望的人类必须停止根据古老的反自然愿望误读自然，这种反自然的愿望来自两种道德类型之一，它希望找到一个超自然世界，可以在其中隐藏自己和自己的财宝。在这种残忍行动以后，也只有在这种残忍行动以后，本来的自然才会如其所是地被看待。但是自然本身，从基于随意梦想的责难中解放出来的自然，现在可以因为挥霍且冷漠的宏大而逐渐被看作是高贵的。最后，人类对自然事物的爱欲可以通过肯定一种新的最高的善而上升到最高音，这种最高的善即尼采所谓相反的理想（格言56），一个爱欲者的理想，这个爱欲者深情地对被爱欲者说，"成为你自己，永恒地成为你自己！"这一理想现在成为充满愿望的野兽的最高愿望。一种全新的诗歌，一种全新的自然之美化，将学习歌唱事物的短暂；现在最好的寓言是时间和生成的寓言（$Z$, 2.2）。这一新的歌曲将以自己的方式成为自然的一种人化；它将表达把被爱欲者永恒化的人类意志（$GS$, 370）。

## 整合历史和自然

<34>[101]这一段中的每一句话都带有一个逻辑连词,这种连词赋予句子整体以一种活跃的对话气氛,并促使读者思考将这些句子联系起来的逻辑。

"然而":第一句话回顾了前一段的最重要论点,即真正的弥补者创造价值的行动宣告了无意义和机运的统治的结束。"克服无意义和机运的必要条件",恰恰是无意义和机运的统治,是"人类迄今的历史"。

"这就是说":"人的 Vernatüerlichung[自然化]预设了整个历史进程,并将这一整个历史进程带到其结论。"这一结论不是历史的终结,不是无意义和机运统治中某些隐蔽逻辑的顶点;这样一种历史论证,这样一种历史的不断神学化,被用于为畜群的自治辩护。向未来哲人的统治的转向,或在人类自然化中的历史的完成,"绝不是必然的,而是要求崭新的、自由的创造行动"。

"而且":虽然这一完成行动缺少必然性,但"通过这种方式,历史得以整合进自然"。历史的完成行动将历史整合进自然。通过这一表述,施特劳斯对尼采思想中"自然"的调查达到了终点之一。自然并不超越于历史之外,存在并不超越于生成之外;某种揭示永恒(timeless)自然这一真理的神圣自然神话,并没有恰当地呈现自然。不自然的野兽通过自己发明的反自然价值拒绝自然,并将自己提升到单纯自然的东西之上,提升到某种超自然地位,正是这种历史使历史整合进自然成为可能。

"如果情形真是这样":在走向下一个必要观点,即什么样的创造性行动是将历史整合进自然的行动时,施特劳斯对这一伟大的自然化主张表达了中立态度。肯定未来哲人,就要求肯定使他们成为可能的过去,要求肯定使这样一些天性得以产生的历史。

"然而":在这一对过去——作为使这些完成行动成为可能并

受到肯定的过去、曾经——的肯定与"无限制地肯定过去和现在存在的万物——即肯定永恒复返"之间,存在着巨大区别。为什么必须肯定永恒复返? 这是施特劳斯的论文终将走向的问题。它不是《善恶的彼岸》正在走向的问题;是施特劳斯论文的谋篇,而不是尼采《善恶的彼岸》的谋篇,使[102]回答这一问题成为探索的顶点。施特劳斯的做法显得似乎格言230的逻辑要求尼采回答这一关键问题,因为(作为下一段的开始)他说:

——尼采"并没有"回答那一问题,而是表明了某些其他的东西,亦即,这一肯定,"最高成就","归根结底都是自然的作品而非理性的作品"。按照尼采的意见,"归根结底",它不是历史论证的逻辑,而是某种存在者的倾向,这种倾向对于肯定永恒复返的必要性来说是关键的。然而,通过重复短语"归根结底",施特劳斯似乎暗示在这一肯定中还有其他因素发挥作用,似乎暗示它也是理性的作品:从畜群自治转向未来哲人的统治现在是合理的——这些未来哲人的天性,他们"无法传授的深深潜藏着的东西"必然肯定永恒复返。施特劳斯在其论文第一部分已经给出主要理由——这是最高天性的自然肯定,认识到根本事实即权力意志,他们不可避免会重陷柏拉图主义,而在主要理由之外,他现在又增加了基本的历史理由,以此结束了他自己的论证。

## 解决最高和最困难的问题

<35>施特劳斯另辟蹊径,提供了尼采《善恶的彼岸》相关部分所没有提供的东西:一个说明为什么必须肯定永恒复返的明确论证。历史论证作为施特劳斯呈现《善恶的彼岸》的顶点,在《善恶的彼岸》中最多也只是潜藏的。它的主要元素是支持永恒复返的论证,实际上来自《扎拉图斯特拉如是说》,在此服务于施特劳斯自己的一贯主题:在尼采的思考中,哲学如何得以统治宗教。施特劳斯没有说,缺乏这一论证是尼采的一个疏忽:《善恶的彼岸》是《扎拉

图斯特拉如是说》的一颗卫星。尼采最美的著作提供了通向最深刻的著作的道路。尼采的柏拉图化,是为了提供进入其柏拉图主义的入口。

施特劳斯的论证基于自然,自然主题由于施特劳斯论文后半部分的不懈追究而成为突出主题。施特劳斯的论证还基于历史,基于人类自然观的历史,这一历史将我们带到文化史中目前的位置。施特劳斯关于为什么必须肯定永恒复返的解释,证明了尼采思想的深刻一致性和连贯性,因为,无论[103]权力意志、弥补者、道德的谱系还是永恒复返,都同属于解决"最高的和最困难问题"的各个方面。

在作出自己更为普遍的论证之前,施特劳斯总结了尼采的具体论证。格言230美妙地通向格言231,在格言231中,人性中的自然这一主题得到了令人叹为观止的处理。为什么要有知识(格言230)?为什么要让自己屈服于理智良心的残忍刑具,从而给只希望轻松的精神的基本意志带来这般苦难?因为人们的天性(格言231)、"伟大的愚蠢"和"无法传授的深深潜藏着的东西"注定了他们要接受这一残忍。通过请读者比较格言8和格言231,施特劳斯表明,我们现在看到的是这样一条格言:在格言8中,我们触到了尼采的信念;在这条格言中,那喜剧中的动物,他自己哲学的驴子,出现在舞台上,因为,尼采对那伟大的历史性问题——既然知识必然给我们带来残忍和痛苦,为什么还要有知识?——所能给予的唯一回答是:它属于我们的天性,我们选择服从我们的天性而非改变天性。

施特劳斯以这样一种方式处理尼采关于精神化和精神性的伟大教训这一顶点:他使这一顶点成为他自己支持永恒复返的论证的一个工具。"最高成就"在此是肯定永恒复返的一个同义词,并且和所有此前肯定永恒复返的更高成就一样,"归根结底都是自然的作品而非理性的作品";它依赖于某种无法传授的"深深潜藏着的东西"。通过得出这一结论,施特劳斯再一次明确了贯穿整个论文的尼采和柏拉图(或至少是流行的柏拉图主义)之间的对比:所有有价值的理解的基础,他说,似乎都是"个人的天性,个别的天性,而非显见的普遍有效的见识"。

通过最终提供的东西,施特劳斯现在作出了对于第 26 段审查的延迟判决,并且是有利于尼采的判决。因为第 26 段的系列指控最后还留下一个指控未予回答:"对尼采来说,没有自然的或者理性的道德,因为他否认存在着一种人的天性。"这一指控是站不住脚的。尼采没有否认存在着一种人的天性,虽然他当然否认这种自然是永恒的,甚至否认这种自然当下不可改变——正是某种形式的对人性的威胁要求尼采采取行动。这一行动带着其所具有的全部残忍,建立在人的天性之上——不用说,尼采的表达方式是谐谑和粗鲁的:人性,在其深处就是那"根本的愚蠢",即那被给予或被授予的东西,即那人必须服从的东西。施特劳斯说明性的小重复表达了他关于尼采和人的天性的观点,他谈到"个人的个性,[104]个别的天性":个人的天性(the nature of individual)将被理解为个别的天性(the individual nature);个人的天性将得到尼采式的理解而不是柏拉图式的理解,换言之,它不是被理解为某种超越个别天性的东西。

在这一点上,施特劳斯另辟蹊径,勾勒了尼采的人性观并展示了其中所蕴涵的道德。他这样做的方式证实了永恒复返教诲不可或缺,因为,施特劳斯表明,从一种历史的观点看,肯定永恒复返的合理性,乃是转向未来哲人统治的合理性的一个必然推论。肯定永恒复返是实现未来哲人统治、阻止危险的畜群自治的手段。

"存在着一个诸自然(the natures)的等级秩序",施特劳斯说,其顶点是弥补者。弥补者宣布自己是诸自然的顶点,并非空口说白话,因为这种宣称建立在一种根本成就之上:"他解决最高的和最困难的问题,他的至高无上性正是通过这一事实得以表明的。"所谓最高的和最困难的问题,即现代人类所面对的自然问题,一个在人类历史中产生的问题。施特劳斯在此明确地重复了他自己的说法:"就像我们看到的那样,自然对尼采来说成了一个问题,但是他不能没有自然。"尼采不能也没有变戏法般地打发掉自然,以致进入某种极端历史主义,后者假设自己可以将自然当作一个概念虚构来对待,从而解决自然问题。尼采没有在概念上征服自然,没有否认其统治,没有肯定我们可以随心所欲地塑造自己的现代幻想。尼采也没有向另一种名义的自然屈服,使我们的心智在那些给定的东西——比如说存在(Being)——的转移权力(shifting power)面前屈服。

但什么是自然问题?在这里,在这一顶点,施特劳斯直截了当地给出他自己的定义:"人类正在征服自然并且这一征服没有可以确定的界限,由于这一事实,我们也许可以说,自然已经成为一个问题。"(强调为笔者所加)自然并不总是一个问题。它是变成了一个问题,而这是由于在我们的历史过程中出现了一个事实,即对自然的任意征服。这同样不是对培根-笛卡尔式通过工具的无限性征服自然的随意抱怨。① 施特劳斯的论文表明,自然之所以已成为一个问题,是因为在非常特定意义上对人的自然的征服,即清除两种自然人类类型中的一种。[105]培根-笛卡尔式的对自然的技术征服只是一个手段,虽然是一个不可或缺的手段,目的是实现大多数人的理想,实现普遍的、舒适的自我保存,这种理想使另一种人的类型被牺牲。

自治畜群的胜利是最高的和最困难的问题,是我们的历史摆到哲人面前的问题。这一问题如何解决?尼采不能没有自然;鉴于相关征服造成的诸自然等级秩序的废除,他必须恢复自然或为征服自然设定界限。如何做到这一点?创造一种新道德,创造一种新的善恶,这种新的善恶将提供一种新的意义标准,说明什么是最终值得做的和什么是不再允许做的。通过这一有意识的创造,真正的弥补者完成了他所担负的使命:在世界上维持等级秩序。因为新道德通过发动最激进的改革而保守:推翻现在占统治地位的道德,这种道德是如此不尊重自然,以至于它不知道对自然秩序的废黜有任何界

---

① 参见段25,"征服机运和自然"。

限;同时它还确立了一种保守自然等级秩序的新道德。这正是要肯定永恒复返的理由。这同样也是永恒复返会被视为一种邪恶教诲的理由:它对旧道德的废除,迫使它不得不以一种不道德的口吻讲话,鼓吹苦难、不平等、残忍、差异——鼓吹自然。

施特劳斯陈述支持永恒复返的这一论证的方式,利用了他论文中的相应范畴。由于现代征服自然的许诺产生出贸然的希望,"人们开始考虑着去消除苦难和不平等"。正如黑格尔所教导的那样,人们梦想着历史的终结,梦想着奴隶道德的普遍统治,梦想着每一个人都自由、精明而安逸——这种观点由黑格尔二十世纪的代言人科耶夫作出了残酷而宏伟的陈述,但又被施特劳斯雄辩地予以反驳。施特劳斯表述了尼采的相反观点:"然而,苦难和不平等是人性之伟大的前提条件(格言 239,257)。"在此,苦难和不平等必须在尼采的意义上理解,而不是粗暴地或返祖地理解,仿佛尼采主张回到古老的残忍和古代的奴役。施特劳斯对此非常清楚,"迄今为止,苦难和不平等一直理所当然地被认为是'被给予的',是强加于人的"——赐予、给予、强加:恩典或偶然的产物被看作是需要纠正的东西;自然在人们眼中被看作是吝啬、残忍或不公平的。正是诸自然之间的等级秩序造成了最深的苦难——造成了嫉妒和自我仇恨。复仇的这两个孪生源头,是人们纠正有缺陷自然的愿望背后的推动力量。这一伪装的、尼采所谓"次生的和[106]更精致的无神论"(*BGE*,22),是针对任何被恩典或机运所偏爱的东西的仇恨;"没有上帝也没有主人"是它的战斗口号之一(*BGE*,22,202)。

施特劳斯表述了尼采对强硬的辩护:"往后,它们[苦难和不平等]必须是被意愿的。"他还说明了意愿苦难或不平等到底是什么意思,或人类如何必须通过意愿他迄今试图征服的东西而自然化。[在考虑这一定义之前,有必要回想一下,当施特劳斯第一次引进"自然"这一主题时,他强调非自然的现实性:"自然的反面是不自然,即人为的、经过驯服的、畸形的(格言 62)、反自然的(格言 21、51、55);也就是说,非自然的东西同样可以是活着的。"(段 19)非自然的东西在施特劳斯所揭露的现代道德语境中具有强大的生命力，构成了对自然的致命威胁；尼采新的自然道德则起而威胁不自然的东西。]现在，在一个重新陈述其论证的复杂句子中（以"这就是说"开头），施特劳斯表示，除非作为一座通向未来的桥梁被意愿，自然就只是一个碎片；而弥补者以一种结束自然之碎片性的方式完成自然、成全自然。他用《扎拉图斯特拉如是说》之中连接了自然和历史的同义词描述自然："无意义和机运的丑恶统治，自然，几乎所有的人事实上都是碎片、残废和丑陋的偶然性，整个的现在和过去。"这一列举说明了对苦难和不平等的意愿所必须意愿的东西——偶然发生的过去、如其所是的人性、整个当前和过去。这一当前和过去的整体除非作为一座通向未来的桥梁被意愿，否则仍然是"一个碎片、一个谜、一种丑陋的偶然"。只有曾在和今在的一切被意愿，当前和过去才可能结合成整体；只有碎片的东西作为一个碎片被肯定，它才可能获得某种整体性。通过强调苦难和不平等，施特劳斯恰恰强调了扎拉图斯特拉本人在"论赎罪"一章中所强调的东西，该章是《扎拉图斯特拉如是说》引出如下论证的关键一章：要意愿整个自然秩序，要意愿自然过程的整体，最难以承受的是意愿苦难和不平等，意愿人类的碎片性，意愿在其中看不到救赎的自然人类状态及其诸自然之间的等级秩序。

　　施特劳斯的结论性判断统一了论文的各个基本主题：从研究领域看，施特劳斯的哲学和宗教、道德和政治这两对重大主题在这里会合；从尼采的特定教诲看，权力意志、永恒复返、自然、历史和[107]弥补者在这一意愿永恒复返的行动，在这一只有基于《扎拉图斯特拉如是说》的叙述才可理解的行动中同时达到了顶点。但是，如果我们暂时走出施特劳斯的论文，考虑一下施特劳斯或许最伟大的著作《思索马基雅维利》的结论，那么，我们也许会就这一独特事件获得一个清晰的认识。在那里，在那咄咄逼人、炉火纯青的最后一段，施特劳斯反思了现代留给我们的巨大问题，他还描述了为解决现代问题我们到底应该做些什么。

> 看起来似乎是，自然仁慈观念和善的首要性观念必须通过重新思考它们所来自的基本经验而得到恢复。(*TM*,页299)

在《扎拉图斯特拉如是说》中，在与智慧和生命的舞蹈中，尼采描述了他向这些基本经验的回归。他从这些基本经验中产生了对权力意志的见识，"论自我克服"(*Z*,2.12)就描述了这一见识。如《善恶的彼岸》格言56所提示以及施特劳斯的评论(段14)所暗示的，尼采将其关于自然的教诲表述成重启自然仁慈观念的教诲：生命最终是权力意志，意味着生命本就可爱。由于获得了这一理解，扎拉图斯特拉可以在生命耳边悄悄地说话，这些话表明了他是一个最高程度上的生命的爱欲者。自然的仁慈，自然的善，以现在唯一可能的方式得到了肯定：它是一个生成的过程，它是历史，它是无意义和偶然的统治，这种统治必然产生碎片性，并且除了弥补者所宣布的成全这一生成过程的弥补性肯定之词外，没有整体性的结果。"尽管'哲学必须谨防意欲进行教化'，但它必然进行教化。"这些教化性的言辞完成了施特劳斯的上述思考，也结束了他的《思索马基雅维利》。毫无疑问，尼采避免了哲学"必须谨防"的东西：尼采从来没有立意要进行教化；通过彻底思考最少教化性的东西——现代悲观主义、现代虚无主义，他发现了教化，发现了这一相反的理想，"但他不是有意这样做的"(*BGE*,56)。施特劳斯的论文努力表明，尼采之瞥见相反理想即永恒复返理想，如何必然是教化性的：它没有避免重陷柏拉图主义，因为它所探求的对象变成了它值得爱的对象，它柏拉图化了并美化了新的被爱欲者。尼采寻回了善的首要性：生命本就可爱。尼采回到了根本的经验，哲学爱欲的经验，善的首要性就是从这一经验引申出来的。

[108]在他关于弥补者解决最困难问题这一段的最后两句，施特劳斯点出两种不同行动及两种不同行动者，一种行动出自为弥补者开辟道路者，另一种行动出自"最高自然"本身。"人们一方面必须为弥补者铺平道路"——施特劳斯没有说到底怎样铺平道路——

"另一方面也必须无条件地肯定碎片和残废"。这一肯定是对"过去和现在存在的万物"说出的肯定的一部分,是扎拉图斯特拉自己发现最困难的部分。这一肯定通向弥补者的行动:"自然,自然的永恒,其存在归因于一个假设,归因于最高自然的权力意志行为。"自然通过这种最精神化的行动、通过意愿永恒复返的最高的个别自然弥补自然。

"假设":该词使我们想起现代哲学中那些最著名的假设,想起康德关于上帝、自由和不朽的道德假设,想起那些著名的关于自然的二律背反、那些假设,这些假设虽不可解释,我们却希望它们必然以某种方式在某些地方超越自然并保障我们的非自然道德。关于弥补者的假设同样也是一个假设,这一点与上述假设没有什么不同——"没有谁知道",当扎拉图斯特拉在生命耳边低声说出他对她的、对永恒复返的热切肯定时,她这样说道(Z,3.15,"其他舞蹈之歌")。弥补者同样也是道德的基础,这一点与上述假设也没有什么不同——它是对本身有价值的东西的最高肯定,是真正的哲学不可避免地重陷其中的柏拉图主义。

但是,这一新的道德假设在权力意志见识的基础上有意识地创造价值,它是这样一个人的假定:他看见自然的本然(nature of nature),并由于这一看见而转变成它的爱欲者。扎拉图斯特拉最初将这样的行动称为"赠礼性德性"(gift-giving virtue)(Z,1.22),但是他后来收回了这一德性之名,认为称其为"统治的欲望"(the lust to rule)更合适,从而将习俗性咒语复原为统治的精神激情。但即使这一名称也不行,扎拉图斯特拉听任精神上热爱人类(spiritual philanthropy)的最高行动留在无名之中(Z,3.10,"论三种恶")。让我们使用施特劳斯的柏拉图式命名:它是"秘密拥有王权的哲人,这样的哲人正因其为'探究者'而是'完美的人';他作为一个不完美社会中的成员以私人方式生活着,他着力在尽可能的限度之内使这样的社会人性化"(*PAW*,页17)。

由于尼采的新道德假设,"成为你自己,永恒地成为你自己",

由于这一对曾在和今在的一切的无限肯定,哲学本身成为公开的。丑陋的毛虫经历了变形,美丽的[109]蝴蝶展开流光溢彩的翅膀。带着"骄傲、勇气、胆略和自信",带着一种"承担责任的意志"(*GM*,3.10),哲学精神指向自身,指向自身的高贵性,将其作为感激世界之善的一个主要根据。

施特劳斯在1935年给洛维特的一封信中评论说,"永恒复返,或更准确地说,忍受永恒复返的意愿,对于一种真正自然的道德来说是必不可少的条件",①而他尼采论文中的顶点段落确认了这一评论背后的理由。面对洛维特这位写下了关于尼采的重要新作的可敬作者,施特劳斯承认他自己"无论如何也不是一个尼采专家",但他却向我们证明,洛维特的批评"对尼采并不公平",最主要的不公平之处在于,洛维特未能认识到他的著作所要解释的根本教诲永恒复返的意义。洛维特批评尼采的永恒复返教诲,说它徒劳地想要恢复一个已经永远消逝的希腊世界,而他认为有充分理由相信基督教和现代性的优越观点。施特劳斯为尼采辩护,支持对永恒复返的一种更为充分的理解,他不仅公正地认识到永恒复返教诲对"一种真正自然的道德"来说是必需的,而且公正地对待尼采为维护这一教诲所不得不采取的修辞。施特劳斯强调,永恒复返教诲不得不"一惊一乍地说话"(asserted convulsively)——抽风似地(krampfhaft)、狂热地、绝望地——但这"只是因为[尼采]必须将我们和他自己从由于信仰创世论和预定论而造成的千年娇惯(软化)中解脱出来"。在随后的信中,施特劳斯强化了这一论点,谈到"难以置信的娇惯"——unglaubliche VERWÖHNUNG——用"难以置信"修饰"创世和预定"教义造成的娇惯,显得意味深长。② 假设尼采的现代听众没有被这样的娇惯败坏,尼采就会以施特劳斯描述的方式教导永恒复返:在启示了永恒复返是"肯定世界……生成的无

---

① 《洛维特与施特劳斯的通信》,页184。
② 同上,页190。

辜……的最极端的表达"之后,"对大地的忠诚"所要求的正直命令将保证,一旦永恒复返由于其肯定世界的特质被采用,它就会被"平静地教导"。

尼采生不逢时,没有机会享受平静教导的奢侈。施特劳斯1935年的信件澄清了他晚年关于尼采的论文中多少有些没说清楚的东西,虽然二者的历史逻辑是一样的:永恒复返教诲奠定了一种新的自然道德,这种道德不能被平静地[110]教给人们,因为时代已经被一种非自然道德败坏,这种与生俱来的非自然道德败坏了时代。创世论和预定论的教条(以及它们的现代对应物——培根式的控制与占有自然)教导人类相信自己是万物之冠和全部自然秩序的原因。对于任何自然的事物理解来说,对于任何承认并接受人类处境之坚硬的事物理解来说,这些教条都是毁灭性的,因为它们如此轻松,如此受人欢迎,如此让人安心,如此容易被人们相信——它们正是败坏孩子的东西。尼采的教诲在这样一种背景下当然会显得残忍:它从孩子们手中夺走有害的玩具,而这些玩具的有害后果直到现在才变得充分可见。

### 保存自然差异

<36>尼采以"女人和男人"为主题结束了第7章;对这一主题,他的拥护者惋惜不已,视为一大失误,而他的反对者则大喜过望,以为抓到了把柄。施特劳斯则从恰当角度对待它,因为它完全不能被视为从崇高的自然主题到可笑主题的下降。尼采自己说:"一个在这一危险的地方证明了自己的浅薄的思想者——证明其本能的浅薄——可以被认为是完全可受质疑的,甚至是原形毕露无遗的。"(格言238)施特劳斯表示,男人和女人主题对尼采来说属于基本问题,属于自然问题(见段17);这一主题在此为理解自然在现代如何成为问题提供了另一个焦点。自然变成一个问题,因为人们不断征服自然,而未给这一征服设定界限。就一个方面而言,这一征服试

图废除男人和女人之间的自然区别,试图消除由于性别战争造成的苦难和不平等。这种征服属于尼采所谓的"蠢行和犯罪"(格言30),尼采大声指责这种蠢行和犯罪,为自然辩护,以保存男人和女人的自然差异。

## 第8章:欧洲的高贵性

施特劳斯高度选择性地对待尼采最后的两章,仅仅提到最能说明尼采本人谋篇的少数主题。施特劳斯用两段篇幅来讨论这两章,这两段通过他开始第二段或最后一段的方式联系起来:"如此一来,尼采就为最后一章作好了准备。"因此,施特劳斯从倒数第二章中选取的内容,集中在一个为最后一章开路的特殊主题上:欧洲的高贵性。

<37>[111]施特劳斯用一个法文题目取代了尼采这一章的德文题目,这一代替预示了这一段的论点:德国在一件最重要的事情上接替了法国。① 这一段讨论尼采式的统一欧洲主题,即一种泛欧洲主义,作为尼采对欧洲未来的希望的泛欧洲主义,这样一种主义的实现是他写作的政治目的之一。但是德国在施特劳斯这一段中占主导地位。德国比施特劳斯在这段中讨论的另外两个国家,法国和英国,"具有更广阔的未来和前景"。关于这一未来前景究竟是什么,我们可以通过施特劳斯追随尼采提到的少数几项关于德国、法国和英国的事情看清楚。②

施特劳斯发现,尼采强调当代德国的缺点甚于强调其德性。而

---

① 也许施特劳斯通过引申戴高乐"各祖国的欧洲"一语强调,欧洲"仍然"不是未来哲学的统一欧洲。
② 施特劳斯让我们参看海涅《谈法国舞台》(*Über die französische Bühne*)第三封信结尾,在那里海涅谈论了德国人所不能理解法国人的地方,但特别谈到法国人不能理解德国人——一个"有昨天和明天但是没有今天"的民族——的地方。

且，与这些缺点相关的，"不是德国哲学，而是德国音乐，也就是瓦格纳"。仅仅这个名字就足以使我们想起尼采称为"尼采反对瓦格纳"的整个一系列问题，尼采相信这一冲突打开了关于现代的一个基本视角。在尼采看来，瓦格纳是现代人的原型，大写的戏子，将其天才服务于现代大众和自己的声誉与名望。尼采说，靠近这样一种伟大"是一个哲人的意外收获"，是其教育中的天赐良机，他从未停止表达自己对接近瓦格纳的感激（*CW*，结语）。但是当代德国未经言明的德性是什么？施特劳斯似乎暗示，我们可以在当代德国的一个方面发现这些德性——它并非尼采批评的对象，此即德国哲学。一个统一欧洲的希望有赖于德国哲学，有赖于那个孤独的德国哲人的思想，这个哲人认为自己对欧洲的未来负有责任。

"更确切地说"——最后一句的奇怪开头使读者以为下文是对前面某些话的更准确的表述，虽然乍一看，它给人以引进一个新论题的印象。这句话作为对这一段其余部分的澄清，暗示了事实上这一段到现在为止一直在处理"欧洲的高贵性"主题：倒数第二段讨论了未来的哲人，认为由此可以发现当代[112]德国的德性所在，从而暗示必须到德国哲学中去寻找欧洲的高贵性——最后一段则证实了这一暗示。

欧洲的高贵性必须发扬法国早前的作品和发明。在这个发扬过程中，它必须不断反对英国的作品和发明，反对平庸或鄙俗——畜群自治，按照尼采在施特劳斯这一段最后提到的格言即格言253中的观点，这种平庸或鄙俗已经俘虏了法国（同时也俘虏了德国，正如瓦格纳现象所表明的）。尼采认为，英国畜群自治对法国的致命俘虏，使下述事实变得模糊不清："欧洲的高贵性——感觉、趣味、举止等等的高贵性，简而言之，在'高贵'一词的所有更高的意义上的高贵性，是法国的工作和发明。"尼采进一步说："我们必须咬牙坚持这一具有历史公正性的主张。"因此，尼采成为面临着自治欧洲畜群这一危险的欧洲高贵性的坚定捍卫者。因此，德国哲学在法国已经步英国后尘的情况下，在捍卫欧洲高贵性方面成为蒙田、笛卡尔和法国道德家的传人。与整篇论文一致,施特劳斯在最后一段坚持认为,"欧洲的高贵性"必须在最精神性的意义上来理解。

至少可以说,就施特劳斯关于欧洲未来的这段话提出的尼采式解释,得到了一个事实的支持:尼采自己也以这种方式看待他自己,尼采和施特劳斯几乎一样谨慎,不肯轻易直接说出这种看法。他怎么可能不这样呢?这样说太可笑,太招笑。为避免冒犯,就得小心翼翼地引入一种新的高贵性的可能。施特劳斯如此恭敬地对待尼采的角色,甚至不肯大声提到这种角色,从而使尼采保持了一定的掩饰。① 对于最初具有冒犯性的东西的恭敬处理方式,也支配了施特劳斯的最后一段,而在高贵自然取代神圣自然这一终极冒犯上,他表现得尤为恭敬。

## 第9章:高贵的自然

<38>"如此一来,尼采就作好了准备"——通过暗示德国哲学面临着艰巨使命,即建立一个统一的欧洲并保存自然的高贵性[113],尼采为他题为"Was ist vornehm?"[何为高贵?]的最后一章作好了准备。施特劳斯提及《朝霞》格言199,以支持说明"vornehm[高贵的]之有别于 noble[高贵的],乃是由于其与血统、渊源和出身不可分离"。题为"何为高贵"的这一格言是尼采道德自然史的一个范例,但更重要的是,这一格言具有一种特殊价值:它为施特劳斯贯穿整篇论文的柏拉图与尼采之对比增添了最后的重要一笔,因为在这里,我们了解到,在驯服且驯化更古老的希腊高贵性并预备我们自己的高贵性的过程中,柏拉图式的道德发挥了怎样的作用。与施特劳斯不同,尼采没有在此区分高贵和某些同义词如 edel 等。取而代之的是,尼采区分了与希腊的高贵性不同的我们的高贵性:

---

① 关于尼采暗示自己令人难堪、不谦虚的任务的某些佳例,见 GS,357,362,370。

尼采认为,我们的特殊"血统、渊源和出身"留给我们的遗产,我们的宗教、我们宗教的僭政和规训对我们的滋养,使现代的后基督教德性优于古代希腊的德性。尼采劝告我们不要放弃我们的高贵性,哪怕我们现在被迫感觉到,它的目标在我们心目中的价值已经下降:让我们将"这一宝贵的内在冲动"与新的目标拴在一起吧。我们的高贵性可能仍然多少是封建的,它也许尚未充分成熟,但它仍然可以使我们非常直接地感到,即使是高贵的古希腊人,实际上也是多么狭隘、多么不体面。尼采所指的古希腊人是古典时代的希腊人,他们先于苏格拉底,先于柏拉图的未来哲学。正是由于柏拉图的教导,由于他"有德性的人是最幸福的人"的教导,古希腊人对正义的轻蔑得到了治疗。柏拉图教导每一个具有高贵起源的希腊人抵制内心感觉到的僭政冲动,即统治的冲动,为一己的傲慢和欢乐牺牲任何人和任何事物的冲动。尼采承认,柏拉图那由德性达至幸福的教导,不可能深植于这样野蛮的天性,但是他补充说,柏拉图式的德性对我们的长期训练,已经使这一德性不那么必要了:我们的高贵性使我们现在可以拥有的德性已不同于在柏拉图彼时彼地尚属必要的驯服德性。[1]

沿着最后一段的论证继续前进,施特劳斯表明,根据《善恶的彼岸:一种未来哲学的序曲》的谋篇,[114]最后一章应该转向一个特定主题:它必须表明"那种(一种)未来哲学(the[a] philosophy of the future)是反映在行为和生活的中介当中的,由此得到反映的未来哲学将自身揭示为未来的哲学"。这句话第一部分中的定冠词,其不确定性在第二部分中似乎被清除了:"那种(一种)未来哲学"反映在行为中介中,在一种新的德性理解中得到表达,它自己将自己揭

---

[1] 施特劳斯引用《朝霞》之后还两次引用了歌德。第一次是解释 vornehm 优于 edel,第二次(内容是关于伏尔泰和法国文学的)讨论高贵与出身、地位及能力的关系。这些文字表明了尼采的使命与歌德的使命之间的连续性:思考一种后基督教的、泛欧洲的关于德性的教诲。

示为"未来哲学"(the philosophy of the future)。每一种真正的未来哲学都必须展示出它将给予未来的特殊烙印;它必须表明为什么其高贵模式值得吸引追随者,这些追随者将使这一未来成为他们的现在;只有通过这种方式,一种未来哲学才能在事实上变成未来哲学。

人们期待施特劳斯的作品最后会转向教化。这篇论文符合人们的期待吗?施特劳斯以始终存在的柏拉图与尼采之对比收尾,而该对比又以讨论德性主题,即以讨论"行为中介"收尾。施特劳斯刚刚使我们注意到尼采在《朝霞》(格言199)中如何论及柏拉图式德性在柏拉图历史语境中所代表的新奇性,现在,在结束时,施特劳斯展示了尼采式德性在尼采语境、在尼采的柏拉图式语境中的新奇性。尼采的四德不同于柏拉图的四德,因为"尼采以同情和孤独取代了节制和正义"。柏拉图曾经对节制和正义赞赏有加,视其为对古希腊激情的重要约束。在某种意义上,尼采在《朝霞》中表示,节制和正义已经不再适用,应该代之以同情和孤独德性。考虑到这些德性在历史上的基督教中的重要性,很难认为它们是新的,但是尼采的思想将它们重铸为哲学的德性。经过两千年基督教实践对我们的培养,同情和孤独在基督教上帝死去、其阴影被清除之后,具有了一种完全不同的意义。同情不再是非理性地赞颂对低者的服务,这已使我们丧失了对自然更高的东西的任何感觉;同情现在看到,为保存自然更高的东西,残忍和苦难是必要的。孤独不再与一位全视的上帝共享,也不再是狡猾者可疑的隐藏;孤独是哲人对于距离的激情(pathos),他离群独立,他意识到孤独之甜蜜,不怕炫耀它。德性不再是禁欲主义的德性。

施特劳斯解释了尼采的两种德性对柏拉图的两种德性的代替,将其作为例证来说明尼采所谓"将自然冠之以'高贵性'"的含义。正如最后的德文句子所表明的,以这种尼采的方式描述自然,就是不再以柏拉图的神圣性[115]方式描述自然。尼采式德性就是这样,在人类行为的中介中反映自然的高贵性。后现代的"人和前现代的人一样,不能避免依照他所理解的自然模仿自然"(*TM*,页

298)。

但是施特劳斯表示,"这是"尼采想法的"众多例证中的一个"——也许,未提及的其他柏拉图式德性的命运是另一个例证,也能说明按照对自然的新理解人类的德性会有何变化。勇敢在格言284尼采的德性名单中得到保留,但是现在它排在第一位,而不是《王制》中的第二位(在《法义》631c-d中,由于强调节制,勇敢被降到第四位)。但是施特劳斯自己经常暗示,哲学本身以勇敢为特征,哲学的勇敢与《王制》中定义的政治勇敢正好相反(*CM*,页107),在那里,勇敢被定义为以忠诚的决心,固守关于何为可怕事物的深固意见(《王制》,卷四,403b-c[译注]原文如此,疑误,似应为卷四429b-c)。哲学的勇敢则相反,心智拒绝抱住任何灌输给心灵的忠诚不放。施特劳斯所描述的柏拉图式政治哲学,成功地掩盖了哲学的勇敢核心,掩盖了它为自身缘故愿意将任何东西置于危险之地并废除意见、追求知识的意志。但是柏拉图式政治哲学将勇敢核心隐藏在一种知识背后,它谎称该知识可以让人依靠和让人宽心,虽然它知道自己没有获得也不可能获得这种知识。当自然在高贵性上被理解,人们看到那惊人的"挥霍且冷漠的宏大",哲学所隐藏的第一德性就成为哲学公开的德性,并被承认为第一德性。

柏拉图式政治哲学列为第一德性的智慧(wisdom)没有出现在尼采的名单中,虽然施特劳斯没有提到,但它似乎同样已被取代:尼采名单上的第二种德性是见识(insight)。一旦高贵的自然取代神圣的自然,见识取代智慧就是顺理成章的了:如施特劳斯在前面所提到的,诸神被柏拉图的第俄提玛说成是智慧的——"没有人是智慧的,只有神是智慧的"(段4)。但是当一种神圣自然拥有智慧的谎言被取代,不仅神圣智慧将首要位置让给了人的或有朽存在的勇敢,第二位置也被分配给了见识,分配给了人勇敢探究的果实。人类对自然的理解发生了变化,诸德性也必须随之变化。

值得强调的是,施特劳斯选择用来说明尼采所谓自然的高贵性之含义的"众多例证中的一个",使我们注意到尼采的同情。考虑到任何新学说教导者所获得的残忍之名,以及尼采尤其获得的残忍名声;[116]考虑到尼采在一个非理性地赞颂同情的语境中重新陈述残忍的必要性;以及最后,考虑到施特劳斯自己曾经认为必须公开指控尼采鼓吹残忍的事实,施特劳斯在最后一段给予尼采这一公正待遇是再合适不过的了。

同样值得强调的是,一个德性被取代,并不就意味着它被废除了或被贬低了:在解释从畜群自治到未来哲人统治的转变时,施特劳斯一直坚持尼采对正义和严肃的精神化。

施特劳斯最后的英文句子回到了尼采关于自然的高贵性的描述,这个描述是尼采在格言188中作出的,施特劳斯在《善恶的彼岸》的讨论课上曾挑出这一格言,说它"非常重要"。在作为中心的一章中,自然曾被描述为高贵的,尼采在那里阐述了自然之道:"在此和在所有地方一样,本来的'自然',以其所有挥霍且冷漠的宏大,使我们害怕,却如此高贵。"在这一格言中,尼采讨论了欧洲精神的历史,特别是那种长期服从和"精神不自由",它们要求对所有事件给予一种基督教的解释。欧洲精神的力量来源于长期束缚所养成的纪律;它在无情求知欲和敏锐灵活性上的自由是这一长期奴役的果实。自然的高贵存在于所有地方,但是在我们的历史中,它以一种特别有益的方式得到了展示。这一漫长而挥霍的历史使我们震惊,但它产生了足以与这一传统留给我们的挑战相称的思想家传人,他会解决最高和最困难的问题,解决由于人不断征服自然同时又没有对这一征服设定任何界限的事实而引起的问题。

施特劳斯的论文从头到尾都在所有重要问题上不厌其烦地比较尼采和柏拉图。它全面展示了一个未来哲人的思想如何被另一个未来哲人的思想所取代。然而,柏拉图并没有被取代,因为尼采柏拉图化了;他优雅而微妙地在形式、意图和沉默艺术方面进行了美化。柏拉图没有被取代,因为尼采不能避免重陷柏拉图主义,哲学本身也不能避免这种重陷,因为它是对最高的被爱欲者的爱欲。如果尼采柏拉图化了且重陷柏拉图主义,如果甚至尼采研究也是关于柏拉图式政治哲学的一个研究,那么,最后的结论必须强化他们之间的差异,同时又不否认他们之间的共同之处,最后的结论必须柏拉图式地这样做出:"高贵的自然取代神圣的自然。"

# 第三章　尼采在柏拉图式政治哲学史上的位置

[117]施特劳斯文中的尼采是现代环境下哲学利益的捍卫者,而哲学的利益是人类的最高利益(*PAW*,页18)。尼采捍卫哲学的利益是在这样一个历史时刻:哲学的利益既受到现代宗教的严重威胁,因为后者对自然之征服和历史之终结抱定非理性、非自然和复仇般的信念;也受到服务于这些核心信念的各种历史化研究的严重威胁。哲学的捍卫者尼采已经"柏拉图化";他操练的写作技艺美化了自己的主题,引诱他人将它承担起来并引为自己的主题,靠着自己在表面看来丑陋的东西里面发现美。哲学的捍卫者尼采重陷柏拉图主义,即整全本就可爱的教诲。尼采是个柏拉图式的政治哲人,他把柏拉图意义上的哲学从现代人的遗忘中挽救出来。

## 反现代思想的尼采

施特劳斯清楚表明,尼采"这个最现代的现代人"(*KGW*,VIII 2 [201])不是现代人。尼采"憎恶现代观念"(*WPP*,页172)。施特劳斯在"色诺芬的《希耶罗》补正"("Restatement on Xenophon's *Hiero*")一文里概略评述过这些思想,也正是在这里,他提出现代性的两个典型信念:在"征服自然"的过程中,人会取得无限的进步,这是由现代科学实现的;"哲学或科学的知识会得到普及或传播"(*OT*,页178)。尼采既不提倡征服自然,也不赞同启蒙运动。

[118]依据现代性的这两个典型信念来看,尼采就是现代性最卓越的敌人。尼采复活了现代人所谴责的东西。现代人希望征服

自然,希望或者梦想出现一个技术化的乌托邦,这是基于憎恨臣服自然的人类现状,而面对这一切,尼采提出,残忍、苦难和不平等是实现人类伟大的自然先决条件,他还有胆量告诉那些吓怕了但又更受其教诲引诱的追随者:"强硬起来。"(*Z*,3.12.29;*TI*,结尾;*EH*,*Z*,8)面对现代启蒙运动不可能实现的梦想,即基于憎恨现实的人类生活环境而建立一个自由、平等和精明的人类社会,尼采恢复了人类作为知者(knowers)的等级秩序,而且在其顶端放置了一个具有含混和无知特征的"知者"——这些品质属于一个无知的苏格拉底。

## 反古典的尼采

施特劳斯评述尼采的文章至少没有刻意让读者去关注尼采抨击古典哲学何等深刻和猛烈。施特劳斯提到,尼采主要是攻击柏拉图,认为他铸成了所有错误之中最危险的一个错误。但施特劳斯明确表示,柏拉图本人并没有铸成这样的错误,也就是说,柏拉图本人并没有制定古典的、教条的柏拉图主义基本原则,即纯粹心智、神圣心智能够认识善本身。在这篇评述《善恶的彼岸》的论文中,施特劳斯对该书第一章"哲人们的偏见"完全不作主题性讨论,因为他主要是在里面搜寻关于权力意志的正面论断,根本没有触及尼采如何肢解了柏拉图主义所衍生的教条式的"对相反价值的信仰"(*BGE*,2)。

施特劳斯之所以能够忽略尼采《善恶的彼岸》谋篇的这个关键方面——尼采一开始便对古典哲学的道德主义作了一番广泛批评——是因为施特劳斯把前面三章合拢起来,从后面一章即第三章的主题,即宗教,进入讨论。施特劳斯一开始就讨论哲学统治宗教还是宗教统治哲学这个基本选择的问题,因而实际上是接受了两个基本的事实(尽管表面上看来他似乎不以为意):一、致使宗教事实上统治了哲学的正是柏拉图主义;二、触发现在这场危机或者带来现在这样的机会的,正是柏拉图主义之死。

施特劳斯想要强调的是,柏拉图和尼采两人指向不同的方向。柏拉图偏离他自己而指向神性(göttliche Natur),[119]尼采指向他自己,指向尼采先生,指向高贵性(vornehme Natur)。尼采趋向于提高人类的地位、提高哲学的地位,视之为最具精神性的人类事业,而施特劳斯展示了这一趋向的深刻历史缘由:尼采思想出现于人类历史上征服自然而又没有设置界限的时刻,出现于宗教统治哲学的历史中哲学本身已经成为多余之物的时刻。哲学成为多余之物,是因为大众掌握了"真理"——关于历史和人类的那些现代寓言,或者说一般认为是科学真理的东西。

施特劳斯着意突出尼采如何努力在力量或权力上超越柏拉图,而施特劳斯这样做,是要为尼采之反对古典哲学提供坚实基础,即此反对是基于哲学自身的真实经验以及对现时代的真实理解,而不是要发泄反古典的怒火。在施特劳斯这篇论文中,没有任何迹象暗示,尼采指向尼采自己或者说想要超越柏拉图,是因为尼采迷恋不朽的荣耀,或者出于粗暴理解的权力意志即仅仅为了权力之故而有意要把权力加于他人心智之上。施特劳斯把尼采和柏拉图之间的竞争提高到真正哲学的高度:哲人创立各种价值的深刻理由,在于对世界中人类位置的理解和对人类历史的理解。

尼采既反现代又反古典,而且是站在哲学立场批评现代和古典,因而他必然是个未来的哲人。

## 未来哲人尼采

施特劳斯告诉读者,曾经有过未来哲人——那些为人类的未来承担责任的哲人。这类哲人之中最伟大的当推柏拉图。他提高了神性的地位,事实上,这对西方文化的形成以及哲学的生存有着根本意义。在另外一些文章中,施特劳斯还曾特别表示,"柏拉图方式"是"苏格拉底方式"的成功发展,而且是政治上的成功,造成了这样的局面:哲人王通过逐步取代流俗意见来施行秘密的精神统治。

施特劳斯评述尼采的这篇文章表明,作为未来哲人的尼采不再使用以往那些未来哲人用过的基本策略。尼采不用虔敬的欺骗。他抛弃了古典哲学的节制(temperance)或中庸(moderation)以及言行方式。施特劳斯说道,中庸是次等的或衍生的德性,用它是为了掩盖哲学的极端(immoderation)本质——哲学给予理性思想以绝对的自由以及[120]高于信仰的绝对权威。"中庸不是思想的德性"(*WPP*,页 32;*SA*,页 281-282),而是行动的德性,其目的在于掩藏思想的德性。思想的德性在常人心里常常等同于道德颓败、不忠不义以及犯下践踏社会首要德性(对给定的真理坚信不疑)的罪行。古典哲学标榜的中庸原则掩盖了自己的极端实质,也掩盖了自己追求真理的狂热疯癫。为给自己天然的无拘无束赢得自由,哲学学会了如何装出一副受到限制的样子,其方法是让自身适应它要仰赖的这个社会,尊重社会的一些必要限制。因为有了柏拉图,哲学甚至学会了如何为社会施加的那些必要限制找到理由,为那些非理性的虚构找来合乎理性的理由。柏拉图式哲学成功地说服社会相信,哲学使用的各种工具尽管表面看来有损于社会信仰,实际上可以拿来维护那些信仰;柏拉图式哲学还教导社会,它最想相信的东西和它已经相信的东西,都可以由理性证实。柏拉图式哲学还赢得了那些心存怀疑的反对者和观察者的信任,让他们相信柏拉图式哲学可以做他们的盟友。古典哲学的哲学政治(philosophical politics),就是"让城邦满意,相信哲人不是无神论者;哲人不会亵渎城邦视为神圣的任何东西,会敬奉城邦敬奉的东西;哲人不是颠覆者,总之,他们不是那些不负责任的冒险家,而是好公民,甚至最好的公民"(*OT*,页 205-206)。

古典哲学的中庸就是它的高贵谎言,就是在追求最高快乐的同时倡导德性高于快乐(*OT*,页 92-102)。施特劳斯一生的工作很大一部分都集中在让上述事实再次为人所知。在《色诺芬的苏格拉底言辞》(*Xenophon's Socratic Discourse*)中，施特劳斯让色诺芬告诉读者，苏格拉底如何在对话中从社会支柱、出名的农夫和丈夫伊斯霍玛霍斯(Ischomachus)那里了解到社会的需求。施特劳斯断言，苏格拉底开始了解社会习俗，是在阿里斯托芬引起他的注意之后，在此之前，他的注意力过度耗费在研究蚊子背部之类的事情上([译按]这里指的是阿里斯托芬在《云》中对苏格拉底的揶揄)。（尼采作为阿里斯托芬的崇拜者，生活在一个更容易陷于局促的时代，他至少会以水蛭大脑的研究者来作为他的科学家样板。）苏格拉底最初学到社会的必要约束，是由伊斯霍玛霍斯教授的。教授的部分内容是伊斯霍玛霍斯从一个腓尼基水手那里听来的，后来又教给了自己的妻子。伊斯霍玛霍斯认为妻子温顺娴熟，天生服服帖帖；施特劳斯尤其乐于表示，伊斯霍玛霍斯的妻子绝非"刁蛮的泼妇"。苏格拉底不但学到了社会的必要约束，还用自己的一套有关秩序的"目的神学"(teleotheology)巩固学到的东西，尽管在施特劳斯看来，苏格拉底关于诸神为着[121]善的目的安排整全秩序的描述面临着严峻的难题(*XSD*,页148-152,页153-158)。①

说到柏拉图，施特劳斯让读者看到，他赞成中庸以及阐发中庸世界观，其实还掩盖了古典哲学极端本质之中的另一个特征：哲学欲求统治。这个特征被伊壁鸠鲁恶意地抓住不放，柏拉图式哲人在他那里就叫做"狄奥尼修斯的献媚者"。"谁知道呢，或许是出于反柏拉图的愤怒和野心？"(*BGE*,7)

尼采之所以否定柏拉图的未来哲学借以庇护自身各种抱负的中庸，其实是出于完全可以理解的历史原因。施特劳斯使这些原因变得可以得到理解和辩护。读者在他评述尼采的论文里面可以见

---

① 见 Christopher Bruell 的《施特劳斯论色诺芬笔下的苏格拉底》("Strauss on Xenophon's Socrates")，作者以怀疑精神对施特劳斯的色诺芬评述做了可贵的解读。

到,尼采出了名的极端,完全可以理解为是在回应现代性思想或现代宗教的极端,后者"非理性地赞颂同情",还要实现他们的破坏性梦想——用新自然科学的工具把具有无限可塑性的自然打造成未来乌托邦。尼采看得清楚,这样的梦想实际是什么货色:其实就是基督教的残余。他也看得清楚,基督教是什么样的东西:其实就是为人民的柏拉图主义。尼采也清楚,所有的神都已死去,若梦想在世上建造一个人人都像诸神一样生活其中的乐园,这样的梦想注定会死于它自身的过度,死于它自身的内在荒谬所引发的笑声(*GS*,1)。要补救这个梦想死亡所造成的后果——由此产生的厌恶言辞和厌恶人类,尼采迈出了宿命般的一步:揭露哲学极端的实质,揭露哲学无法实现的彻底认识整全的抱负,以及哲学想要实行统治的抱负。尼采揭露这些,正如他揭露哲学的"中庸",揭露哲学为了自身利益而情愿无所顾忌地虔敬欺骗,揭露它表面上披着禁欲德性那丑陋的毛虫外衣,展示给那些以为禁欲德性就是德性本身的人观看。通过这样一个视角,一部全新的哲学史展露了出来,其新颖之处在于它的坦率和敏锐。现在,哲学的历史可以恢复自己的真实面目了:"哲人隐秘的历史向我敞开。"(*EH*,"前言",3)

## 尼采与哲学的未来历史

尼采让一部全新的哲学史成为可能,而施特劳斯则为这部全新的历史做出了实质性贡献。一部尼采式哲学史的基础,是要区分真正的哲人与[122]哲学劳工。真正的哲人是那些为数极少的命令者和立法者,他们欲图创立能够塑造和鼓舞整个民族的价值。施特劳斯告诉读者尼采何以属于这一小批人。尼采能够"如此伟大而高贵地谈论哲人是什么样的人"(*RCPR*,页40),只有一个原因可作解释:他身上有真正哲人都有的基本经验,而且尼采把那些人看作自己的同类。尼采谈过这种亲缘关系,其中最美的宣称是这样开始的:"我也到过冥界,还会多次去那里。"(*AOM*,408)像《苏格拉底的申辩》结尾的苏格拉底一样,尼采把下到冥界看作是和各位逝去的最伟大英雄交谈的机会。像苏格拉底一样,尼采把它看作是评判别人和让别人评判自己的机会:他衡量既往的伟大哲人,也让他们衡量他自己。

尼采认为,真正的哲人共享基本的柏拉图主义,即作为理性探究者充满爱欲地依附于整全。尼采或许也会和莱辛说同样的话:"除了斯宾诺莎哲学以外,没有哲学。"(*PAW*,页 182)但是,作为站在哲学史上前所未有的转折点上的评判者,尼采被迫对斯宾诺莎式的柏拉图主义,对他的 amor intellectualis dei[对神的理智之爱]加以补充:"若身上没沾一滴血,那叫什么爱?那叫什么神?"(*GS*,372)尼采的哲学史提供了一个衡量标准,可以用来衡量柏拉图式同类,它超越了与大众的愚蠢相妥协的历史必要性,以及与僧侣禁欲主义的假装亲近。

柏拉图是真正哲人的典范,是"骄傲和主权的奇才"(*GS*,351)。尽管尼采批评柏拉图,称他铸成了"所有错误中最糟糕、最持久也是最危险的一个……一个教条主义者的错误"(*BGE*,"前言"),但尼采最后抨击柏拉图主义最终成就的我们今天的主流思想传统之时,却没有把柏拉图本人牵扯在内。"对精神的报复"已经波及我们道德和宗教传统中的很大一部分,在讨论该主题的格言中,尼采还是把柏拉图和奥古斯丁这位影响最大的基督教柏拉图主义者区分开来(*GS*,359)。他们两人"都是道德怪兽,发出了噪音,也制造了历史",但是柏拉图发出噪音有着热爱人类的动机,也就是悉心照顾弟子,"让他们在为自己辩护时有对某人的信仰作为依托(依托一个错误)"。柏拉图愿意让弟子相信,他们的老师是个知者,老师的纯粹心智已经认识了善本身。制造了最危险的教条主义的人自己却不是个教条主义者。在知识的问题上,尼采敢于代表所有同类(其中明显也包括柏拉图本人)说话:"他们根本不相信所有那些拥有知识的人。"(*GS*,351)

[123]在总结古人对自己的巨大恩情时,尼采批评柏拉图没有"面对现实的勇气",逃避到理想之中(*TI*,"古代人")。但尼采也认为柏拉图是古典时期最美的产物,是能够让最大的力量供自己驾驭的哲人(*BGE*,"前言",191)。没有面对现实的勇气,倒不是因为柏拉图自己有什么好怕的,而是因为他替他人担心。柏拉图为文明和人类而担忧,这些担忧促使柏拉图和愚蠢达成致命妥协,而这又让柏拉图成为前基督时代的基督徒,并且发明了一种教条主义,最终鼓舞了激烈的教条主义者。尼采彻底地怀疑柏拉图,而对他身上的力量又极为敬佩。既有怀疑又有敬佩,这就让他走向了对话,这些对话部分像是有益的教育中的练习;有益的教育不羞于利用各种各样的发明,这些发明,如蒙田所说,"对说服一般大众多么有用,用来说服他[柏拉图]本人就有多么可笑"。①

但是,在哲学史转向奥古斯丁这位基督徒柏拉图主义者之时,尼采的敬佩消失了。在尼采看来,奥古斯丁骨子里装的不是哲学爱欲,而是复仇心理(*GS*,359)。他发出噪音,不是因为他热爱人类,而是因为他厌恶人类。世界历史规模的复仇,使得柏拉图式谎言所说的道德宇宙变成一个恶毒的宇宙复仇系统,在其中一只全能的宇宙蜘蛛潜伏在蜘蛛网中央,边上是它的一干代理,把一切将来要在天堂捆起来的东西先就在地上捆起来。尼采责备柏拉图,是因为随后两千五百年的欧洲遭际:柏拉图热爱人类,加上他没有勇气面对现实,无意中招致了哲学史上最可怕的一件事,即基督教控制了哲学和科学。基督教对哲学实行了宗教统治,使得"古代世界的全部辛劳白费了"。因为古希腊和古罗马人的辛劳是"初步工作",它奠立了将来建立在科学之上的学术文化的地基(*A*,59),并已准备开始。柏拉图的有益谎言帮助耶路撒冷攻陷了雅典,而且毁灭了科

---

① 见蒙田,《随笔》,2.12,"Apology for Raymond Sebond",页379。

学,这科学,普鲁塔克还曾称颂伯拉图将其保全了下来。①

有了施特劳斯的帮助,我们能够看得清楚,作为哲学上真正柏拉图主义特征的那种爱欲,不只是柏拉图独有。在对色诺芬所作的评述里,施特劳斯让读者清楚地看到,哲学清楚自己就是最高的快乐,而且为了掩盖自己追求快乐的事情,哲学抬高了德性的地位。本着色诺芬的精神,施特劳斯把色诺芬的低声提示放大了一些:苏格拉底独自跳舞是在他[124]觉得无人在旁观看时,而且苏格拉底把跳舞这件事隐藏起来显然是对的,因为卡尔米德(Charmides)发现他跳舞时,还担心他是否疯了(XS,页147 - 148)。施特劳斯告诉读者色诺芬如何帮助苏格拉底遮盖跳舞的事,因为不然在那几乎完美的节制外表之下就会露出一个罪犯的身子,而苏格拉底的节制在贤人们看来是值得模仿的单纯节制。

但是,施特劳斯为尼采式哲学史做的特别贡献,还在于他努力理解哲学在现时代的位置,努力复原由早期现代哲人发起的革命。那些哲人和尼采一样从根本上反对基督教,不过,当时的基督教社会秩序,让他们不能不把敌视的态度藏匿在谨慎的言辞之中。施特劳斯说道,他们的藏匿之所其实都标有微妙的记号和箭头,它们使得那些为了发现这些藏匿之所、为了进入这些地方而付出辛劳的人终成同谋和共犯。施特劳斯让尼采式的哲学史收入了各种各样的思想家如马基雅维利、蒙田、培根、笛卡尔、霍布斯、斯宾诺莎和洛克等人所做的惊人事业。虽然有种种差异,但他们从事的是同样的事业(TM,页231)。而且,尽管该事业本身没有这样宣传自己,然而还是可以给它加上培根为自己写得最出色的一篇文章所用的名称:"宣告一场圣战"——打一场针对基督教的战争。施特劳斯让读者得以观察和理解雅典与耶路撒冷之间的对抗,而正是这样的对抗给早期

---

① 普鲁塔克,《尼基阿斯传》(Nicias),第23章。该引用出自《论僭政》,页206;关于施特劳斯引用的理由,见第4章注释20。

现代欧洲所有真正的哲人提供了动力。①

除开对思想家个人的研究而外,施特劳斯对尼采式哲学史做出的实质性贡献,还要算进他对隐微术所做的研究。尼采本人重新发现了如下事实:启蒙时期之前的所有哲人都清楚显白教诲不同于隐微教诲(*BGE*,30);他们都用虔敬的欺骗来促进人的道德"改善"(*TI*,"改善者",5);自哲学最初产生以来,哲学的"危险处境"就要求哲学穿上禁欲理想的外装,尽管它有损于哲学本身肯定世界的精神(*GM*,3.10)——一部尼采式的哲学史可从尼采的著述中找到丰富的资料,以供人欣赏哲学隐微术的深度和广度。

施特劳斯也向尼采式的哲学史资料库贡献了很多东西。他大胆地展示哲人撒谎的方法,这是尼采式哲学史的巨大收获:不论是柏拉图、法拉比或迈蒙尼德,还是培根或笛卡尔,都再也不必为自己表示过的虔敬所拖累。在近[125]两个世纪里,后黑格尔学界一直认为,哲学本质而言是不可能的,就连最伟大的思想家也是时代的产儿。但是,尼采和施特劳斯恢复了哲学的本来面目:真正的哲人是时代的继子,在思想上超越了他的时代,因而须用表面的顺从掩盖自己的超越。真正的哲人不是他们半理性半迷信时代的牺牲品。他们是时代迷信的理性主宰者:他们了解理性事物面临哪些危险和迷信有什么样的用途。

施特劳斯对隐微术的研究震惊学界,因为学界天真幼稚地认为,践行隐微术既降低哲学的品第,也妨碍哲学的发展。学界的反应印证了尼采的贬损:现代学界相信现代民主和现代科学,因此也堕于善意的轻信。"缺乏敬畏、羞耻和深度"以及一种"精神上的平民主义"使得学界丧失了猜疑精神,也就是在前现代时期标志着学术之成就的冷酷怀疑(*GS*,358)。雷东迪(Pietro Redondi)在研究伽利略时所说的"诚实做假的理智美德",在当代学界已经无人理睬

---

① 在《尼采与现时代》(*Nietzsche and Modern Times*)里面,笔者提出这个观点时特别针对培根和笛卡尔。

或者引以为耻,就连提到它也是犯罪。① 但是,施特劳斯对隐微术的研究事实上为人们认识哲学的伟大做出了贡献。如果尼采对历史上的这类隐微术说"现在一切都结束了",那么,尼采式的哲学史将能够恢复哲学的本来面目且无损其德性。

不过,尽管有必要认识隐微术,但在哲学史上它却只是个次要主题,只是我们重新确立核心问题的手段。但是,这种技艺以其复杂引人入胜,以其大胆使人着迷,反而有可能掩盖更基本的问题。笛卡尔那样的作家怎会有胆量孤身一人跟时代的各种权势较量,并假意对自己深恶痛绝的东西表示忠诚,实际上却代表着他为之写作的后人而去击败那些权势? 读者在欣赏笛卡尔事业的巨大影响和笛卡尔的高超技巧之时,目光切不可转离基本的问题:笛卡尔是少数真正哲人之中的一员,而这些哲人创造了符合哲学柏拉图主义的各种价值,并意图为一个新的民族立法。笛卡尔周旋在那些对神有不同理解的权势中间,倡导对"神意"(divine providence)的爱,也就是对自然必然性的爱,对上帝或者自然的爱,也就是 amor fati[爱命运]。

一部尼采式的哲学史得益于施特劳斯对真正的哲人,以及对他们必然要用的隐微术的认识,因而能够重振我们的精[126]神史,使之恢复至以前鼎盛时期的状况。尼采在柏拉图式政治哲学史上的地位已经明确了:尼采是个真正的哲人,站在虔敬欺骗的历史尽头,提供必要的语文学和心理学工具,以对这部历史作全面调查,并恢复其基本的柏拉图主义。

---

① Redondi,《伽利略:异教徒》(*Galileo: Heretic*),页 283;另见页 24、146、293、323。

## 尼采与哲学对宗教的统治

但是,尼采不只是个哲学史家。作为未来的哲人,尼采在指向自己的时候,他本人也就成为哲学之极端的体现。什么叫高贵?最高的高贵就是人的心智和心灵的高贵。圣徒、政治家、科学家还有贤人在精神阶梯上占据的位置,都低过真正的哲人占据的位置,原因就在于前者都生活在别人为他们创造的世界里,生活在并非由自己制作的价值世界里。尼采的极端,表现在他公开揭示出哲学占据的等级,并且他指向尼采先生:尼采先生是价值的创造者,是忠于大地和人类等级秩序的自然价值的命令者和立法者。

到了尼采这里,哲学除掉禁欲的面具,从隐蔽之中走了出来——这是如何做到的呢?现在没有面具了吗?"深刻的东西都爱戴上面具。"(*BGE*,40)这在一定意义上等于说,深刻的东西都不能没有虚假的外表,因为它不能避免人们作肤浅的理解,不能避免人们把它理解成它其实不是的东西。未来哲学逃不掉过去哲学的这种命运,也不会想要逃掉这种命运。那么,尼采式的深刻所喜爱的尼采式的面具又是什么呢?尼采式的秘密想要展现出来,想要克服自己天生的晦涩,尽管它们清楚展现出来的永远不会是真实的自己。尼采式的秘密愿意展现出来,不过展现的方式只能是借用新的诗歌——对于生成的新的歌颂,以及对进行哲学思考之神的新的显现。尼采式的深刻制造了尼采式的面具;尼采的哲学制造了尼采的宗教。尼采之谈论面具,不是搞虔敬欺骗的交易;他松开自己的手,放出所有"致命的"真理,心里全然明白,不论是他还是别的什么人,都没有力量再把它们作为秘密封闭起来。即便在展现这些致命真理时尼采用了柏拉图的方式,就是说做了美化,那也不是要给那些致命的或者丑陋的真理化妆(cosmetic)。因为,尼采"不是有意这样做的",他不是为了教化,而是把目光投到致命真理那里,结果看到了它们的美,而且还看到了一种新的理想——生成的主权,所有概念、类型和种类的流动性,以及人与动物之间没有根本差异(*UD*,9),它们成为新的诗歌的动态基础。尼采用柏拉图的方式进行美化,但美化的是本就可爱的东西,[127]是透过其"可被理解的特性"看到的整全,以及它作为权力意志的"'必然的'和'可测的'进程"(*BGE*,36,22)。

这种未来哲学的柏拉图化与柏拉图的柏拉图化有决定性的不同,原因是它的表面与深层一致,它的歌声与秘密一致。它不会篡改潜藏的深刻,而会将其展示在美化的诗歌之中。它不会把自己隐秘的核心视作每一种可行的社会秩序的毒药,无论它会给现时的社会秩序带来多大的危害,且一定会被现存秩序视为愚蠢和犯罪(*BGE*,30);它的隐秘核心渴望成为一种新的社会秩序的基础,成为扎拉图斯特拉展望的第一千零一个民族的基础([译按]《扎拉图斯特拉如是说》第三部分里有:"我们曾有一千个目标,因为有一千个民族。"还有一个独一无二的目标是无目标;以此推导,还有一个新的民族)。这个民族的目标,它的善恶,是一块忠于大地之价值的标牌。尼采的哲学出现了,戴着诗歌的面具,而这种面具展示了内在的东西,或者说与内在的东西一致。哲学与诗歌之间的关系不再是吵闹的紧张关系,因为哲学本身已经成了荷马式的。尼采式的面具与荷马式的面具一样,容许看到的东西和看不到的东西保持一致。它"撒谎"是因为它进行增益和补充;它有意用诗歌来撒谎,因为诗歌能让已经是美丽和可爱的东西,也就是生命本身,显得更加美丽和可爱。面具内外互补;它讲述的最高的寓言是生成的寓言;它的诸神进行哲学思考,是因为他们也为那些未知的事物着迷;它的诸神对人类的态度是善意的,是因为他们不会用强力执行一种道德秩序,以确保并维护脆弱的社会和睦。尼采的未来哲学容许遭禁的荷马诗歌重返柏拉图的城邦,先前为了自身的纯洁,这城邦只留下那些为城邦道德服务的诗人,而驱逐了所有其他诗人。受到迎接返回城邦的诗歌现在赞美战士和航行者的德性,而不是那些贤人农夫的德性:它讴歌精神勃发,而不是死气沉沉;它颂扬提问者,而不是解答者;它赞美蝴蝶,而不是毛虫。

如果说诸神也进行哲学思考,如果说狄俄尼索斯是个进行哲学思考的神,那么苏格拉底主义或对基本问题的开放探究(zetetic openness)就被提升到了神的地位。伟大的苏格拉底弟子柏拉图和色诺芬为苏格拉底发明的申辩,是基于如下这些高贵的谎言:苏格拉底确实曾从阿波罗神那里领命;他确实知道正义的诸神主宰我们的事务;他确实认识了各种理念和一种本体神论的秩序(ontotheological order),而且还能如此令人信服地谈论它们,并深深吸引了年青的格劳孔和阿德曼托斯,或者斯巴达和克里特的年长立法者,让他们相信他说的是自己知道的东西。尼采埋葬了这个撒谎的苏格拉底。不止于此,尼采还表明,这样的道德主义现在看来不道德,是对大地及其养育的凡人的犯罪。谈到这门曾经辉煌的过去哲学时,未来哲学这样说道:"现在一切都结束了。"(*GS*,357)

[128]尼采的意图是什么呢?是统治世界。尼采的意图和柏拉图的意图一样。他想登上秘密的精神王位,尽管这个位置不再像柏拉图当时所拥有的那样隐秘。他想成为一个"探究者",以私人方式生活在一个不完美的社会,在可能的限度内尽力让社会人性化(*PAW*,页17),即让社会与人类取得的最高成就一致,让社会友善对待哲学。

施特劳斯让读者明白尼采的意图,又是出于什么意图?

# 第四章　施特劳斯在柏拉图式政治哲学史上的地位

**施特劳斯的意图是什么？**

[129]施特劳斯的意图不可能与尼采的意图有根本的不同：施特劳斯同样是哲学事业和世上理性事业的捍卫者。施特劳斯倡导启蒙和理性主义，这两个词他偶尔用来指称政治哲学所要推动的东西。

施特劳斯尽管伟大，却不是尼采或柏拉图。若依照尼采的衡量标准，施特劳斯肯定得被看作"哲学劳工"。我们还得像尼采一样马上加上一句：这绝不是贬义。哲学劳工所从事的有可能是真正伟大的事业；有可能达到康德和黑格尔那种高贵模范的高度；它有可能是"一项艰巨而又美妙的使命，肯定会让每种隐秘的骄傲和每种顽强的意志得到满足"(*BGE*, 211)。在这样高的地位上，施特劳斯承担的艰巨而又美妙的使命是，发现然后说明柏拉图式政治哲学是什么，或者用尼采的话来说，何为"真正的哲人"。施特劳斯做的这件大事，一部分是要说明柏拉图和尼采这两个真正的哲人彼此何以相似，以及说明这些同类所共同追求的最高成就：成为捍卫哲学利益而且仅仅是哲学利益的秘密精神王者。施特劳斯本人并没有指望成为这样的王者，他说："我们不可能成为哲人，但我们可以热爱哲学。"(*LAM*, 页7)施特劳斯不是在贬低自己，也没有反讽；他清楚自己不是制造诸世界的人，尽管他使自己成为一位不可或缺的向导，带人走向制造世界的哲人。

[130]如果"哲学本身只是对这些问题，对这些根本性的、全面

性的问题真正的意识",如果"思考这些问题不可能不变得倾向于某种解决方案,倾向于极少数典型解决方案中的一种或另一种"(*OT*,页196),那么,施特劳斯倾向于什么方案呢?就哲学本身来说,施特劳斯一直是个"探究得"(zectetic),一个原初苏格拉底意义上的怀疑派,这没有疑问。但是,就一种为了哲学的政治(a politics for philosophy)来说,施特劳斯倾向于什么样的方案呢?笔者以为,我们不能说施特劳斯成了一个"宗派分子"(sectarian),"主观地确定"自己找到了问题的解决方案,以至于没有意识到这个解决方案本身还成问题。

如果施特劳斯没有成为什么宗派分子,他就不是一个施特劳斯主义者。作为研究晦涩者的大师,施特劳斯本人也极为晦涩,但至少下面这个特点还是清楚的。在朋友或者对手加在他身上的流俗的施特劳斯主义里有两大支柱,施特劳斯本人并不将二者视为永恒真理——施特劳斯终归说来既不忠于上帝,也不忠于国家,因为他根本不是一个忠诚分子。尼采说过,哲学要求自己绝不固守任何东西(*BGE*,41),尤其不能固守祖国,不论它胜利了还是遭到失败(*SPPP*,页190)。如果施特劳斯想要留下一份不含混的遗产,抑或他要公开表明自己所忠于的信仰,那么再简单不过的就是退休时写一篇短文,加上这样的标题:"听我说罢!我是如此这般的人。首先不要把我搞错!"(*EH*,序言,1)。但现在,施特劳斯并没有这么一篇谈他自己、谈他真实信仰的文章,这本身说明,施特劳斯没有打算像流俗的或者说政治性的施特劳斯主义以为的那样,把自己交代清楚。如果这位教授他人如何使用含混技巧的教师对自己的观点一直都没有一个清楚交代,我们就可以认定,施特劳斯清楚自己在做什么,而且这种含混对他有用。毕竟,施特劳斯自己也曾表示,"暂时接受流俗的意见"是极具权威的做法。法拉比从柏拉图修正苏格拉底的观点这件事看明白了一点:"我们必须与自己生长于其中的这个宗教社会的意见保持一致,这是成为未来哲人的必要条件。"(*PAW*,页17)

不过,施特劳斯不时也会力图表明自己的立场和自己看重的东西。在这样的时候,他会让别人知道,自己的立场与哲学的立场一致:超越善恶,不受限于某种道德观念、某种启示和某种代代相传的诗歌。为说明这一点,可以从一个私人场合找来让人会心一笑的例子。在"剖白"中,施特劳斯当着众人介绍自己,而且解释了自己[131]与老友克莱因(Jacob Klein)的思想分歧。到了最后,施特劳斯执意要就如何看待道德的重要性这个问题公开二人的不同看法:克莱因认为自己追随柏拉图,用道德标准衡量所有事情;施特劳斯也认为自己的结论依据的是柏拉图,但不将道德作为标准。①

还可以找到更好的事例,此事发生在施特劳斯一次就自由教育发表演讲的结尾。当时,施特劳斯明确以自己的名义发言。他说,作这次演讲是历史的必然,所有权威的传统观念已经在他的演讲中被彻底摧毁了。人类的思想——思想的生命和思想的收获——提供了对这个世界唯一且充分的辩护。"理解的活动可能伴随着对我们的理解的意识,伴随着对理解的理解……这样的理解活动是一种高尚、纯洁、高贵的体验,亚里士多德曾以此来描绘他的神。"施特劳斯给了这样的经验一个非凡的血统,然后开始清楚地阐释其基本含义:"这样的经验与我们所理解的对象让人快乐还是痛苦、美丽(fair)还是丑陋完全没有关系;它让我们意识到,如果必须有所理解,那么所有邪恶在一定意义上都是必要的;这种经验让我们能够接受降临到我们身上的所有邪恶,这些邪恶也许会让我们那些有上帝之城的好公民精神的人心灵破碎。"这是从神义论变成了宇宙论,它向人辩护世界运行的方式。"意识到心智的尊严,我们就会认识到人的尊严因而还有世界的善的真正基础,无论我们将世界理解为是或不是被创造出来的,它都是人的家园,因为它是人的心智的家园。"(*LAM*,页8)②这就是柏拉图主义,就是对这个世界的善的见识

---

① 见"剖白",第二部分,第4至5行。

② 见 Udoff,《施特劳斯导读》("On Leo Strauss: An Introductory Account")。文中有对这句话的含义的浅显易懂的评论。

即便当这个世界给予公民的只是悲剧时也不例外,而这悲剧或许会被一种不可能的、过分娇惯的喜剧所掩饰。

更加独特的是,通过提供理解权威思想家真实思想的途径,施特劳斯也提供了理解他自己思想的途径。例如,施特劳斯揭示出,迈蒙尼德认为哲学生活超越善恶,[1]并认为要弄清楚德性是什么,只能看其发挥什么政治作用(*WPP*,页166-167)。类似的例子也可见于施特劳斯最后写的一篇题为"色诺芬的《上行记》"的论文。这篇文章看似强调色诺芬的虔敬和正义,其实突出的是这种虔敬和正义中的怪异之处,如色诺芬愿意奉行神的旨意,其实依据的却是自己的主张;他出于现实的自我利益[132]而附和斯巴达人。施特劳斯认为,色诺芬的虔敬和正义服务于一个高于虔敬和正义的目的,因为色诺芬是从上往下看虔敬和正义的。[2]

不过,即便施特劳斯不是施特劳斯主义者,他也要对施特劳斯

---

[1] 施特劳斯,"如何着手研究《迷途指津》",xxvii。

[2] 关于施特劳斯的色诺芬研究,据说"他在研究时耗费的心血之多、表现的态度之认真,前无古人、后无来者"。见Clay,"On a Forgotten Kind of Reading",页225。但是,如果苏格拉底的一个听众著书阐释他在古希腊启蒙思想中的大师地位,而第一个以它们应得的关注去研究这些著述的却是一位芝加哥大学教授,这种复原的全部努力就未免显得荒唐。要让施特劳斯的研究脱去这样的荒唐色彩,唯一的办法是承认一直以来都有这样一个阅读传统,施特劳斯肯定是这个传统中的一个后来者。有明显的事实说明,在西方哲学中有这样一个阅读传统,因为有蒙田、培根、笛卡尔和莱辛(莱辛尤其给了施特劳斯启发)这样有过大贡献的人为证。至少,有一次,一本为这种阅读方式提供指南的小册子被一个这样的读者公开了,这个读者认为现在是时候了,应该公开读者必须了解的事情了:大家还没有充分注意到,在施特劳斯之先还有一位叫John Toland的人,他在1772年写作了一部类似《迫害与写作艺术》的书——《持钥者》(*Clidophorus*)。关于隐微术历史的一个颇有价值的研究,见Cantor,《施特劳斯与当代解释学》("Leo Strauss and Contemporary Hermeneutics")。除了Cantor列举的例子之外,Grotius所著《战争与和平法》(*The Rights of War and Peace*,3.1.7-17)中也有很好的讨论。还有Newman所著《为自己的生命辩护》(*Apologia pro vita sua*,253,317-319,note F),对圣经中和教会历史上的一些先例以"简练"(The Economy)(审慎的一个方面)为题作了讨论。

主义负责。施特劳斯显然认为,为着哲学的利益,现在应该鼓励出现一个信徒们既忠于国家又忠于上帝的局面。这就显得与尼采完全对立了。施特劳斯选择的哲学修辞,即他的色诺芬似的口头支持,乍听起来让人觉得,哲学本身的利益与我们宗教的上帝、(按照尼采)如今已死的上帝永远保持一致,这位"极度害怕科学的上帝"(A, 48)在过去的三百五十年中一直反对西方取得的主要理智成就。施特劳斯选择的哲学修辞曾经鼓舞了一群爱国者,他们的国家建立在一种几乎是字面意义上的经过更新的高贵起源的谎言之上,尽管它不遗余力地以最现代的方式追求舒适的自我保存([译按]可能暗指某些施特劳斯的学生用其学说解释美国宪法)。施特劳斯对哲学的看法,加上他对哲学史中政治联盟的总体性视角(跨越了哲学史的断裂),似乎向人们表明:在施特劳斯本人看来,是哲学,而非两种正趋消亡的地方主义的内在价值,支配着这种联盟。①

[133]施特劳斯选择的哲学修辞让自己处在与尼采公开对立的

---

① Shadia Drury 所著《施特劳斯的政治思想》(*The Political Ideas of Leo Strauss*)受到施特劳斯追随者的肆意攻击,部分原因在于,该书认为施特劳斯根本不像看起来那样心怀忠诚——"怪异心肠"是他们为攻击 Drury 而发明的众多词语之一。见 Emberley 和 Cooper 所编《信仰与政治哲学》(*Faith and Political Philosophy*),xv, n. 2。诸如此类不明智的攻击会让追随者们看不清如下事实:Drury 的书中有许多对施特劳斯的著述提出的合理怀疑,也有关于施特劳斯真实意图的敏锐见识。不过,Drury 在书中议论的语气如同传教,因而不如应有的那样有力。还有一个原因是,Drury 发现施特劳斯教唆邪说后十分震惊,似乎无法从中恢复过来。她本人既笃信道德价值的理性,也忠于现代观念,因而一味谴责施特劳斯既不忠于现代思想传统,也不那么直率地表明自己的真实意图。但她这本书的主要缺点还在于,明显拒绝考虑施特劳斯隐微论的真实性问题。她乐意把施特劳斯的解读斥责为任意玩弄过去的哲人。这样,Drury 谴责施特劳斯就来得太过容易:既要谴责施特劳斯,又不讨论支持其立场的主要观点。如果施特劳斯与很多哲人们一样,事实上有理由将自己的思想伪装起来,Drury 的愤怒就没有道理了。Clifford Orwin 所撰《施特劳斯:道德主义者还是马基雅维利主义者》("Leo Strauss, Moralist or Machiavellian")一文反驳了 Drury 提出的问题,尽管语气十分激烈,还是可资参考。另参 Schaefer, "Shadia Drury's Critique of Leo Strauss"。

位置。施特劳斯的公开立场如何能与其私下推崇尼采的立场相协调呢？要回答这个问题,我们需要回到施特劳斯的著述,从他论述尼采的文章里得到一个视角。

施特劳斯的著述有一种回归的特征,尽管初看起来,这种回归既不可能也不可取。不过,施特劳斯的回归没有丝毫怀旧情绪,并非想要恢复某个早已失落的世界。施特劳斯的回归是一种哲学的而非情感的旅程。之所以要作一次这样的回归,是因为对哲学的现状及其可见未来不满,对现代启蒙思想及其结果不满。施特劳斯回归旅程的第一个重要站点是中世纪启蒙思想——迈蒙尼德及其伊斯兰教先辈。不过,施特劳斯的旅程不会在那里结束,那里的教师们还会把他指向更远的过去,指向他们心目中启蒙思想的教师、启蒙思想所必备政治的教师——柏拉图。

施特劳斯在柏拉图、柏拉图式政治哲学里面找到了什么,以至于他认为,回归柏拉图终究可行,并相信回归是对我们时代的危机——启蒙思想衰微或者说人们对启蒙思想的目标不再有信心——唯一恰当的回应？在柏拉图那里,有什么东西可以让施特劳斯视为永恒的真理？一旦施特劳斯弄清楚柏拉图式启蒙思想问题的答案,哲学史的全貌就会以一种新的方式展现在他面前。于是,柏拉图式政治哲学史最终甚至包括了尼采;最终,甚至是最优秀的反柏拉图主义者也会被看作柏拉图化了,他们不可避免地重陷柏拉图主义。

简要地看一看施特劳斯如何从现代启蒙运动走回中世纪启蒙思想,然后再从那里走回作为典范的古希腊启蒙思想,可以帮助我们弄明白,施特劳斯如何理解这个[134]典范,以及他最后如何能把尼采放置在其柏拉图式政治哲学研究的中心位置。

## 现代启蒙运动

1921 年至 1929 年间,施特劳斯受尼采主导和吸引,形成了他再

第四章　施特劳斯在柏拉图式政治哲学史上的地位　157

也没有放弃的观点,也是尼采的观点:事实表明现代启蒙运动已经失败,其失败使得重新评价早先各个时代的哲学变得必要也成为可能。施特劳斯谈论自己那几年的思想状况,是在三十多年以后,在1962年为他的《斯宾诺莎的宗教批判》英译本作序的时候,施特劳斯描述了自己写作这本书之前的思想状况。① 在这篇十分近似自传的文章结尾处,施特劳斯总结了现代启蒙运动的基本要素:启蒙运动是一种历史上从未有过的摆脱宗教幻觉的思想解放,通过让人成为自然的主人和拥有者,它让这种幻觉变得毫无用处。但是,这种新的信仰——人凭借自身的力量可以实现这个伟大目标的信仰——开始失去活力,还在勉强维持的只是一种新的勇气和"理智正直",一种终究显明自己不过是"圣经道德的后裔"的新无神论。施特劳斯在文中(*SCR*,页29-31)简略提到尼采对现代哲学及其最后产生的骄傲的正直——尼采称之为最年轻的德性——的分析。② 尼采分析了当今"自由心智"身上令人不安的无神论思想,并明确交代他何以会作这样的挑衅性分析:要追随者清楚了解无神论,以便他们沿着尼采自己走过的道路走得更远,直至终点。尼采自己在这条路上走向了见识权力意志、肯定永恒复返、成为狄俄尼索斯的门徒。尼采说,写作《善恶的彼岸》就是为了这个目的:由近及远,引诱人们最终达到《扎拉图斯特拉》作为相反理想的肯定之辞(*EH*; *BGE*,1)。

施特劳斯自己倒没有径直踏上尼采这个引诱者铺就的路。施

---

① 考虑到施特劳斯接受尼采思想主导的时间,就很有必要注意,施特劳斯在一封信件里说过,他这篇自传性文章"可以说略去了1928年以后的所有东西"。见Kenneth Hart Green,《犹太人与哲人:施特劳斯犹太思想中向迈蒙尼德的回归》(*Jew and Philosopher: The Return to Maimonides in the Jewish Thought of Leo Strauss*),页148。

② Victor Gourevitch在1968年的一篇文章中说道:"施特劳斯对尼采思想的明确拒绝,不能掩盖他与尼采在批判现代思想方面的相似之处,这一点他虽然没有明确表述,但却十分重要。"见"Philosophy and Politics",页306注释156。

特劳斯首先是往回走,重新思考现代启蒙运动声称已经驳倒的正统思想。不过,1962年施特劳斯在结束[135]介绍自己早年心路历程时极为谨慎,这表明尼采的分析对施特劳斯的起步极为重要。或许更重要的是,这种谨慎态度还表明,施特劳斯即便在那时心里也已经清楚,尼采本人还不是理性的自杀这一现代启蒙运动全部结局的牺牲品。施特劳斯没有给尼采以海德格尔所承受的那种谴责,但这也是在他明确了这种谴责之后——在翻译自己二十七年前写作的《哲学与律法》(1935)前言①中一个明了而又复杂的句子时,施特劳斯明确了他的谴责所在:

> 这种无神论既是启示信仰的继承人,也是其审判者;是信仰和怀疑之间长期斗争的继承人和审判者,最终也是短暂但绝非因此不重要的事情(浪漫地期盼拾回失落的信仰)的继承人和审判者;与正统思想抗衡的这种无神论,既复杂——就其掺杂了感激和背叛、渴望和冷漠而言,又简单——就其正直而言,它声称自己能够独到地理解上帝信仰的人类根源。早先还没有过这种既复杂又简单的哲学。(*SCR*,页30)

尽管无神论为了自身而有这样的夸口,施特劳斯还是认为,新的无神论"不可能蒙蔽人们,让他们看不清无神论的基础事实上是一个意志行为、一个信仰行为,而由于它基于信仰,所以它对任何哲学说来都是致命的"(*SCR*,页30)。

但是,施特劳斯马上给这个"正统思想之胜利"的结论加上限制条件,而第二个条件表述的,实质上正是站在尼采的思想立场上的回应。这个回应在施特劳斯日后的尼采论文中将得到详细阐述,此处只是简单断言,视之为日后或许值得探讨的问题:

---

① 该书前言与1962年施特劳斯的斯宾诺莎论著前言部分最后几页多有重复。见 Adler, "Leo Strauss's *Philosophie und Gesetz*"。

最终的无神论提到,意志和道德有高低等级。我们只能断言高低等级就本质和理论而言是真实的:强者或弱者的"权力意志"是所有其他学说的基础,而非权力意志学说的基础,权力意志据说是一个事实。(*SCR*,页30)

尼采本人的观点没有立于信仰之上,绝非激进历史主义,因为它声称自己立于对基本事实的见识之上。而且,施特劳斯后来表明,作为基本事实,它打开了发现者们认识最高价值的眼光。与苏格拉底一样,尼采也为引入新神而负疚。[136]看起来好像是最终的无神论,结果成为对上帝的辩护。但是,这种对尼采道路的阐述,已经是施特劳斯踏上自己的回归之路几十年之后的事了。不过,尼采还是给了施特劳斯一个出发点。

## 中世纪启蒙思想

施特劳斯是否认为,中世纪启蒙思想是对哲学的政治问题的永久解决方案?在论述迈蒙尼德及其重要前辈法拉比的著述中,施特劳斯阐释了中世纪启蒙思想的内核。这种内核就是对哲学的政治问题给予柏拉图式的解决方案,该解决方案由希腊化时代的柏拉图主义者西塞罗和斐洛(Philo)等人不断推进。在法拉比和迈蒙尼德斯那里,这种内核就是,以二人各自民族的神圣经文为依据,为哲学进行辩护。这样的辩护在神圣律法中为哲学奠定了法律基础;转过来,他们的辩护似乎又为律法提供了哲学基础。辩护中的关键内容是施特劳斯后来说到的"先知学"(prophetology)。[1] 将理性(logos)应用到先知身上,意味着我们理解先知要凭借柏拉图的哲人王概

---

[1] Kenneth Green 认为,Prophetology 是施特劳斯生造的一个词;见《犹太人与哲人》,页205。

念:先知是根本的法律制定者或者说立法者,也是订立戒律的智者,惟有靠他们的统治,好的城邦才有可能。法拉比和迈蒙尼德若将自己的境遇与他们异教大师的境遇相比,就可以主张根本的进步已经发生:多亏了穆罕默德和摩西,柏拉图本人只能够期盼或者祈祷出现的社会条件已经实现了。施特劳斯总的看法是,哲学之所以总处在危险之中,总与社会秩序的基本原则冲突,个中原因在于,哲学必定会质疑这些原则,也必定会得出如下结论:它们不是最基本的,或者说它们只是针对这个特定社会的福祉而言是基本原则。尽管如此,哲学还是找到了一条途径,即便在由启示宗教形成的新环境中也可以巧妙避开危险。在这样的环境中,哲学可能会显得危险,但更会显得完全多余:在我们接受了依据最高权威告知给我们的必需真理,并服从命令忠于这样的真理之后,谁还需要那些方法靠不住、结果可疑的探究呢?

因为没有受到现代启蒙运动胜过中世纪启蒙思想这类信念的困扰,施特劳斯在转向中世纪启蒙思想之时,逐渐明白到,隐微术对中世纪启蒙思想说来不可或缺,而且中世纪给予哲学所遭遇的连绵不断的政治问题的解决方案,[137]就依赖于一种极为精致的伪装写作技艺。看来,施特劳斯在逐渐深入地研究中世纪哲学时,发现了哲学的隐微术及其广泛用途。①

在叙述中世纪启蒙思想时,施特劳斯似乎更为坦率地谈论阿法尔拉比而非迈蒙尼德隐微术中隐含的怀疑态度。不过,施特劳斯最坦率地谈论法拉比的一篇文章,后来编论文集时他再没有收入。② 在这篇

---

① Green 的《犹太人与哲人》一书对施特劳斯回归迈蒙尼德的详尽编年史研究。

② Bruell 指出,施特劳斯在处理色诺芬时也越来越缄默,这是自完成另一篇没有收进论文集的文章《斯巴达精神抑或色诺芬的品味》("The Spirit of Sparta or the Taste of Xenophon",1939)之后开始的,施特劳斯在这篇文章里还极为坦白。见《施特劳斯论色诺芬的苏格拉底》("Strauss on Xenophon's Socrates"),页270。

写于1945年的论文《法拉比的柏拉图》("Farabi's Plato")中,施特劳斯展示出法拉比以怎样的怀疑态度对待柏拉图的灵魂不朽和神的存在这两个信仰。施特劳斯同时也展示了法拉比如何思考柏拉图的如下见解:在传达由哲学发现的真理,尤其是传达关于人类幸福的可能性,也就是只有极少数哲人才可能幸福的残酷真理时,需要极为谨慎。这一真理的致命性要求鼓励一些有关幸福的虚假信仰,这就要求把幸福看作只有那些有道德的人才能获得的。施特劳斯把法拉比放在哲学史上仅次于柏拉图的地位:法拉比是迈蒙尼德这类未来哲人的先驱者,后者从法拉比那里了解到,在启示宗教的敌对环境里哲人如何以最佳方式求得生存。法拉比知道如何传递"最珍贵的知识"(页377),这就是让自己假扮评注者的角色。这样的伪装带给法拉比必不可少的自由,而且施特劳斯还告诉读者法拉比如何运用他的自由,他用了斐德若揶揄柏拉图的苏格拉底的口气,来比拟法拉比的做法:"好一个法拉比!你多么轻松自如地发明了柏拉图的言辞?"(页376;参《斐德若》275b)。这意思是说,我发现了你还有你魔鬼般的技巧,我对其给予最高的尊敬,因此我只会以不出卖你的方式让它们为人所知。

施特劳斯在之后发表的两篇文章中"自由运用"了这篇开创性的文章。这两篇文章在他的著述中称得上十分突出,一篇是《迫害与写作艺术》引言,一篇是收入《什么是政治哲学》里的两篇中心文章中的一篇。前者将法拉比置于施特劳斯对隐微术必要描述的开头,且展示了他与柏拉图的关系;后者即《法拉比如何解读柏拉图的〈法义〉》,实际上是一个哲学写作技艺手册,这种技艺为有判断能力的人所实践。这样的人[138]首先会在作品里设定好一个角色,然后便可以自由谈论真理,谈论那些难以置信的真理,这时便不会危及他们自己或其他人。在施特劳斯研究法拉比的著述中,自始至终都隐含着一个关于解释的基本教训:法拉比对柏拉图保持谨慎的怀疑,这就要求读者对法拉比保持相应的怀疑。这种怀疑完全不是揭露虚假,而是领略法拉比如此写作的理由。施特劳斯对过往伟大哲人的写作保持怀疑态度,这给予我们一个指南,告诉我们如何理解人们在非希腊文化背景下,尤其在有启示宗教的上帝的新背景下实践柏拉图式的技艺。

施特劳斯发现,中世纪启蒙思想不能没有隐微术。施特劳斯于此受到了怀疑主义训练,他因而告诉读者,法拉比和后继的哲人不可能相信为了换取哲学的自由而表面作出的主要让步。他们不可能相信,他们按照命令生活在其戒律下面的那种律法来源于上帝。

然而,施特劳斯对中世纪启蒙思想的永恒价值的看法,并不取决于当时最伟大的哲人对他们的上帝和先知的实际信仰。他们可以像施特劳斯暗示的那样对上帝启示抱有怀疑,同时仍然相信,对这种启示的信仰会给哲学提供一个理想环境。中世纪启蒙思想的最高倡导者难道真的相信,一个永恒的上帝、一个由先知传递其律法的上帝,会提供可能的最佳环境让哲学能够生存,并让启蒙思想得到发展?施特劳斯真的相信他们相信如此?

笔者认为,以上两个问题的答案不能不是否定的。柏拉图后世的这些后裔绝不可能相信会有永久的解决方案,就像他们不可能相信会有永恒的诸神。如同施特劳斯所描绘的,中世纪的启蒙思想无可挽回地与一个自称永恒的上帝捆绑在一起:它置身于实实在在的神权统治和先知统治之下,很明显,在这样的统治之下,将权威让与上帝或者先知是进行哲学思考的先决条件。哲学的福祉要求哲学表面上将权威让与自认为权力神授的现实统治权威。作了让步的柏拉图后裔真的会相信他们口头上不得不说的东西吗,也就是说,他们真的相信自己生活在他们的那位异教大师只能祈祷出现,而现在已经实现了的最佳政治秩序之中吗?他们真的会相信时代逼迫他们使用的那些修辞刚巧表达的是真理?他们真的会相信,"最佳的"和"我们的"确实碰巧合在了一起?我们要考虑这样的事实:法拉比阐释了哲学何以统治宗教,[139]由理智孕育而得到特定证明支持的思想何以统治那些模仿理念并经由想象为人所知、经由劝说为人所信的相似之物;法拉比还阐释了审慎的立法者作为发明这些影像和各种劝说论据(也就是让他人信奉的宗教)的人,他们身上担负着什么责任;另外,法拉比在阅读柏拉图时总留有怀疑。一旦考虑到这些事实,我们就可以断定,要认为他相信他口头上相信的东西,要认为他相信当地当代要他不得不相信的东西,极为困难。①

如果施特劳斯相信中世纪启蒙思想是对哲学的政治问题的一个永久解决方案,他的任务就清楚了:他必须鼓励学者对少数几个过去哲人进行细致的怀疑性阅读;他还必须促成哲人在其中有理由让自己的写作难以琢磨的那么一个世界重新归来。如果施特劳斯相信中世纪启蒙思想为哲学实现了真正和最终的政治,而且这种政治实际上已经迈进了"完美社会"(*PL*,页100),那么,施特劳斯要捍卫哲学,就应该去捍卫哲学所必需的大规模前哲学政治——让可能产生这种政治的各种社会条件再现是首先要做的事情。但是,现在却没有证据显示,施特劳斯试图恢复神权统治或者先知统治,或者认为有可能恢复这类统治,或者认为现在有可能克服"上帝已死"(*SPPP*,页177)这个他所谓的"真正教义"。如果要拿出证据证明施特劳斯确实意在重建那样的时代,那么这样的证据必须完全不同于他留给最耐心又最敏锐的读者去揣测的各种暗示。这样的证据必须是他公开宣扬那些最有利于哲学的公众信仰,即对上帝和先知的古老信仰。要公开宣扬这些信仰,就会要求施特劳斯培养,或者至少鼓动他人去培养宣讲正统思想的雄辩公众演说家,而不仅仅是那些带着怀疑倾向私下默默阅读的人。没有证据显示,施特劳斯认为,回归具有此类含义,这本身就清楚地证明,回归没有这层含义。

还有另外一个困难让我们不好断定施特劳斯是否相信,中世纪启蒙思想是哲学的政治问题的一个永恒的和真正的解决方案:中世纪启蒙思想是在伊斯兰教和犹太教历史上,而非在基督教历史上发生的事情。基督教对哲学的态度实质上不同于伊斯兰教和犹太教,原因在于前者认为自己从根本上说不是律法而是信仰。照此说开

---

① 《法拉比的柏拉图和亚里士多德哲学》,页44—47。

去，基督教哲学认为自己是真正的哲学、由启示揭示的哲学。因此，基督教以一种[140]友善而又居高临下的姿态对待哲学：哲学是单纯理智的训练，它需要基督教真理的补充才能成就其努力；哲学可以独自出发，也可以独自取得一定进展，但是，哲学永远不能独自成功地掌握全部真理。因此，基督教可以并且确实吸纳了哲学，这在伊斯兰教或者犹太教那里是不可能有的事情。基督教给哲学造成的危险完全不是简单地禁止做哲学，而这却是伊斯兰教或者犹太教对哲学的最大威胁；基督教可能标榜自己才是真正的哲学，古代异教徒尽最大努力凭着无援的理性把握事物的奥秘，而基督教则是其不可或缺的延续(*PAW*，页21)。作为"真正的哲学"对哲学施行僭政，其危险远远大过把哲学驱逐出去。施特劳斯在谈到柏拉图的"成功"(*PAW*，页21)，谈到他那"闻名遐迩的成功"(*OT*，页206)时提出了这样的看法。施特劳斯怀疑"它是不是太过成功了"。施特劳斯有这样的怀疑，是因为尼采有如下的观点："基督教是为人民的柏拉图主义。"

施特劳斯对谴责基督教有很大的保留。① 然而，我们不难在施特劳斯著述的字里行间，比如在《自然正当与历史》(页157-164)对阿奎纳的评价中了解到他的看法：基督教把哲学禁锢在教条主义之中，不容哲学怀疑其根本信仰的永恒性；基督教让哲学臣服于更高的权威。施特劳斯认为，正是因为宗教对哲学的这种俘虏，正是因为宗教对哲学的这种形式的统治，才不得不有早期近代欧洲哲学对古典的回归(*NRH*，页164)。如果说这就是基督教和犹太教之间在

---

① George Grant 在其《僭主与智慧》("Tyranny and Wisdom")一文中提到这种缄默问题(页108-109)。Grant 本人主张，信仰最终高于哲学，他提请施特劳斯把观点表述清楚。但他本人却是缄默的学习者，而且十分清楚施特劳斯保持缄默的含义。见页108中部。其他基督教的评论者则没有那么客气和耐心地对待施特劳斯的"阿威罗伊主义"。见 Wilhelmsen,《基督教与政治哲学》(*Christianity and Political Philosophy*)，页194,209-225；Sokolowski,《信仰和理性的上帝》(*The God of Faith and Reason*)，页156-164。

哲学方面的深刻分歧所在,那么,所有那些建议西方或欧洲回归那使中世纪启蒙思想得以可能的社会条件的观点,都意味着要求重建——当然不是重建中世纪的欧洲或者有些人颂扬的"信仰时代"的社会条件——早先伊斯兰帝国的社会条件,因为正是在伊斯兰教以及散居于伊斯兰帝国的犹太人之中,才产生了施特劳斯所理解的中世纪启蒙思想。难道施特劳斯会认为,让现代欧洲,让这个他强调已经使全球欧洲化的欧洲回到那样的世界,既有可能,也可取?

笔者以为,理解施特劳斯何以高度评价中世纪启蒙思想,[141]要避免把他看得荒谬和天真。愿意被视为天真不等同于天真。我们可以认为,施特劳斯既不荒谬也不天真,他在1935年写作《哲学与律法》时推崇中世纪启蒙思想的两个一般特征可以为此作证。这两个特征表明,施特劳斯推崇中世纪启蒙思想是一回事,他是否愿意回归产生它的各种先决社会条件,则完全是另一回事。

第一、中世纪启蒙思想告诉人们如何从理智上否定现代启蒙运动、否定自马基雅维利以来主导现代世界的政治哲学。中世纪哲人不是启蒙者:"他们不断地让哲人形成这样的认识:他们有义务让得到理性认识的真理不为未经选择的大众所知。"(PL,页82)就中世纪启蒙思想优于现代启蒙运动而言,我们不妨留意,施特劳斯在《哲学与律法》前言里抨击现代启蒙运动的观点时,身边似乎还站着一个沉默的同伴,这就是尼采。尼采在那里显现为现代启蒙运动的历史结果,此结果也就是施特劳斯所说的新的勇敢或正直、理智良心,以及由于让人感到不适因而值得选择的无神论(PL,页18-19)。①启蒙运动的激进化即尼采化,会要求我们质疑现代启蒙运动对他的

---

① Rémi Brague 在《施特劳斯与迈蒙尼德》(*Leo Strauss and Maimonides*)中,尤其在页 104-106 分析了尼采在《哲学与律法》中发挥的作用,其分析很有见地。读者可能会自问,在这部著作里施特劳斯是否基本上属于尼采一派(页 104)——Brague 提出这个问题,而且用了一页半篇幅来讨论,他的答案是肯定的。

历史对手即正统思想的批判是否恰当。以其尊重真理时的极端正直,激进启蒙的理智不可能屈服于作为纯粹真理的正统思想。另一方面,那种正直似乎又完全有理由认为,就启蒙本身而言,正统思想比启蒙运动所谓的启蒙更可取或更优越;它似乎完全有理由得出结论说,某种隐微术不可避免,或者说哲学如此罕见而卓绝,以至于总是需要某种辩护。尼采本人曾为前现代学术具有更卓越的复杂性(sophistication)及前现代教会更有深度而辩护(GS,358),上面那些观点就是尼采为这些辩护时提出来的。尼采认为,现代启蒙运动容许科学遮蔽哲学,让学者成为科学的忠实仆人,进而迫使科学和学术为现代政治服务(BGE,22)。

第二、与现代启蒙运动相比,中世纪启蒙思想更深刻、更明智且更具怀疑性,同时它本身指向并不[142]属己的根源——柏拉图式政治哲学。因此,对于施特劳斯在《哲学与律法》中提出的中世纪启蒙思想胜过现代启蒙运动这个问题,必须从其结尾处提供的角度来考虑。施特劳斯在结束阐述中世纪启蒙思想时提到柏拉图,提到在信仰世界中产生的哲学政治的"无信仰的哲学基础"(PL,页56,页109-110)。关于柏拉图这个没有信仰的人,施特劳斯想要强调的一点是,柏拉图不再允许曾被允许的:"你们必须下去"——这是柏拉图的苏格拉底对愿意待在洞穴外面的哲人说的(《王制》520c)。法拉比和迈蒙尼德是柏拉图式的政治哲人。他们下去了,听从柏拉图的命令行事,他们代表的是哲学。代表哲学行事,却反而把哲学的王冠戴在了穆罕默德或者摩西的头上。伊壁鸠鲁恶意嘲笑柏拉图的话也可以用在他们身上,因为他们也是"狄奥尼修斯的献媚者"。因为柏拉图是他们的先知,他们也敬奉所有其他人的先知;他们奉承实行绝对统治的僭主,因而获得许可做哲学。他们甚至更进一步,得到命令去做哲学。①

---

① 迈蒙尼德的政治科学与柏拉图和亚里士多德的分歧,在施特劳斯的"迈蒙尼德论政治科学"(见《什么是政治哲学》,页155-169)中有很好的介绍。

尽管有压倒性的证据证明,施特劳斯认为中世纪启蒙思想不可能永远解决哲学的政治问题,也认为启示不是真理,但他还是这样讨论了不可两立的理性和启示:他让人觉得哲学作为一个合理的选择总是失败,因为如果宗教坚持说自己的一切来自上帝(*SCR*,页29-30;"进步还是回归",页305-310;*NRH*,页75),哲学还没有办法把它驳倒。洛文塔尔(David Lowenthal)有一段精彩的话解释了施特劳斯的做法:"施特劳斯偏向宗教这一边以解决争端,他似乎要借此支撑安慰人类的事业。施特劳斯确实为那些想要踏入哲学门槛的人在路上设置了很大的障碍。"① 这样来解决争端,等于在通往哲学的路上树起了一块"禁止通行"的牌子,一块施特劳斯还以极小字体附加了"除非"的牌子。《马太福音》(7:13)有言,"那门是宽的、路是大的",而我们不妨认为,施特劳斯的说法有些许不同,叫做"那门是窄的、路是小的",它通向哲学上那些令人不安的结论以及哲人的深层快乐。

[143] 与卢梭一样,施特劳斯认为,"横在通往缪斯神庙道路上的障碍是自然放置在那里的,用来检验想要前去学习的人有多大力量",而要移除它并不明智。② 就哲学的这种排他性,施特劳斯与尼采的认识一致;但在是否大声说出关于启示的真相这个问题上,施特劳斯又与尼采不同。③

---

① 见 Lowenthal,"Comment on Colmo",页162。另见其"Leo Strauss's *Studies in Platonic Political Philosophy*",页313-320([译按]中译见《施特劳斯与古典政治哲学》,刘小枫主编,张新樟等译,上海:上海三联书店,2002),文中分析了施特劳斯关于理性和启示之关系的讨论,颇有见地和鉴赏水准。

② 见卢梭,《论科学与文艺》(*First Discourse*),页62。

③ 见 Kenneth Hart Green 对施特劳斯所做的颇有价值的研究。其书《犹太人与哲人》正文第138页表达了这样的观点:施特劳斯与其先辈迈蒙尼德一样,对哲学和犹太教持二元并重的观点;理性与信仰、探究与忠诚同样重要。"认知神论者"(cognitive theist)是 Green 在这部著作第一章末尾处加给施特劳斯的标签(页27)。但是书中有98页用小号字体印刷的注释,其篇幅明显长过

笔者认为,《思索马基雅维利》这部论述中世纪如何转向现代的最权威著作,毫无疑问昭示了施特劳斯对中世纪启蒙思想的立场。在这部巨著中,施特劳斯没有明确代表中世纪启蒙思想——没有代表由马基雅维利的筹划而终结的中世纪启蒙思想说话。施特劳斯代表谁说话呢?在我们熟悉了整本书的内容,再翻到最后那个重要段落时,我们应该可以明白,施特劳斯的结论由某种密码写成,只有在了解这本书自身的论证之后,才能破解这种密码。最后段落并不适合引入新的主题。如果我们见到诸如技术、科学和宰制自然之类的新主题被引入,并觉得相当困惑,进而想要了解何以在最后这个段落突然引入这些主题,那么我们稍稍思考一下就会明白,要理解这些主题,得根据全书阐发的种种涵义。"古典政治哲学的根本缺陷",或者说它那种源于自己本性的不可避免的缺陷在于,它得迎合相互竞争的权力政制(regimes),这些政制不会屈从政治哲学加于自身及其所属权力政制之上的制约条件:在战术研究中出现的"技术发明"一词所代表的东西,要比人们发明的方阵或者军团、马镫或者炸药来得重要得多。这个词[144]代表着由各个相互竞争的权力体系和所有社会族群采取并为之而战的思维方式。这些相互竞争的权力体系所运用的战争技艺,首先就包括精神战争。施特劳

---

正文,它们又调整了正文里的观点。施特劳斯是一个"认知神论者"吗?或许不是。(在最后一章的一个注释里)Green 解释的最后一件事情是,他在正文里把施特劳斯称做认知神论者是什么意思(页 237):他的意思是,施特劳斯是一个"搞神学的哲人"。Green 进一步解释道,他之所以强调这一点,只是要把施特劳斯和科耶夫区分开来,后者认为"宣扬无神论"是"哲学上所必需的"。施特劳斯肯定不会这么认为。因此,他就把施特劳斯称做认知神论者。显然,施特劳斯给追随者留下了事关坦率的问题:一旦他们认为施特劳斯不辞麻烦要给自己一副伪装,那他们要在多大程度上帮助他保住这副伪装?难道要忠诚就得做这样的事情吗?难道要做哲学就得做这样的事情吗?Stanley Rosen 的话直截了当,让人感到几分爽气:施特劳斯是一个无神论者(*Hermeneutics as Politics*,页 17);施特劳斯没有信仰("Politics or Transcendence",页 265)。

斯在这部著作里自始至终都在阐述精神战争这项独特的武器。因此，这部著作的最后一个段落，考虑的就应该是一部论述文艺复兴思想家的著作最为适合的主题——战争，一场精神战争，它缘于哲学与宗教之间达成的历史性妥协，缘于古典政治哲学迎合了最为危险的竞争性权力体系——基督教，并且最终被其俘获。

如果马基雅维利及其后继者的强大对手在当今时代已经没有了影响力，如果基督教，也就是马基雅维利及其后继者与之抗争的黑暗王国，不再像逼迫他们一样逼迫我们接受其必要性，那么我们就会渐渐回味到主导施特劳斯这部著作整体阐述方式的不妥协精神，而他迫使自己以沉默自律：自始至终而非仅仅在最后这个段落，施特劳斯评价马基雅维利的努力时"依据的完全是其内在的价值"（页298），而不理会其相对的价值，不看其相对于曾经的强大对手的优越。施特劳斯没有依据历史可欲性及必要性来评判马基雅维利努力，即它是摧毁基督教精神僭政的运动。施特劳斯只是看其内在价值，看它们实际上如何促进了今天我们得以看见的哲学的长远利益。有了这样一个视角，我们就被迫反思那曾经驯服了基督教的伟大发明，那马基雅维利及其后继者发起的全面的精神事业。这项事业就是"运用科学来推动发明"，也就是推动各种战争发明。具体而言，发明精神战争——也就是为了哲学的利益，运用科学去推翻假装是哲学的宗教所施行的僭政——背离了古典哲学对科学的认识，而且造成了一个最高和最困难的问题："人类在征服自然，并且这一征服没有可以确定的界限。"（*SPPP*，页190）这个问题，仅仅这个问题才是现在推动哲学向前发展的必然性；这个问题、仅仅这个问题才是现在使得古典意义上的好城邦成为不可能的必然性；正是一种竞争性权力体系的这种无限制特质，现在威胁着要吞噬对哲学还算友善的另一种竞争性权力体系。马基雅维利式战略成功地实现了一个大目标；但是，因为用的是敌人的武器，而且招募科学来服务于宣传的目的，所以，他们的战略导致哲学屈从于一种新的僭政、一种所谓的科学启蒙。创立是一个持续的过程——这个伟大的马基雅维利式教训由施特劳斯承传下来。要捍卫以前[145]的良好创立,就需要随后不断地再创立,即在服务于最初创立的基础上引入重大创新。

这种持续的创立现在又怎样展现出自己的必然性呢?我们再也不能以古典思想所呼吁的方式相信自然的仁慈,也就是说,我们不能再相信自然灾变会保证人类不至于成为人类发明的牺牲品;我们不能再相信那些作为恩惠的灾变、那些带来恩典的灾变所给予人类的利益,就是毁灭人类文明化的生活,迫使人类回归自然的原始状态,让人口重新开始繁衍,让地球重新开始文明进程。如果过去几个世纪的事实已经让毁灭人类文明并使之再生的希望变得完全不可信,并且迫使我们承认,人类事实上可能牺牲于自己最新的发明,即牺牲于关于人的天性和命运的现代观念,那么,关于自然仁慈的观念就必须通过回归其源自的基本经验来重新思考,从而得以修复。这样,我们就得重陷柏拉图主义。施特劳斯在这一段落也承认了促使尼采前进的那种必然性。

这么说来,施特劳斯关于马基雅维利的思考就没有把中世纪启蒙思想看作解决哲学的政治问题的永久方案。相反,施特劳斯的思考在两个方向上超越了中世纪启蒙思想,后面是柏拉图,前面是尼采。

施特劳斯终生关注启蒙思想,这首先起于现代启蒙运动的失败,而这一关注促使他向过往回归——首先回归到中世纪启蒙思想,然后回归到柏拉图。柏拉图如何回应古希腊启蒙思想——第一次理性地审视整个自然和人类的启蒙思想?柏拉图式启蒙思想又是什么?

## 柏拉图式启蒙思想

在施特劳斯看来,柏拉图的典范性何在?是他的理念?是他关于神和灵魂的教诲？是他为正义和其他德性所作的论证？施特劳斯论述柏拉图的作品表明，以上没有一项真正地说到根本。柏拉图的典范在于柏拉图对古希腊启蒙思想的回应，在于他维持和推进启蒙的方式。

施特劳斯指出，中世纪启蒙思想哲人受到柏拉图的启发，不止于此，他自己又在这些哲人的指引之下走向柏拉图。施特劳斯关于柏拉图的著述与法拉比为近似之处在于，[146]他也像法拉比一样，在两件根本的事情上把柏拉图与苏格拉底区分开来。首先，柏拉图的探究并不局限于"科学地探究正义和德性"，而是变得更为全面，因为这些探究的目的，就是要提供"关于万物本质的科学，尤其是关于神圣事物和自然事物的科学"（*PAW*, 页 16）。第二，"柏拉图方式"矫正了苏格拉底的不妥协方式，成为一种妥协的方式、一种政治的方式。这种方式能避免不搞哲学的人对哲学的猜忌——苏格拉底的命运是这种猜忌的永久象征。

在施特劳斯与法拉比的柏拉图研究中，还可以见到另一相似之处：两人都给自己找到了蔽护，施特劳斯称之为"评注者特有的豁免权"（*PAW*, 页 14）。这种豁免权可以让评注者避免公开亮出自己的观点。利用评注这种方式，可以得到柏拉图用自己选择的方式所得到的东西。柏拉图的方式就是利用对话，在其中，一个讲话者可以避免以自己的名义讲话。施特劳斯对柏拉图的评注表明，施特劳斯"也为自己树立了一个角色，这个角色从来都不曾明确和毫不含混地表达对最高主题的看法"（*WPP*, 页 137）。但是，这就意味着施特劳斯"有时也能够让自己明确和毫不含混地表达对最高主题的看法"。施特劳斯是否曾明确和毫不含混地表达过自己在柏拉图身上发现的典范所在、柏拉图式启蒙思想的永恒基础所在？或许"明确和毫不含混地"在这里不是十分恰当的词，但是，在笔者看来，作为柏拉图评注者的施特劳斯的确清楚地阐释了柏拉图身上堪称典范和永恒的东西。施特劳斯关于柏拉图启蒙思想本质的认识，反映在《城邦与人》的中心文章"论柏拉图的《王制》"（"On Plato's *Repub-*

*lic*")中。施特劳斯在解读《王制》的过程中揭示出了一点：苏格拉底的对话者之一忒拉叙马霍斯所起的作用至关重要。

施特劳斯告诉读者，忒拉叙马霍斯扮演的角色十分重要，因此也就明确表达了法拉比含蓄表达的观点。在三个不同场合，施特劳斯指出了法拉比认为柏拉图修正苏格拉底不妥协方式所蕴涵的根本意义：柏拉图往苏格拉底的不妥协方式里加入了"忒拉叙马霍斯方式"(《法拉比的柏拉图》，页 382-384；*PAW*，页 16-17；*WPP*，页 153)。柏拉图采纳忒拉叙马霍斯方式，就发明了政治哲学。柏拉图将忒拉叙马霍斯方式变成了自己的方式。这就是说，他找到了一种方式，可以在冲淡了人们对哲学的猜忌的公开的德性教诲中，掩盖哲学对人与自然、对理性的启蒙思想所做的全面理性探究。可见，柏拉图所认为的永恒根本不是[147]任何永恒的实体，而是一种永恒的战略，因他意识到了哲学所面临的根本且永久性的问题。我们只要仔细审视一下施特劳斯评述的忒拉叙马霍斯，就会明了柏拉图把什么视作永恒。这也会显示出施特劳斯和施特劳斯的尼采何以都从属于柏拉图式政治哲学。

施特劳斯介绍《王制》卷一忒拉叙马霍斯这一节的方式引人注目，因为他说，"在一定意义上……这是《王制》整部作品的中心"(*CM*，页 73)。但这是一个十分奇怪的中心，因为它处于这部十卷对话的卷一以内。要找到这个中心，就要先"依据苏格拉底对话者的变换"划分整部作品。对话者首先由一对父子变为忒拉叙马霍斯一人，然后又变为一对兄弟。施特劳斯表示，忒拉叙马霍斯这一节至关重要——他的确这么认为，因为后来在一个关键时刻，施特劳斯再次重申了这个观点，并加上一个恰当的限定："在《王制》的多位对话者中，忒拉叙马霍斯理所当然占据中心位置。"(页 123-124)如果我们注意到施特劳斯的评述自始至终如何处理忒拉叙马霍斯这个人物，我们当能明白，何以忒拉叙马霍斯而非格劳孔或者阿德曼托斯，才是苏格拉底在《王制》中为正义所作辩护的正当中心。

## 一、忒拉叙马霍斯被驯服

施特劳斯对卷一中忒拉叙马霍斯一节作了长篇阐述,其重点在于苏格拉底对忒拉叙马霍斯的驯服。施特劳斯强调,驯服的忒拉叙马霍斯是一个被击败的对手,但他绝对不是那种受到毒害或者怀着怨恨想要报复赢家的对手。忒拉叙马霍斯自己驯服了自己,因为他逐渐意识到苏格拉底胜他一筹。他用自制驯服了自己,然后规训自己仔细倾听,从苏格拉底与格劳孔和阿德曼托斯的交谈中学习一些关乎自身根本利益的东西。

施特劳斯对这一点说得很明白,他强调忒拉叙马霍斯是一个演员(actor):在开始时,忒拉叙马霍斯表现出来的愤怒都是事先盘算好的。他扮演愤怒,为的是制造愤怒,让他人起而攻击自己那份虚假愤怒所针对的目标,在这个场合下就是苏格拉底。施特劳斯当然没有被忒拉叙马霍斯的愤怒迷惑住,没有被他的做作所蒙蔽。在这一点上,施特劳斯不会比《王制》的任何其他读者更没有眼力。施特劳斯强调,何以如此表现忒拉叙马霍斯的愤怒,显然要看柏拉图的写作技艺,因为柏拉图在利用一部叙事性对话提供的便利来制造愤怒,攻击那个故意制造愤怒的对话者。柏拉图制造针对忒拉叙马霍斯的愤怒,借用的是苏格拉底对其性格的评价:忒拉叙马霍斯是一头"野兽",威胁着要破坏对话礼仪。只是因为苏格拉底的先见之明和谨慎小心,忒拉叙马霍斯的威胁才得以避免实现。

[148]但施特劳斯强调,他本人对忒拉叙马霍斯并没有愤怒,不会被柏拉图在这里施展的魔力弄昏头脑,尽管柏拉图的工夫用到了家,想要引起人们对忒拉叙马霍斯流露出有益的厌恶感(页74)。相反,施特劳斯还要观察柏拉图怎样施展魔力、怎样操纵读者,他不至于受到迷惑而看不见柏拉图自己的表演。施特劳斯极为重视他所处的观察者立场:"我们对待忒拉叙马霍斯的态度,不能像忒拉叙马霍斯对待其他对话者的态度一样,这一点对于《王制》的理解以及一般意义上的[理解]重要。"(强调为笔者所加)因此,施特劳斯"没有带着义愤注视义愤的忒拉叙马霍斯"(页75),他从柏拉图那

里学到了义愤的用途。

忒拉叙马霍斯表演对苏格拉底的愤怒，展示的是城邦对苏格拉底的真实愤怒（页78）。但是，他扮演的是一个真正拥有城邦正义观的人："正义就是守法或者合法"，这是"关于正义的一个最明显和最自然不过的论断"（页75）。但是，如果说忒拉叙马霍斯持有城邦关于正义的自然观点，那也是带着愤世嫉俗的态度，他能够看穿这种观点的实质在于利害：忒拉叙马霍斯持有这一观点，是作为一个"贪婪地获取金钱和声名"（页74），贪婪地获取自己所以为的利益的人。此外，忒拉叙马霍斯还作为一个艺人（artist）、一个著名的修辞学教师而持有这一观点。施特劳斯在提到《王制》卷六（492a以下）的时候表示（页78），忒拉叙马霍斯是一个智术师，知道如何驾驭最大的智术师；是一个用自己的技艺就可以引导整个城邦的人，作为一个驯兽师，他了解"强壮的野兽"身上的各种愤怒和欲望，且知道如何操纵它们。①

忒拉叙马霍斯的技艺"涉及如何调动和平息大众的愤怒"。他个人的情感服务于自己操控他人情感的技艺：他的愤怒"听从自己的技艺"（页78）。作为一个完美的匠人，忒拉叙马霍斯没有羞耻感；你可以驯服他，但你不可能让他感到羞耻——施特劳斯甚至还解释过他脸上泛出的那道有名的红晕（《王制》350d），说那是因为身上发热而非在辩论中输给他人心生羞愧而起（页74）。施特劳斯没有在忒拉叙马霍斯的义愤面前也盲目地跟着义愤起来，所以他能如此解读忒拉叙马霍斯，说他自己不会让义愤弄瞎了眼。在施特劳斯看来，忒拉叙马霍斯行动的基础是知识，目标则是自己的利益：眼见苏格拉底在劝说术上胜过自己，而且其他人也会看出这一点，忒拉叙马霍斯于是晓得要改变对待苏格拉底的方式。

---

① 《城邦与人》讨论忒拉叙马霍斯处疑有两处文本舛误：第76页第13行应该用 *disadvantage* 而不是 *advantage*，见施特劳斯"论柏拉图"（*HPP*, 38）里的相近段落。第78页有两行要用 *facility* 而非 felicity。

## 第四章　施特劳斯在柏拉图式政治哲学史上的地位

忒拉叙马霍斯缺少的恰是苏格拉底[149]最为具备的能力。尽管因为自己的演说术而享有声名（*CM*,页80），但在辩证术上，他不是苏格拉底的对手。施特劳斯说，这是因为忒拉叙马霍斯"理解得慢"。忒拉叙马霍斯说统治者不会犯错误，这是他犯的一个致命错误。忒拉叙马霍斯犯这个错误，是出于自己作为统治者的老师的利益（*CM*,页80），但这很快又让他自己处于明显不利的境地。苏格拉底高超的辩证术技巧，让他自己能够基于忒拉叙马霍斯选择的前提证明，统治者实行统治为的是被统治者的利益（《王制》342e-343a）。施特劳斯从苏格拉底在辩证中首次得来的胜利引出自己的结论，这个结论很有启发意义，因为它告诉读者，柏拉图的方式何以接纳忒拉叙马霍斯的劝说方式，即劝说大众的方式："即便统治者也需要劝说术，好让人民相信，那些专门为了统治者利益而订立的法律服务于被统治者的利益。"（*CM*,页80）这种劝说术，苏格拉底没有而忒拉叙马霍斯有。苏格拉底在辩证中可以极为轻松地击败忒拉叙马霍斯，但是，借用《迫害与写作艺术》中对这两种互补技艺的说法：辩证术仅仅为少数智识"精英"所用，并不适用于"俗众"（页16）。

忒拉叙马霍斯与大众打交道的技艺，即他作为公认大师的技艺，要求他必须十分明白施特劳斯接着说到的事情："忒拉叙马霍斯技艺的成败端系于这一观点，即审慎对于统治极为重要。"（*CM*,页80）忒拉叙马霍斯的审慎让他自己能够在与苏格拉底的相遇中学会愤怒的新用途：忒拉叙马霍斯的审慎使他顺从了在辩证法上统治自己的人而且倾听对方的谈话，因而最终将使他自己成为苏格拉底的朋友。忒拉叙马霍斯足够审慎，知道自己的技艺有着什么样的地位，或者说这一技艺会置他于什么样的地位。牧羊人不是羊群的主人，而是主人的管家或者臣仆中的一员。"忒拉叙马霍斯可以从自己的技艺中获益，从自己为统治者（僭主也罢，平民或者卓越者也罢）提供的帮助中获益，当然条件是忠实于他们，把分内事做好，做好作为交易一方该做的事情，做正义的事情。"（*CM*,页81-82）施特劳斯表示，《王制》在中心部分已经显出一个变化，忒拉叙马霍斯开始与哲人结盟。忒拉叙马霍斯不再制造对苏格拉底的愤怒,而是为了哲学的利益,审慎利用自己的劝说术来安抚城邦对哲学的愤怒(《王制》501e-502a)。

在《王制》卷一中,苏格拉底让审慎的演员忒拉叙马霍斯明白的事情,也就是施特劳斯以大段篇幅论述忒拉叙马霍斯的[150]"失败"时(*CM*,页 80-83)要让读者明白的事情:苏格拉底的正义观与忒拉叙马霍斯的一样,但苏格拉底足够审慎,没有张扬这事。施特劳斯拒绝简单地公开苏格拉底的观点,宁愿让读者透过苏格拉底与忒拉叙马霍斯交谈而生出的"可怕结果"(施特劳斯语)这层有益的掩饰去发现苏格拉底的观点:"苏格拉底与忒拉叙马霍斯的不同之处仅仅在于:忒拉叙马霍斯认为正义是不必要的恶,苏格拉底认为正义是必要的恶。"(*CM*,页 83)这个可怕的结果从未被撤销。相反,在《理想国》卷一忒拉叙马霍斯一节中,这个可怕的结果还为该节的中心论点所确认。由于并非仅仅基于同意(*CM*,页 83;参页 53),这一论点成为三个论点中唯一没有"缺陷"的:"无论多么不义的社会,如果其成员之间不实行正义,它就无法持久。"(*CM*,页 83)恰当的正义终究会出现在由苏格拉底和忒拉叙马霍斯组成的小小社会,它以假装的野蛮开始,以不平等的人之间结成友谊结束。转变成"愿意倾听者"的忒拉叙马霍斯学会了对苏格拉底行义:他接受苏格拉底的优越性,承认苏格拉底有权统治自己——忒拉叙马霍斯的让步可以为自己的私利服务。忒拉叙马霍斯的推理能力显得糟糕,但他的原则却保持不败。施特劳斯认为,这"很大程度上解释了忒拉叙马霍斯的驯服"(*CM*,页 84)。

二、忒拉叙马霍斯得到转化和利用

施特劳斯着重指出,《王制》卷五的开始部分是对话的"新开端",尽管"其场景是重复全书开始部分的场景"(*CM*,页 115),施特劳斯还借这一重复来讨论关于忒拉叙马霍斯的一个重要问题。苏格拉底的对话者再次像一个城邦一样行动。他们作出决定,还举行了投票,苏格拉底再次服从了投票结果。但是,这第二个城邦的情形与第一个有"重大差异":忒拉叙马霍斯"在第二个场景中已经变成城邦的一员"(页116)。施特劳斯将这个事件应用于整个《王制》的架构,并得出结论说:"看来,建立好城邦的基础,就是忒拉叙马霍斯应该转变为它的公民。"(页116)当再次出现在施特劳斯的论述中时,转变了的忒拉叙马霍斯就会展示出其转变的特征。

与此同时,哲人的统治成为主题。在处理这个主题时,施特劳斯从不离开苏格拉底提供的背景:实现《王制》对话中所建立的城邦是否可能,以及是否可取?苏格拉底将第一个[151]问题简化为:"有多大的可能让哲学与政治权力刚好合为一体?"(页123)施特劳斯评论道:"要说有可能出现这样的巧合,是最不可相信的事情。"但是,现在看来,这种最不可相信的巧合通过某种方式——利用忒拉叙马霍斯——毕竟又有可能。哲人可以统治忒拉叙马霍斯,而后借此成功地统治城邦。

哲人用什么方法来统治忒拉叙马霍斯?方法是告诉他,如果他的利益要得到最好的维护,就要让他的技艺为哲学所用。依施特劳斯之见,关键是理解在什么语境下,"苏格拉底宣称他与忒拉叙马霍斯刚刚成了朋友,原先也不是敌人"(页123)。这个语境就是城邦需要发生变化,这使得公民愿意接受哲人统治,而他们本会自然地认为这些哲人邪恶且无用。要给城邦、非哲人或民众带来必需的变化,恰当的劝说不仅必要而且充分,在这一部分对话中,苏格拉底与阿德曼托斯交谈,似乎要劝说心存疑虑的后者相信哲学并不邪恶、并无败坏。一旦阿德曼托斯听从说,被诱导同意,苏格拉底似乎就想让他去劝说民众,甚至向他交代了任务,要他去安抚民众(《王制》499e-500a),以减轻他们对哲学的愤怒,让他们变得温和并被说服,"哪怕不是出于别的,而是出于羞耻"(《王制》501e-502a)。

但是,激发人的羞耻和愤怒,阿德曼托斯并不在行,那是忒拉叙马霍斯的专长。"这位来自卡尔克冬(Chalcedon)的强大的人"颇具才干,可以激起大众的愤怒,又能用魔力再化解愤怒(《斐德若》267c-d)。苏格拉底与之交谈的是阿德曼托斯,但他的真正听众却是忒拉叙马霍斯——那只在一旁默默无语但其言辞能够让猎物了无声息的狼(《王制》336d),那个最擅长制造和抵挡各种诽谤和指控的人(《斐德若》267d)。苏格拉底对阿德曼托斯谈到忒拉叙马霍斯的特殊才干,目的是把忒拉叙马霍斯转化为朋友。施特劳斯着重指出,苏格拉底成功了。"正确的劝说方式由劝说术即忒拉叙马霍斯的技艺提供,由哲人指导,并服务于哲学。"(CM,页123)施特劳斯完全不在意阿得曼托斯,整个重心都放在那个"《王制》中唯一以劝说术为业的人"身上(页80)。"没有忒拉叙马霍斯,就不可能出现一个正义的城邦。"(页123)施特劳斯会在文章的顶点表明,"忒拉叙马霍斯"会以多种名目出现,因为他会被证明是我们理解哲学何以在与诗歌的古老争论中取得胜利的关键因素。施特劳斯在这里[152]预告了这一顶点:"我们要驱逐荷马和索福克勒斯,请来忒拉叙马霍斯。"(页123)必须赶走悲剧和悲剧之父,为的是建立正义的城邦。这绝对不是要驱逐诗歌本身,而是要驱逐荷马的诗歌。荷马诗歌的谎言毫无益处,因为它讲的是秩序源头的罪行和诸神之间的战争,还诅咒人的来世生活。施特劳斯告诉读者,"忒拉叙马霍斯"这个名字代表一类新的诗歌,这类诗歌由哲人指导谱写,目的是劝说民众。

施特劳斯强调了忒拉叙马霍斯作为苏格拉底的朋友发挥的作用,然后再次表示,"在《王制》的多位对话者中,忒拉叙马霍斯理所当然占据中心位置"(CM,页123-124)。施特劳斯说,一对新的组合出现了,或者说一个新的联盟在一直各自行事的人们之间形成了:初次提到忒拉叙马霍斯的中心位置时,施特劳斯指出"他像苏格拉底一样与常人不同",还把他的孤单比作"不虔敬的独眼巨人(Cyclops)"(页74);第二次提到忒拉叙马霍斯的中心位置时,施特劳斯又指出,在《王制》的对话者中间,他"理所当然占据中心位置,这是在一对父子和一对兄弟两组对话者中间占据的位置"(页123-124)。这个中心位置理所当然由一对新的组合——苏格拉底与忒拉叙马霍斯这两个朋友占据。

接下来,施特劳斯告诉读者,苏格拉底与忒拉叙马霍斯何以"刚刚成了朋友"。施特劳斯用了一个复杂的长句暗示读者,苏格拉底与阿德曼托斯交谈的真实意义是什么,他表明阿德曼托斯本人的误解为何无关紧要:忒拉叙马霍斯已经理解了。"苏格拉底刚刚说到,为了城邦免遭毁灭的命运,城邦当禁止搞哲学,尤其当禁止涉及向年轻人'言说'的那种哲学。这种哲学'败坏青年'最为严重。"(*CM*,页124)苏格拉底已经提议禁止公开搞哲学,尤其禁止对年轻人讲授哲学。这个提议会有什么结果和影响?阿德曼托斯认为自己明白会有何种影响:"阿德曼托斯认为,忒拉叙马霍斯会激烈反对这项建议。"阿德曼托斯看不出来,就搞哲学而言,苏格拉底与忒拉叙马霍斯有区别。阿德曼托斯还认为这项禁止建议也会牵涉忒拉叙马霍斯,因为后者需要年轻人来促进自己作为"哲人"的利益。阿德曼托斯不清楚,忒拉叙马霍斯"代表或者扮演(plays)城邦",他看待哲人苏格拉底的观点是城邦的观点——苏格拉底被看作百无一用的人,只会耍嘴皮子;而此时此刻,[153]忒拉叙马霍斯正在接受关于何为哲人的真正角色的教育。施特劳斯说,表面看来属于阿德曼托斯(和格劳孔)的教育,实际是给予忒拉叙马霍斯的教育。

阿德曼托斯制造了戏剧性的一刻,他请忒拉叙马霍斯反驳苏格拉底的建议,并像卷一中的重头戏——愤怒的忒拉叙马霍斯大战仇敌苏格拉底——那样重开战火。阿德曼托斯不能理解这出施特劳斯已经为我们打开并让我们欣赏的戏目。但是,阿德曼托斯的错误理解并不出乎苏格拉底意料,也是苏格拉底乐意看到的。苏格拉底看重的是沉默的忒拉叙马霍斯的理解:"苏格拉底看得比阿德曼托斯深远。他认为,提出了这项建议,就可以成为那个代表或者扮演城邦的忒拉叙马霍斯的朋友。"作为扮演城邦的人,忒拉叙马霍斯必定欢迎苏格拉底极具吸引力的建议:作为交易的一方,苏格拉底允许城邦禁止人们公开搞哲学。他提出这样的禁止就是在禁止他本人:他会停止"败坏"青年。作为交易的另一方,忒拉叙马霍斯给自己的劝说术加上一个新目标:他会劝导民众相信哲学不是坏东西;

他会去做苏格拉底设想阿德曼托斯去做的事情;他会成功做到,因为民众的性情"慷慨而又温和"(《王制》500a)。"苏格拉底的朋友忒拉叙马霍斯"(*CM*,页129)会为他的统治者、为哲人统治者服务,因为他已经不再做公开败坏年轻人的事情,而退居到可辩护的私人哲学生活中。

苏格拉底邀请忒拉叙马霍斯与他建立朋友关系,是当着在场几个充溢着情感的年轻人的面。这些年轻人无法像审慎的演员那样伪装情感。他们时而愤怒时而平静,时而沮丧时而受启发,他们只看到了愤怒。而在苏格拉底这个反讽大师看来,那只是扮演的愤怒。两位操控情感的年长大师彼此之间能够沟通,而在场的年轻人的意见决定了城邦的意见;他们对感情的屈从,则决定了城邦的可操控性。这些年轻人太过透明;他们缺少自制和审慎。两个年长的人呢?他们戴着冥王的隐身头盔和居吉斯的隐身指环。在格劳孔讲述的故事版本中,有两枚这样的指环,一枚由非正义的人佩戴,另一枚由正义的人佩戴。就格劳孔所了解的,隐身指环会引导两人做同样的事情,但是"格劳孔不可能知道,真正正义的人是什么样的"(页137)。苏格拉底清楚地了解年轻人不知道的东西:非正义的人佩戴的隐身指环让他杀国王、娶王后,然后同她统治王国;正义的人佩戴的隐身指环则让他归隐到他一直期盼的私人生活、一种对所有事物提出质疑但再无风险的探究生活,因为他有修辞大师为其宣称的清白作掩护。

这就是柏拉图式政治哲学的核心,这就是取代不妥协的苏格拉底方式的柏拉图方式。柏拉图得以归隐到私人的哲学生活,得以使哲学避开年轻人那种充满感情的肯定与否定,他们缺乏尼采所说的辨微技艺(art of nuances),那是生活最好的收获(*BGE*,31)。柏拉图告诉我们,哲人何以与城邦达成一项不再败坏青年的协议。面对那个扮演城邦,那个心知肚明地扮演城邦,扮演着它能够将青年败坏至愤世嫉俗且追求私利的人,柏拉图的苏格拉底给了他一个难以拒绝的提议。柏拉图的苏格拉底建立起与忒拉叙马霍斯的朋友关系,方法是给忒拉叙马霍斯所能够合理期望得到的最高职位。哲学会为自身利益而抑制自己,它也找到了以利益来抑制忒拉叙马霍斯的办法:智者的统治是秘密的精神王权,这样的统治以劝说术和从事这种劝说术的名人为中介。毫不奇怪,忒拉叙马霍斯保持沉默。作为一个演说者,该说的话别人已经替他说了。他必定在惊讶地倾听着苏格拉底交代那件有根本意义的事情,而那些利益攸关者能够听到却无法理解。忒拉叙马霍斯不作声地拒绝了阿德曼托斯的请求,却没有反驳苏格拉底,反而自然地接受了苏格拉底建立朋友关系的建议。在为了这些年轻男孩、为了他们所代表的城邦确立这笔交易的过程中,忒拉叙马霍斯和苏格拉底比年轻人看得深远。施特劳斯也让我们比那些年轻人看得深远,他让我们看到柏拉图式政治哲学如何使"忒拉叙马霍斯"为自己所用。

在提出两人刚刚建立朋友关系这个重要问题之后,施特劳斯开始探讨苏格拉底驯服民众的工作(*CM*,页124)。施特劳斯断言,苏格拉底的工作没有可能成功,因为他没有忒拉叙马霍斯的技艺。但哲学事业没有消亡,"因为民众将不得不由忒拉叙马霍斯来劝说,而且,那位倾听过苏格拉底之言的人终将成功"(页124)。这是一个满怀信心的断言,表明苏格拉底的新朋友会取得成功。不过,这个断言似乎受到下面四个段落的限定(页124-127),这是苏格拉底为实现哲人统治补充的条件。这几个段落对凭借一套新的、代表哲学利益的修辞可能取得的成功施加了必要的限定——即便这样一套修辞也不能让哲人成为城邦的统治者。施特劳斯因此得出结论:实现正义的城邦没有可能(页127)。施特劳斯明显收回了先前对取得[155]成功所作的断言:"与之前我们满怀信心表达的观点不同,民众不是那么容易说服。"(页125)"一套修辞竟有我们认为的那么大的力量,这有悖自然。"(页127)为什么我们要不辞麻烦赋予它那么大的力量呢?答案好像就在同一个句子里:"《王制》重复了智术师在如何看待言辞的力量这个问题上所犯的错误,尽管其目的是要克服这个错误。"(页127)虽然修辞没有忒拉叙马霍斯之类的智术师所赋予它的那么大的力量,但这不等于说它在服务于哲学时没有一点力量。忒拉叙马霍斯这位修辞家仍然相信自己的技艺,仍然自视为城邦公民,自视为苏格拉底的朋友。他劝说民众相信哲学无害,这仍是必要的,尽管不能达到实现正义城邦这样的目标。忒拉叙马霍斯的工作让人们接受了哲学有益的信念,减少了人们对哲学的猜忌。正是由于要反复灌输这个信念,苏格拉底才要在《王制》卷十回到诗歌的主题,而施特劳斯则会回到忒拉叙马霍斯的主题。①

三、"忒拉叙马霍斯",哲学与诗歌的争执

忒拉叙马霍斯在施特劳斯对《王制》卷十的论述中再次突兀地

---

① 关于哲学里新的柏拉图式修辞取得成功这一问题,施特劳斯在其他地方也未曾怀疑在一定意义上"忒拉叙马霍斯"取得了成功。"柏拉图在城邦审判面前为哲学所作的辩护取得了名闻遐迩的成功。"(《论僭政》,页206;另见 PAW,页21)施特劳斯在《论僭政》里提到普鲁塔克的《尼基阿斯传》第23章表达了普鲁塔克的如下观点:幸亏有了柏拉图的工作,自然哲学的声誉得以避开早先各种猜忌的损害,自然哲人得以免除他人的指控进而可以公开追求学问。对于柏拉图何以能够为自然哲学和启蒙思想做出这样两件至关重要的事情,普鲁塔克举出两个原因:第一是柏拉图自己所过的生活(或许不同于苏格拉底的生活?或许他按照他的归隐到私人生活、不向年轻人教授哲学的诺言去做了?);第二是他认为物质世界最终服从于神的原则。

但是,施特劳斯所做的还不仅仅是把成功归功于柏拉图。他问"忒拉叙马霍斯"是否"太过成功"。"太过成功"意思是说,哲学赢得大众,可能会危及它的本质,也就是它不受任何形式的约束(自己强加的除外)而可以探究万事万物的自由。从历史的角度看来,"太过成功"意味着什么呢?施特劳斯在《论僭政》中就种种成功的、为人民的柏拉图主义所开列的一份清单,或许可以告诉我们一点东西:清单上很明显没有基督教柏拉图主义,这种吸纳哲学并使之成为一项公共事业的柏拉图主义(《论僭政》,页206)。在《迫害与写作艺术》导言的结尾处,施特劳斯明确地指出了成功所带来的这个特殊危险:"在基督教世界里,哲学得到官方的承认就使得哲学要屈从于教会的监督。"(页21)有关柏拉图从宗教角度为哲学所作的辩护显现出来的"鲜明时效性特点",以及这种辩护取得的"辉煌成功",参见 Ahrensdorf,"The Question of Historical Context",尤其页127-135。

回归,这一卷本身并没有提到他,而是提到苏格拉底突然[156]回归诗歌主题。施特劳斯说,"我们应当尽力理解苏格拉底的这种看似没有缘由的回归。"(CM,页133)施特劳斯的理解进路是观察忒拉叙马霍斯发挥的作用。"忒拉叙马霍斯在《王制》中的命运"成为"理解关于诗歌之真理的关键。"(CM,页134)在这里,成为朋友再次成为主要问题:"诗人……鼓励非正义。忒拉叙马霍斯同样如此。既然就算如此苏格拉底还是能够成为忒拉叙马霍斯的朋友,那他没有理由不能成为诗人尤其荷马的朋友。"(CM,页133-134)与诗人交朋友也会按苏格拉底订立的条件进行:诗人也必须如同现在的忒拉叙马霍斯那样对待苏格拉底——他们必须成为苏格拉底式道德的仆人。用施特劳斯的论断来说,诗人必须"服务于"(ministerial)哲人王。施特劳斯解释说,哲人王是卓越的"使用者"。《王制》卷十设立了两个等级,目的在于表明诗歌在哲人对事物的看法中占据什么样的位置;在其中第二个等级里,哲人王取代了神。

施特劳斯将尼采引入他对诗歌的议论,这样做的原因是,尼采最清楚地表达出了苏格拉底关于立法者与诗人关系的想法。在施特劳斯阐释哲学与诗歌时,尼采自始至终起着关键作用,因为"从哲人的观点来看,真正的'哲学与诗歌之间的争执'(《王制》,607b5-6)涉及的不是诗歌本身的价值,而是哲学与诗歌之间的等级秩序"(页136)。"等级秩序"这一尼采式词汇,表明柏拉图同样认为哲学统治宗教是一个根本问题。施特劳斯所说的"审慎立法者"会了解到,诗歌在"自治"形式中,也就是在它不受制约地从事其双重追求,即带给人们快乐的模仿活动或是对激情的煽动活动之时,会损害由立法者建立的城邦秩序。审慎的立法者,也就是哲人立法者,会抑制诗歌的自治,并把诗歌置于立法的控制之下:他会让诗歌为哲学"服务"。"在苏格拉底看来,诗歌之成为正当的唯一条件不是自治,而是服务于卓越的'使用者'(《王制》597e),也就是哲人王。"[1]

---

[1] 《法拉比的柏拉图和亚里士多德哲学》,页44-47。

"用忒拉叙马霍斯在《王制》中的命运作为理解关于诗歌之真理的关键",使施特劳斯可以为他的一个基本主题,即雅典与耶路撒冷、哲学与宗教提供必要的参照。施特劳斯几乎已经直接说出了最为根本的一点;他几乎就要将哲人立法者柏拉图公开。在告诉读者苏格拉底如何与诗人交上朋友,把他们作为臣仆或者仆人之后,施特劳斯说道:"最优秀的为哲学服务的诗歌是柏拉图对话。"(页137)然后,[157]施特劳斯像柏拉图结束《王制》一样结束了自己的论述,他展示了三件东西:灵魂不朽的证明,关心奖励正义和惩罚非正义的诸神形象,以及一个奖励正义并惩罚非正义的神话。这就是说,施特劳斯结束论述时展示的,是新的服务于哲学的诗歌、服务于柏拉图哲学的柏拉图诗歌。这类获准进入正义城邦的诗歌能够为自己辩护(《王制》607c–608a),因为它们已经服从了由审慎的立法者订立的标准:它们赞美诸神并且讴歌好人(《王制》607a)。服务于哲学的柏拉图诗歌,已经摆脱了由诗人自己横加于哲人的最大指控——把哲人辱骂为背叛了他们的主人即诸神的"狂吠的疯狗"(《王制》607b;*AAPL*,页183)。柏拉图式政治哲学驯化了哲学疯狗,带来了哲学与诗歌的和解,同时又指控不受监控的诗歌、自治的诗歌、不为审慎的立法者服务的诗歌会破坏城邦的秩序。

在他的教化性结论中,施特劳斯强调需要进行教化。他特意告诉读者,那些重在教化的诗歌对格劳孔来说再恰当不过——当然针对的是格劳孔,它们对忒拉叙马霍斯而言却没有多大用处。忒拉叙马霍斯这狡猾的(artful)家伙,他能看穿"真正正义的人"苏格拉底"施展魔法"(conjured)搞出的名堂(页137)。在《王制》中,柏拉图式的修辞已经在哲学和智术之间建立起恰当的等级秩序。而施特劳斯用这样的等级秩序、用忒拉叙马霍斯的命运作为理解苏格拉底回归诗歌主题的关键,就可以清楚地告诉读者,柏拉图式诗歌已经在哲学和诗歌之间建立起恰当的等级秩序。柏拉图式诗歌召唤(conjured)出一个道德的世界秩序图景,召唤出不朽的灵魂和正义的诸神,并给出崭新的论据和寓言与之匹配。柏拉图式诗歌让易受感染的年轻人着迷,让他们形成一种新的忠诚,忠诚于他们在礼仪训练中形成的种种德性。这些德性现在正在遭受诸神死亡所带来的威胁,正在遭受忒拉叙马霍斯之类自治而不受制约的鲁莽演说者的威胁。①

施特劳斯告诉读者,柏拉图如何回应诸神之死以及公众启蒙的巨大危险:驱逐荷马和索福克勒斯,驱逐悲剧和悲剧之父;驱逐他们创造的诸神,并且驳倒他们就"世间大事编织的弥天大谎",即秩序因混乱和犯罪而立,也因混乱和犯罪而亡(《王制》377e);驱逐那些[158]诋毁冥界、看重人间凡人生活胜过冥界诸神生活的英雄。请来新的诗人,赞美重塑的诸神、只为善负责的诸神、从不改变外形且从不撒谎的诸神;请来新的诗人,讴歌重塑的英雄、讴歌正义的人——他们的正义得到加强,因为他们信仰新的、道德的诸神,还信仰给予现世行为以回报或惩罚的来世生活;他们不再把阿喀琉斯(Achilles)看作同伴,因为他们不能容忍阿喀琉斯那样诅咒冥界,看重人间凡人生活胜过冥界诸神生活。

甚至在正义城邦的诗人讲述的冥界故事里,遭到驱逐的阿喀琉斯也没有了一席之地:厄尔([译按]《王制》卷十讲到,阿曼纽斯之子厄尔[Er]战死后第十二天复活并讲述了在冥界的所见所闻)说,埃阿斯抽到20号,阿伽门农抽到下一号。厄尔提到"20"号以及埃阿斯和阿伽门农作选择的顺序,正是想告诉读者,他执意不提冥界里的阿喀琉斯,而且以后也不会提到他。而在荷马史诗的冥界里,阿喀琉斯第19个出现,位于阿伽门农之后、埃阿斯之前,埃阿斯也是第20个出现。② 厄尔神话中驱逐了阿喀琉斯,却请来了奥德修

---

① 要证实施特劳斯论述中那位主张干预和革命的柏拉图与法拉比笔下的柏拉图有多大的吻合,可比较法拉比所著《柏拉图的哲学》(*The Philosophy of Plato*),尤其最后几页:"我们应该制定一个计划,让他们(民众)脱离原有的生活方式和意见,转向真理和有德性的生活方式,或者更加接近它们。"(页67)

② 关于埃阿斯在厄尔神话中何以排第20号,见普鲁塔克,《桌上闲谈》(*Table Talk*),卷九,题5。

斯,让他作最后也是最智慧的选择。哪怕头一个作选择,奥德修斯也会这样选择。"最智慧的男人"(《王制》390a)被请了回来,因为他也在柏拉图式诗歌里得到重塑:柏拉图的奥德修斯已经从对荣誉的爱欲中恢复过来(《王制》620c)。克服了这种较高的爱欲,这个最智慧的男人就会追求最高的爱欲,他寻求并找到了一种能够让自己追求智慧的私人生活。

奥德修斯出现在柏拉图的很多对话中,是荷马笔下最接近苏格拉底的人物,也是苏格拉底的前哲学先驱,因此在《希琵阿斯前篇》(*Hippias Minor*)里面得到了柏拉图的明确赞同:在荷马史诗中,这个千变万化和诡计多端的奥德修斯是最好的一个人,因为"他心中藏起一件事,嘴里说出去的是另外一件事"。希琵阿斯与苏格拉底之间产生的冲突,是柏拉图给予智术师启蒙思想的一个典型回应。率直的希琵阿斯是智术师启蒙思想的代表人物,他指责奥德修斯,因为在公众启蒙这个问题上,奥德修斯犹豫不决。奥德修斯犹豫不决,是因为他不像率直的阿喀琉斯那样,相信诸神或者一种道德秩序可以保证善和真理取得胜利。在《希琵阿斯前篇》中,苏格拉底高度赞扬了奥德修斯,其理由正是智术师抨击奥德修斯的理由:奥德修斯不相信诸神或者说一种道德秩序可以加强善和真理,因此,他维护善和真理的方法是让事物掌控在自己手里,而且只要是对维护善和真理必要的话,他都会说,甚至不惜对雅典娜撒谎。柏拉图的奥德修斯继承了完全死去并被强行遗忘的阿喀琉斯的武器([译按]在古希腊神话里,继承阿喀琉斯武器的是奥德修斯,阿喀琉斯的长矛有神奇之处,上面的铁锈能够治愈为其所致的伤口),这样在他天生的狡诈上就又多加了一样本事;另外,奥德修斯还迈出了[159]根本性的一步:放弃对荣誉的热爱。《王制》让读者知道,这个最智慧的男人何以在多种可选的生活中选择了过私人生活:这样就能够追求并达到最高目标。改造后的奥德修斯过的是私人生活,但他并非不负责任,并没有躲避在别人看来最为重大的事件即战争。奥德修斯不是伊壁鸠鲁派。改造后的奥德修斯过的是负责任的私人生活,他本人不在权位,但仍通过那些有用的臣仆实施统治,他们的制作品投下的阴影会主宰人的心灵。

"论柏拉图的《王制》"让读者看到了柏拉图式政治哲学的核心。在这里,施特劳斯告诉读者,柏拉图如何让人的所有高级活动(functions)服务于最为高级的事物、服务于哲学。柏拉图式政治哲学找到了方法,成功地维护了古希腊启蒙思想,维护了世上初次出现的理性认识整全的激情。①

## 柏拉图式政治哲学

施特劳斯的回归旅程止于柏拉图式启蒙思想,其各项原则表现

---

① 很遗憾,Allan Bloom 写的阐释《王制》的文章与他的译文捆绑在一起。由于他与施特劳斯关系很近,人们很容易认为,Bloom 笔下的柏拉图就是施特劳斯笔下的柏拉图。但是,尽管有种种长处,Bloom 的文章没有半点施特劳斯那种大胆和激进的解释精神。施特劳斯发展了法拉比对柏拉图利用忒拉叙马霍斯的见识,以及对这位哲人如何通过朋友忒拉叙马霍斯和诗歌实施统治所给予的评述,Bloom 却几乎没有这样的发展。Bloom 评论里的柏拉图怀有的抱负,看来不过是冲淡要进行政治革命的愚蠢企望,促进 Bloom 似乎自认为最有利于哲学的生活方式,也就是悄然延续那些由柏拉图读者组成的小团体,在其中阅读大师们训练其弟子成为他们自己一样的人。Bloom 笔下的柏拉图无意承担教育整个时代的事。施特劳斯的追随者如 Bloom 非常愿意把现代看作由哲人承担的巨大工程达成的结果,但他们却完全不愿意把柏拉图本人看作施展哲学抱负的典范。关于柏拉图的政治抱负的一个很有启发的阐释,见 Rosen,《存在问题》(*The Question of Being*),页 137-175、187-191。他的论述被归结为这样一句话:"尼采保持了柏拉图对哲人天性以及相应的哲学教化概念的总体理解:哲人的政治使命就是尝试生产出一类新人(a new human type)。"(页 141)

如果施特劳斯公开评价过 Bloom、Jaffa、White、Dannhauser、Cropsey 及其他人的著述,那么,我们或许理解起来要容易一点,但施特劳斯似乎无意把事情弄得易懂一些。

在《王制》中。《王制》展示了一种永恒真实的为哲学的政治。这种永恒性不在于各种理念或者诸神,也不在于不朽的灵魂或者贤人们尊奉的道德秩序,因为这一切都只是由特定环境产生的应时事物。柏拉图式政治哲学的永恒性,一方面在于它认识到人类和自然事物的等级秩序,[160]另一方面在于它成功地实践了王者技艺,而且让人类取得的高度自治的成就为哲学服务。哲学与政治、见识与行动的联姻,就是柏拉图式政治哲学。

柏拉图给了我们一个思想启蒙的永久范式,因为他设计出一套成功的方法,维护了第一次出现的理性启蒙。柏拉图之前的古希腊启蒙思想已经为其发现者和实践者所损害,因为他们热切关心自己取得的成就,而对自己的工作不得不作为背景和依靠的人类世界满不在乎。这种对周围社会视若不见的荒唐情况,这种用自然科学和智术来炫耀启蒙思想的轻率做法,若是被搬上舞台,就表现为维护科学与忽略人类本身、智术式演说与不负公民责任(《云》中的智慧诗人称其为"苏格拉底")种种现象的可笑混合,结果就如同施特劳斯不时提醒的那样:阿里斯托芬告诉观众,那些毫不关心城邦而又不敬神的"狂吠的疯狗"可能会去向何处。而在柏拉图的舞台上,变得更为年轻而美丽的苏格拉底已经汲取了阿里斯托芬对智者的教训(《云》,行518-527):他学会了"畏惧诸神"(《云》,行1461)。也就是说,苏格拉底已经认识到,引入新的、陌生的诸神可以,但不能不问旧有诸神是否同意。那些云,那些哲学的神,其形态的瞬息变换是如此多样,以至于可以用各种方式解读;其恩惠是如此不加区别,以至于无论对正义者还是不义者都会普降;其高度是如此之高,以至于比任何城邦神都高——作为可见的神,云一开始只被苏格拉底视为神圣。这些神可以进入城邦,但此前它们须得体地承认,城邦有宙斯神和赫耳墨斯神。施特劳斯的论述告诉读者,那些云一开始就知道这一点:它们静静地在一旁观察着自己那个孤独的信徒苏格拉底向斯特瑞普西阿德斯(Strepsiades,[译按]《云》中一个流离失所的穷汉,前来询问苏格拉底如何骗倒那些债主)证明没有宙斯这个神，一直等到两人退场，然后云登场唱出了颂歌——"崇高的护卫者啊！伟大的宙斯神啊！诸神之神啊！"（行563-564）云，注定要对所有城邦发挥影响力的虽模糊却又普遍的神们，表达了对地方诸神的敬意，从而明智地为自己在雅典登上神坛做好了准备。施特劳斯告诉读者，如果说《云》对苏格拉底不利，它对那些云却有利（*SA*，页46-48）。

柏拉图的苏格拉底从《云》中还得到了第二个，也是更具一般性意义的教训，这个教训来自施特劳斯所说的"斯特瑞普西阿得斯原则"，也就是"知者对无知者没有义务"（*SA*，页36-37）。从似乎是这个原则化身的苏格拉底身上，斯特瑞普西阿得斯很自然地学到了这个原则。让苏格拉底培养得"明智"的斯特瑞普西阿得斯，十分满足于从这个让他不必负担义务的[161]原则中获取个人利益，直到有一天他迫不得已要看一看这项原则会把苏格拉底教育的优秀产品——他自己的儿子斐狄庇得斯（Pheidippides）带向何处。直到深藏的那颗忠于城邦之心受到极端触动，斯特瑞普西阿得斯最终才变得具有公民意识，并且摧毁了那一切的起因。

在施特劳斯的论述中，哲人柏拉图汲取了阿里斯托芬对智者的这两个有根本意义的教训，甚至超越了阿里斯托芬。可以见到，柏拉图面对阿里斯托芬，如同《会饮》里的"苏格拉底"面对"阿里斯托芬"。《会饮》中第俄提玛告诉苏格拉底，她向苏格拉底揭示的诸神已经得到恰当的城邦教化，还有了奥林匹斯出身。但是，这些神会超过，或许最终还会压住阿里斯托芬的宙斯和阿波罗。个中原因是，它们为人类的爱欲提供了一个更高的位置，甚至高于对被切断并失去的另一半的爱欲。这种爱欲超越配偶、家庭和城邦之爱，同时又推崇和鼓励其他类型的爱。柏拉图让哲学处在自己新的爱欲阶梯的顶端，还请来诸神证实这把梯子牢靠得很。这些神自己不再进行哲学思考，但这只是因为他们无此需要：他们已经有了最高的智慧。现在可能已经没有哪个关心城邦的公民会来烧毁这么一个思想所或学园，因为里面的成员承认城邦诸神，鼓励城邦的各种爱欲,并试图通过努力获取诸神已经拥有的东西来模仿诸神自己的最高活动。

但是,柏拉图的诸神不只是像阿里斯托芬的诸神一样关心城邦,他们手里还拿着有力得多的工具在执行个人和城邦的正义。尽管苏格拉底太过客气,没有对前来聚会庆祝阿伽通(Agathon)胜利的阿里斯托芬和其他几个智术派头的(sophisticated)人提到这件事,但是,只要有合适的场合,苏格拉底会一点不脸红地说,我们拥有由诸神支配的不朽灵魂。在此,知者对无知者的义务被具有公民意识的哲人柏拉图复仇般地履行了。难怪蒙田会对柏拉图的做法表示惊讶,他引用古人的一个观点说,柏拉图是个"奇迹制造大家",因为柏拉图和他的老师苏格拉底是"神奇而又大胆的工匠,在人力不可为的地方都引入了神圣的干预"。① 施特劳斯让读者看到,柏拉图有可能不信仰这样的神和这样的灵魂,但他已经知道,这样的信仰有各种用途。他已经学会如何把永恒的启蒙思想与那些被认为是启蒙思想的东西捆在一起。

施特劳斯对柏拉图《法义》的评注,让我们见到了代表启蒙思想的柏拉图式法律的制定过程。雅典[162]异乡人在城邦里给予关心城邦的哲学一个位置,因为他的"热爱人类"(*WPP*,页31)就表现在,为人类最高的利益开辟一方天地,让得体的社会秩序容得下它。现在,守法的爱邦者正在建立这一得体的社会秩序。这些人现在对他们这位雅典的主人有了充分了解,不会怀疑他对神的虔诚之心。研究灵魂、星体、天上地下万物的哲学很晚才引进来,而且其引进的方式会确保以前发生过的事情不会再发生:"以前……哲学研究星体并不受灵魂优于肉体、理智优于肉体的意识引导,由此导致了无神论。那时,诗人辱骂搞哲学的,把他们比作狂吠的疯狗(他们犯下的可怕错误并没有让他们失去搞哲学的人应得的头衔和荣誉)。"(*AAPL*,页183)

---

① 见蒙田,《随笔》,2.16,"Of Glory",页477。

西塞罗谈到苏格拉底的一句话广为他人引用,这话抓住了柏拉图式政治哲学的核心:"苏格拉底第一个把哲学从天上带到人间。"这不是说苏格拉底改变了其研究对象,而是说,他最先为哲学的神圣活动提供了人类家园,最先承担起为新的诸神提供人类居所。施特劳斯从阿里斯托芬、色诺芬和柏拉图那里把苏格拉底整体还原出来,这可算作对西塞罗这句话最好的脚注。①

柏拉图的苏格拉底是个革命性的神学家。这不仅仅因为"神学"这个词最先出现在他对诸神的理性思考之中,而且因为理性的诸神本身也最先出现在那里。但是,在编造神不说谎的谎言和诸神只对善负责的谎言时,柏拉图似乎承认,"关于世间大事的弥天大谎"其实说出了真理——尽管是致命的真理。说我们人类高贵而神圣的出身实际上埋藏着一项罪行,这是一句危险的大实话,即便我们要说出去,也最好只对尽可能少的人说。而且,就连让他们听到这个不能声张的秘密,也得让他们先为此作出巨大的牺牲(《王制》378a)——想必得牺牲掉其他爱欲,再来追求这种伟大的、对真理的爱欲。

柏拉图凭什么权利可以代表启蒙思想去开展他的巨大冒险、他对诸神的改造?用施特劳斯从尼采那里借来的一句话说:有什么样的权利让他"负有这样的使命,即维持世界的等级秩序——甚至在事物当中,而不仅仅是在人类当中"(*SPPP*,页 187)?唯一可能的答案是:自然权利/正当。柏拉图维护启蒙思想和人类最高的利益,[163]依据的是智慧者统治的自然权利,一种传统权利(或者说"自然"法)总是抵制的自然权利。那些敢于运用这种自然权利的伟大实践者承认,自然权利总是没有法律可以规约。马基雅维利承认,这是个令人敬畏的事实。他说,那些最先引入新秩序的人会招致

---

① 西塞罗,《图斯库路姆论辩集》,5.10;《布鲁图斯》(*Brutus*),31;参见《城邦与人》,页 13-14。

"以法律为后盾的对手群起而攻之"。① 培根通过转化一个亚里士多德式主题,也承认了这一点,他含蓄地提到"就沉思层面而言,理性和自然希望最杰出的人物实行统治,但无论如何不是希望创造出一项权利"。② 尼采斗胆暴露出这种不受法律规约的情况,并大肆张扬伟大立法者身上的这个"罪恶"特点。尼采公开告诉人们,他们以及他本人何以在世人眼里成了教授邪恶的人和虚无主义者——因为他们对真理和善的爱超过对手太多,以至于反倒好像走到了这种爱的反面。正如尼采所说,柏拉图就是这个邪恶原则的化身(*D*,496)。

柏拉图式政治哲学是对哲学的政治问题的永久解决方案,其特点是它能够变化,能够使自己适应所处世界的变化来调整自己的辩护方式。这种解决方案的永恒性在于,它会坚定地维护哲学是最高的生活方式。这种坚定性表现为一种意愿,即愿意放弃曾经声称效忠的诸神,甚至愿意在诸神篡夺最高权威时将其拉下神坛。但是,这种坚定性的最高胆识,则体现在愿意引入新神来保证或命令自己的实践。施特劳斯引述柏拉图的《法义》(948d),宣告了哲学立法者的适时权变(timely change)这个永恒不变的原则:"因为,人关于诸神的意见在变,法律也必须变。"(*AAPL*,页172)这些巨大的转变把柏拉图式解决方案的永恒特质掩盖起来,这些转变总是伴随着诸神的死亡与复活、某些偶像的黄昏以及某些诸神的黎明。在批评施特劳斯抬高中世纪启蒙思想时,一位眼光敏锐的评论者触到了施特劳斯的这般见识,不过他是用抱怨口气说出来的:"按照这个怪异的

---

① 《君主论》,第6章。
② 《宣告一场圣战》,收于培根,《著作集》,7.29。另见笔者所著《尼采与现时代》,页99-101。

(施特劳斯式)定义弄出来的'迈蒙尼德主义',没有一点犹太教内容。"①这句话说得十分准确。这种方法的模范,施特劳斯怪异意上的柏拉图式政治哲学,也已经没有了[164]一点儿柏拉图的内容,若是其内容被当作是诸理念[学说],亦即那些并非永久性问题的东西。

施特劳斯以这样的方式来阅读柏拉图,表明他本人与尼采一样,完全怀疑柏拉图,同时又表明完全的怀疑与完全的虔敬并不矛盾:一旦人们凭借恰当的怀疑——对那精制外表产生的怀疑——弄清了柏拉图教诲之所是,柏拉图的教诲或许就可以被看作真理性的教诲了。那必然伴随着柏拉图教诲又为它服务的诗歌,让几乎所有读者觉得,它就是柏拉图教诲的核心。这个表象掩盖了贯穿我们思想传统的柏拉图式政治哲学的连续性,原因在于,它掩藏了真正的哲人或者说柏拉图式哲人所共有的东西,并将其掩藏在各种争执之中,这些争执显得像是根本的东西,似乎和那种把柏拉图与伊壁鸠鲁这样的对手区分开来的根本分歧一样重要,但这是虚假的。柏拉图式政治哲学的核心从来不曾改变:它维护人的最高利益,抵抗人的其他较高利益的不断威胁。服务于柏拉图哲学的诗歌随着诸神的变化而一直在变化,而总是服务于某种道德的诗人在表面之上进行着他们所谓的根本性斗争。而在那密不透风的表面之下,才是那个根本的核心。

施特劳斯的柏拉图式政治哲学史开启了一条阅读哲学史并理解我们的整个精神传统的新途径。尼采对启蒙运动的根本批评,为施特劳斯的研究开了一个头,帮他走上回归中世纪启蒙思想的旅

---

① 见 Harvey 所撰《回归迈蒙尼德主义》("The Return of Maimonideanism"),页 265。Brague 也持相似的看法,不过,他似乎更赞同下面这个看法,而且恰如其分地作了发挥:"施特劳斯的迈蒙尼德想要维持宗教所起的政治作用,又想要在宗教里面支持多少有些倾向于哲学的东西……这样的做法也适合其他或多或少算宗教传统的东西,例如美国世俗化的宗教。"见《施特劳斯与迈蒙尼德》("Leo Strauss and Maimonides"),页 103。

途,而中世纪启蒙思想的前提已被启蒙运动摧毁殆尽。循着中世纪启蒙思想发展的路线,施特劳斯又回归到古典的启蒙思想——柏拉图式启蒙思想,但其前提已被其后启示宗教崛起的上帝取代了。施特劳斯在柏拉图身上发现了尼采早已发现的东西:柏拉图是这样一个教师,他让所有哲人(还有神学家)都走上同一条轨道(*BGE*,191)。和尼采一样,施特劳斯发现了柏拉图这个古代最美的产物,找到了一个懂得显白和隐微之不同的哲人,这位哲人授权自己运用虔敬的欺骗(*BGE*,30;*TI*,"古代人"5)。和尼采一样,施特劳斯在柏拉图式诗歌中发现了柏拉图与荷马之间、道德观点与悲剧观点之间真正的对抗(*GM*,3.25)。

正是柏拉图才让施特劳斯可以从不同于其他任何人的观点来看待尼采。施特劳斯的柏拉图是哲学抱负和热爱人类抱负的典范。当施特劳斯从自己找到的柏拉图那里返回到尼采身边时,他在尼采身上看到了柏拉图根本的哲学[165]对手——一个再现荷马式生命颂歌的哲学诗人;尼采完全清醒自己站在哪里,正在追寻什么。尼采是柏拉图级别的思想者和行动者,这一级别迄今无与伦比。施特劳斯有关这两位思想者之间冲突的总结,从尼采道德抱负的角度陈述了我们时代的根本事实:高贵的自然取代了神性的自然。

## 第五章　尼采的启蒙

[166]黎明的号角在云间吹响,响彻
天际。宣告那可见者,
不仅是可见的,不仅是
清晰明亮的景象。号角呜咽
这是那不可见者的后继者。

这是精神在权宜之中的
替代物。这个替代物,在视域中在记忆里,
必定取代它的位置,就像那可能的事物
取代那不可能的事物。回荡的号角声
像一万只滚桶在隆隆滚下。

一起分享这一天。号角声意味着
一个心智存在,意识到分隔,意识到
其叫声如尖声小号,其言说方式
如同一个大人物在人群中言说一样:
人的心智在不真实里变得可敬。

史蒂文斯(Wallace Stevens),《夏天的凭证》之八

　　施特劳斯追随尼采走了一大段路程。但是他走得足够远吗?
　　施特劳斯对尼采的颂扬是隐蔽的,几乎不可见的,完全非尼采式的。从尼采的角度来看,施特劳斯的缄默是该指责的,因为正值

大胆和勇气已成为哲学公开使命的特征之时——这两者一直是哲学私下使命的特征——施特劳斯却企图让哲学重新变得羞怯。

[167] 然而,尼采的朋友们必须对施特劳斯所作的贡献表示感激——那是何等的贡献呵!他揭示了尼采真正的伟大,并提供了理解这种伟大的背景,即柏拉图式政治哲学史——不过,对施特劳斯的感激应有所保留。如果说施特劳斯最终是将尼采悄悄地捧上顶峰,那他实际上却是公开且有力地为业已存在的反尼采偏见推波助澜,并听任一家解释学派的发展,虽然这一学派内部在解释方法上有些差异,但是在把尼采当作真正哲学和正派宗教的敌人来反对这一点上,他们几乎是一致的。

尽管对尼采公开的污蔑同样令人遗憾,但对施特劳斯主要的保留意见必须准确地放在他自己最为强调的地方,即今天什么才是恰当的为哲学的政治。在我看来,这一点似乎是尼采与施特劳斯之间的根本差异所在。对于最初危及哲学并强行给哲学戴上禁欲者面具——此后该面具就一直戴着——的境况,尼采会说:所有这一切已经真正改变了。施特劳斯则含蓄地否定会有任何本质性的改变能够使得哲学不必再偷偷摸摸。

甚至在他的关键著作《城邦与人》结尾处,施特劳斯也认为可取的是把那个重大问题作为一个疑问提出,甚至用拉丁语来提出:quid sit deus[神是什么]?他问道——好像他仍然处在西塞罗的世界,甚至不得不比西塞罗还要小心翼翼——神可能会是什么,或一位神可能会是什么?把这一点仍然作为一个疑问来对待,是假装他这本书实际上没有提供答案,尽管书中已展示了思想家们——尤其是柏拉图——对诸神的利用。在施特劳斯诸多著作的结尾处,并没有狄俄尼索斯与那位被钉十字架者(the Crucified)的对立。甚至在结束时他也会留下小小的模糊,装作该书想要澄清的问题仍然完全令人困惑。"把我错认为他人吧",施特劳斯最后如是说。

施特劳斯极其简洁地陈述了他的基本论点,论证了哲学在策略之必要性上的不变特征,他的论点虽然源于尼采,但在结论上却与尼采大相径庭(*WPP*,页221-222;见 *OT*,页127)。社会的要素始终是意见(这是尼采自始至终的观点),而哲学试图消解社会在其中呼吸的这种要素,从而危及社会本身(这是尼采早在写作《论史学对生活的利弊》一文时就提出的预设)。从这两个预设出发,施特劳斯得出结论:为了保存自身和社会,哲学必须显白地效忠于社会的虚假意见,而隐微地追求背叛这些意见,哲学必须一直这样做,并且以古老的方式这样做。而尼采,对于从他永恒的真实预设得出施特劳斯式结论的永恒必然性,[168]则予以否定,其主要理由在于:现代的意见使得下面这点不仅可能而且必要,即,不是通过让社会变得明智的办法,而是通过让社会的意见反映而非抵触真理的办法,力求让社会的意见与哲学的特性相一致。

谁更敏锐地读出了我们时代的需要,施特劳斯还是尼采? 时代要求哲学为其自身采取旧的谨慎还是新的大胆?①

---

① Stanley Rosen 对施特劳斯的批评富有挑战性和启发性,他的批评集中在施特劳斯的为哲学的政治这一问题上。Rosen 认为那类政治在后现代不仅不合适,而且"给哲学带来了恶劣的政治后果"(*Hermeneutics*,页136)。这一判断固然恰当,但我认为,为这种评判所提供的基础似乎太过狭窄,因他只是强调施特劳斯据说对乡村贵族统治政体有不可动摇的偏爱,在我看来,对施特劳斯为哲学的政治的批评的宽阔而恰当的基础,是他对上帝和国家的明显不合时宜的忠诚,这些问题在施特劳斯主义里比乡村贵族统治更为突出(同上,页133-138;"施特劳斯",页158,162-163,165)。此外,施特劳斯是否真的认为哲学与乡绅贵族统治的古典联盟是永恒的真正的为哲学的政治,也是值得怀疑的:法拉比和迈蒙尼德为哲学造就的政治联盟并没有那种特征。Rosen 的其他主要关注点是有关哲学本身的,他发现施特劳斯向一种怀疑主义投降,这种怀疑主义使他"危险地接近尼采"("施特劳斯",页162)——"我怀疑施特劳斯没有认真地采纳纯粹形式的理智认识学说";这种怀疑如果得到确认,对 Rosen 而言将意味着"施特劳斯认为哲学最终是不可能的"。所以,罗森断定,施特劳斯"几乎是一个尼采主义者,但又不完全是:他在其思想的根源上更接近于康德",罗森将康德主义定义为"被理解为希腊的 physis 的自然是我们所不可接近的"的这么一种观点(*Hermeneutics*,页125-126)。

## 尼采的启蒙政治

启蒙运动的消逝对于启蒙的政治意味着什么？尼采坚持认为，它要求与过去的策略激进地决裂，尼采的论证基本上是历史性的、诊断性的。尼采的论证有赖于阅读的技艺，其文本是人类历史，读者的推论则是对我们现在所处位置和我们合理追求的解释。尼采的论证适当地依赖于对当下现实、过去轨迹和将来可能性的解释，理性的探究者对其功过可能会有不同看法。不过，在我看来，尼采的论证完全具有说服力。从长远的历史角度看，尼采作为一个哲学策士，比施特劳斯更高明。

### 一、现在

"近来最重大的事件是——'上帝死了'"（GS, 343），这使得我们的时代如此独特，以至于最为深远的哲学必须冒险采取史无前例的行动。对尼采来说，上帝之死[169]是另一个更加重大但较少被注意到的事件的公开标志，此事件即柏拉图主义之死；这里柏拉图主义被尼采式地理解为最恶劣最危险的教条主义，是纯粹心智和善本身的发明。施特劳斯教导的是对柏拉图式教条主义的怀疑主义；尼采教导的是恢复和超越。对柏拉图主义的攻击似乎毫无必要了，因为柏拉图主义已经躺在地上奄奄一息。但是，甚至柏拉图主义之死这一重大事件，也只是更为重大的事件的标志：以尼采具有的长远视角看来，柏拉图主义之死是一种更加古老也更加普遍的观点之死的征兆，柏拉图敢于为这种观点提供一种哲学上的辩护，这就是关于世界秩序的道德观点。在尼采的历史意象中，这种道德观是古代的扎拉图斯特拉主义，并且他让这位古代先知作为他自己新的、截然相反的教诲的先驱回归，宣称自然的"非道德性"、自然的丰饶以及自然的冷漠，皆是人类感激自然的理由。

施特劳斯与尼采在策略上的冲突可以一言以蔽之：在正遭到公开质疑的时候，为什么还要迫使哲学向这种世界观作出让步呢？施特劳斯对待这一事件足够严肃吗？尼采本人继续推进了这场贯穿古今的精神之战，这部分地要为近来最重大的事件负责：“向物理学欢呼致敬！”尼采说道(*GS*, 335)。物理学——对自然秩序的公开探究和对探究结果的公开展示，在战胜柏拉图主义与之妥协的历史性道德主义的过程中功不可没。施特劳斯是否足够严肃地对待现代科学，把它看作有助于近来最重大事件的出现的一种公共事物？

　　施特劳斯没有公开支持科学的公共进展，而尼采却公开表示支持。尼采赞扬笛卡尔创立了真正的生理心理学(*A*, 14)。他赞扬哥白尼和博斯科维奇(Boscovich)反对"视觉证据"，即，在人们的眼中，地球和物质秩序似乎都是静止不动的，由此人们似乎就相信了这样一种观点，即一切真正有价值的东西都是静止不动的(*BGE*, 12)。尼采赞扬德谟克利特、皮浪和伊壁鸠鲁(437)，认为他们超越了那些继承苏格拉底及其道德说教的"德性哲人"(*WP*, 434)。他花了几年时间编写道德的自然史、宗教的自然史和祭司职能的自然史，即那些在我们传统里非常活跃的反自然或非自然观点的自然史。就连他虚构的扎拉图斯特拉，也是一位具有现代宇宙论和进化生物学知识背景的现代人：太阳是我们的恒星，人类起源于类人猿，任何有关自然和人类的新教诲都必须立足于这些知识成果。

　　[170]至于施特劳斯，他承认现代自然科学摧毁了世界秩序的道德观基础。他承认关于自然的仁慈(即自然通过消灭人类的腐败、让我们重新开始的方式施恩于我们)的古老梦想已经"被前几个世纪的经验搞得不可信了"(*TM*, 页299)。不过，他没有像尼采一样公开支持自然科学，也没有与尼采一起，进一步公开把自然科学当作反对古老道德的判断基础。

　　尼采的种种自然史为谴责道德秩序的古老梦想奠定了基础，因为他的种种历史表明，所谓世界秩序的道德观比虚假更为恶劣:这种道德观有着非常可疑的基础,它源于人类的激情,源于人们仇恨人类生活的实际情况,梦想逃离这些实际情况,并想进行报复。控制人类社会达万年之久的道德观包含一对激情,即怨恨(这都是你的错)和负疚(bad conscience)(这都是我的错);这种道德观始于一个判断,即这个世界存在严重问题,继而得出结论说某人要为此受到谴责。柏拉图式的谎言,即道德的诸神对人类赏善罚恶、人的不朽灵魂接受这些赏罚,一度被认为是有益的,但从尼采的角度来看,这些谎言只不过是卑劣的说教,对世上的实际生活是有害的,而一种诚实公开的科学大概率可以较为真实地展示人类在世上的实际生活。对尼采来说,柏拉图的谎言既虚假又卑劣。这两个断言都有科学基础:理智正直利用对自然现象的理性探究工具,揭示了柏拉图的谎言既虚假又卑劣。

尽管对科学有诸多赞美之辞,但尼采绝不是现代自然科学的奴仆,也绝不欣赏自然科学的独立和傲慢及其凌驾于哲学之上的姿态。他可以说"向物理学欢呼致敬!",即使在他的时代,主流的物理学形式即笛卡尔式实证主义促进了一种物质主义的世界观以及一种尼采认为也许最为愚蠢的纯粹计数方法(GS,373);他可以这样说,尽管自然科学"对自然的整体态度"是傲慢自大(hubris),即自然科学"借助于机器以及技术人员和工程师们总是如此轻率的创造力,对自然进行践踏"(GM,3.9)。物理学作为 physis 或者说自然的科学,可以转变为一种对自然进行精妙解释的语文学(BGE,22);它的目的不是对自然的技术控制,而是理解自然以及人在自然中的地位。然而,甚至在其未经转变的状态里,物理学也可以防止人忠于或固守与古今物理学所开启的世界观相悖的世界观。因此在古代就有流言说,柏拉图[171]"出于嫉妒而故意忽视德谟克利特",在其著作中一次也没提到后者的名字;后来这流言进一步演变为柏拉图要把德谟克利特的著作全部焚毁。① 我们可以不相信这则流

---

① 第欧根尼·拉尔修,《名哲言行录》,9.36,"德谟克利特"。

言的真实性,但它无论如何证实了物理学的有益特征:它对于柏拉图式的谎言是致命的。

如果我们想在施特劳斯身上寻找"向物理学欢呼致敬!"的想法,那将是徒劳的。施特劳斯并没有对关于自然秩序的诚实发出欢呼,他半遮半掩地承认:柏拉图和色诺芬半遮半掩地承认苏格拉底继续在研究宇宙,苏格拉底和他的好朋友们是在虔敬和反讽的帷幕后面偷偷地进行这种研究的。苏格拉底这样小心翼翼地卫护着他私下研究自然的事实,说明了这种研究具有非正统的、非目的论的和非有神论的特性(*APPL*,页 183,页 29-30)。施特劳斯与他的苏格拉底立场一致:私下里,哲学在开放地探究自然方面没有限制,但在公开场合,哲学要兜售一种信念,即它已经发现了它称之为自然正当的东西,这种自然正当制约着社会并成为社会道德的基础。

在施特劳斯的身上还可以发现,有一个更具体的理由使他拒绝说"向物理学欢呼致敬!":物理学对启示宗教造成的威胁,比对希腊宗教造成的威胁更大。"对'创世论'的公开探讨,即物理学,并没有像它可能会伤害启示律法的信徒一样伤害异教徒。"(*WPP*,页164)物理学危及上帝的权威,上帝自称他创造了天地。施特劳斯对《创世记》前几章的哲学阐释,凸显了物理学与圣经虔敬之间的基本冲突。施特劳斯坚持认为"一切哲学最终都是宇宙论",他揭示出圣经一开始就贬低宇宙论或对天宇的研究,并宣布禁止探究人类之善:圣经禁止研究自然哲学和人类哲学,强迫人们对它的命令绝对服从。① 施特劳斯承认物理学对启示宗教特别具有危险性,而这只是更礼貌地转达了尼采的一句妙语:尼采说,《创世记》里的上帝

---

① 施特劳斯,《论〈创世记〉的解释》,页 15-19。[译注]中译参施特劳斯,《〈创世纪〉释义》,林国荣译,收于《经典与解释 2:柏拉图的哲学戏剧》,华夏出版社,2003,页 167-168。

是"对科学怀有地狱般恐惧的"上帝(A,48)。①

在我看来,施特劳斯认为[172]人类终有一死和整个自然秩序受制于永恒的变化,这似乎没什么可怀疑的了——他在这些终极问题上与尼采一致。因为在施特劳斯的著述中,哪里能找到一种支持相反观点的论证呢? 我们只能看到他偶尔会表达与传统信仰相反的观点。施特劳斯知道在这个关键问题上论证的缺席意味着什么,因为他从来都是乐此不疲地指出在其他思想家那里这样的沉默意味着什么。略去这个必要的论证、放弃作这样论证的企图,这在一个像施特劳斯一样的作者那里本身就是一个决定性的论证。况且,他并没有完全沉默,他知道这样一句使他完全置身于哲人行列的陈述的含义:"意识到心智的尊严,我们就会认识到人的尊严因而还有世界的善的真正基础。"(LAM,页8)②

尽管如此,施特劳斯仍然不能追随尼采对科学进步表示激进的、公开的和不妥协的支持,他也不同意尼采有关自然真相的揭示。对尼采来说,作为科学基础的理智良心需要越来越成为一种受公众重视的良心(GS,2;见D,146):在真与善之间、真与教化之间的历史性冲突中,我们只能支持那以真为基础的教化形式。尼采以一种预见到施特劳斯之犹豫的方式表达了他的不妥协,他说:坚持把理智良心的要求强加给每个人,是"我的一种不义"。尼采是不义的,他不给人以其应得,他搞得好像每个人都有理智良心似的。尼采以这样的方式让现代启蒙的轨迹推进下去,而并不相信启蒙运动虚构的

---

① 关于现代自然科学之于施特劳斯理解自然正当危机的重要性,见Masters,《进化生物学和自然正当》("Evolutionary Biology and Natural Right")。除了澄清这个标题所要阐述的主题外,这篇文章还提供了尼采在施特劳斯文本中占据一定位置的另一个例证,即使施特劳斯在文本中没有明确提到尼采的名字。Masters 提出了有说服力的证据,认为《自然正当与历史》一个关键段落中的短语"现代自然科学的胜利"是一个替代说法,他真正想说的是:尼采。

② 又见《政治哲学史》,页77:"哲学是人类最高的活动,作为整全的一部分,人是卓越的,也许还是最卓越的。"

智慧、自由和平等的后代。

在我看来,施特劳斯正是在这一点上难以摆脱窘迫。施特劳斯在内心里也是不妥协的,这毫无疑问。但是,他是否甘愿在表面上妥协、甘愿支持虔敬的欺骗,这肯定不只是一个问题。这个问题与其说有关道德,不如说有关策略。尼采试图促进哲学、科学和学术之间的联盟;他的目的是把科学和学术纳入新哲学的领域,同时又为世界的本来面目献上感激与赞美的新的诗歌。施特劳斯则摒弃了这种联盟而追随着古老的诗歌,他让自己面对一场最重大的策略挑战:施特劳斯对现代德性——诚实或理智正直——的力量判断有误,使他自己不堪承受现代德性的攻击。[173]启蒙运动之后的科学界和学术界已没有为高贵谎言辩护的一席之地了;现代科学界和学术界不仅质疑谎言,而且质疑谎言所服务的高贵。在这个方面,尼采似乎比施特劳斯对现代德性的力量更加敏感。

施特劳斯当前除了向"高贵欺骗的柏拉图式观念"(*NRH*,页26)回归外似乎看不到任何机会。但是柏拉图自己对高贵欺骗的运用是极其激进的:他选择"明智的顺从",但他这样做是为了推进一个革命性的计划,即用苏格拉底的新神来取代垂死的荷马诸神。施特劳斯使柏拉图的策略在一个经历了上帝之死的时代面前变得可见了,但是他自己只是提供了一个旧的上帝。从尼采的观点看,施特劳斯可以被看作是一个犯下不明智的不顺从之罪的策略家:柏拉图的两个重大谎言已经过时,他却还在不明智地坚持着。第一,公众的善总是有赖于公众对正义诸神和不朽灵魂的信念吗?当大众科学已经不相信这样的信念,当这种信念的历史,包括当代史,已经证明了这些信念原则上不人道时,还让哲学本身看起来仍与这样的信念相联系,而哲学的理性反驳甚至已经让这些信念变得骄傲而固执、沉默而坚定,这样还能服务于哲学的利益吗?第二,大众的善总是有赖于大众对其民族和国家的自我认同吗?当大众科学已经不相信这种地方性基础,并提供了一个新的基础,使我们能够跨越时空,在全部繁盛物种的广阔背景下所赏我们人类的统一性,当历史不断证明了这种狭隘地区性爱憎的危险性后,使得哲学本身看起来仍与这样的信念相联系,还能服务于哲学的利益吗?

除了把那些因现代经验而变得既不可信又不可悦的观点,把据称高贵的谎言永远保持下去之外,施特劳斯不能向他的追随者揭示任何一条通向政治责任之路。

从尼采对现代的观点来看,问题与其说是"人类需要柏拉图式谎言吗",还不如说是"既然人类必须在没有柏拉图式谎言的情况下活下去,现在该做些什么"。在回答这个问题时,尼采以一种非常长远的视角,即包括过去实际和将来可能的视角为导向,而施特劳斯并不持有这种视角。

## 二、过去

尼采为了哲学而采取激进策略,其论证是以历史上的先例为基础的。他把西方历史读解为雅典与耶路撒冷之间的基本斗争,这场斗争是[174]通过重估一切价值而争夺统治权的斗争。施特劳斯坚持认为"西方文明保持活力的秘密"是圣经观点和哲学观点之间尚未解决的冲突,①只要哲学保持沉默不说出这场冲突的程度和性质,这场冲突就会一直不能解决。尼采对这场冲突并不保持沉默,因为他认为"圣经观点"是一种僭政,尤其是圣经观点的当代世俗形式更是如此,"现代观念"威胁着哲学的生存。

尼采的历史论证从它必须开始的地方开始:古希腊哲学与希腊启蒙思想有何关联?希腊启蒙思想的顶点是由悲剧诗人、阿里斯托芬、修昔底德和希腊悲剧时代的哲人们达到的。"德谟克利特、希波克拉底和修昔底德所达到的高度是后人不可企及的"(*KGW*, II 36 [11] = *WP*, 443)。如果说希腊哲学和希腊古典文化在悲剧时代一起了达到顶峰,那么,苏格拉底就标志着衰落,标志着从悲剧转向了

---

① 施行劳斯,"进步还是回归?",页289;《古典政治理性主义的重生》,页270。

那甚至败坏了古代最美丽产物的道德主义。柏拉图哲学是一种神经衰弱,它背叛了希腊的启蒙思想:柏拉图通过发明新的道德诸神向大众宗教作出让步,不知不觉为哲学屈服于宗教作好了准备。①

在施特劳斯那里有尼采的希腊哲学史解释的痕迹:高度赞扬修昔底德(*WPP*,页260),坚持认为苏格拉底对启蒙,尤其是对智术持友好态度(*SPPP*,页67-88),谨慎地表达对柏拉图似乎太过成功的疑虑(*OT*,页206)。然而,施特劳斯仍然只提供柏拉图的策略来处理当代的危机。

然而,在哲学如何对希腊启蒙思想所面临的危机作出更为恰当的回应方面,尼采认为伊壁鸠鲁是伟大的榜样。尼采强调下面这个经常被人忘记的事实:伊壁鸠鲁成功了,因为"罗马帝国的每个值得尊敬的心智都是伊壁鸠鲁主义者"(*A*,58)。尼采认为,伊壁鸠鲁的成功本来可以更持久些,假如不是由于有基督教,或使徒保罗将一个教派性的犹太和平运动改造为面向杂众的救赎宗教的话。基督教摧毁了罗马所保存的希腊启蒙思想的成果,而柏拉图主义在哲学与宗教之间的[175]妥协为基督教铺平了道路。因此,尼采在读解古代世界的哲学政治时,将伊壁鸠鲁置于柏拉图之上,即使柏拉图的成功使得重新发现伊壁鸠鲁变得异常困难:柏拉图的后继者以上帝的名义焚毁了伊壁鸠鲁的著作。伊壁鸠鲁对理解哲学的过去很有价值,但是,尼采并没有像施特劳斯对待柏拉图那样,把伊壁鸠鲁当作永恒的榜样:尼采说,"我们也必须克服希腊人"(*GS*,340)——虽然他说的是苏格拉底,但伊壁鸠鲁也包括在其中。尤其是,我们必须克服伊壁鸠鲁那种只愿当一个旁观者的态度,当看到古代的太阳在西沉时,伊壁鸠鲁照样满足于沉浸在个人的幸福之中(*GS*,45;*BGE*,62);我们还必须克服伊壁鸠鲁的浪漫主义,这种浪漫主义使他的教诲成为"异教徒的救赎教义"(*GS*,370)。

---

① 培根对希腊哲学史的读解是尼采强有力的先驱;见拙著《尼采与现时代》,页118-123。

由于我们时代与古代的差异,且这种差异在很大程度上是由基督教的胜利所导致的,我们甚至必须克服最伟大的希腊人和罗马人。如果说罗马的启蒙思想给尼采提供了一个保存启蒙思想成果的样板,那么,最终的教训应从启蒙思想的死亡中吸取,而不应从伊壁鸠鲁的成功中吸取。①

尼采对柏拉图主义最大的责难是:柏拉图的妥协使基督教的胜利成为可能。尼采后来猛烈攻击基督教,可以从他的历史判断得到部分解释,即基督教的胜利以牺牲罗马为人类所保存的希腊启蒙思想成果为代价。在基督教对一切价值进行重估之前的罗马世界,"学术文化的所有前提和所有的科学方法已经在那儿了"($A$,59)。在罗马人保存和推进希腊启蒙思想成果的基础之上,矗立着那项基本的技艺,即解释的技艺,也就是尼采的语文学技艺:"伟大的、无与伦比的阅读技艺已经确立起来了——它是文化传统及科学统一的前提。"这种具有解放性的技艺并不反对自然科学,而是鼓励自然科学并为它们所用:"与数学和力学相结盟的自然科学以最好方式前进——对事实的感觉,一切感觉中最终、最有价值的感觉,早就有各种学派,都有数百年的传统了。"一个伟大的文明里有了上述这一切,"必需的一切都已经被发现,所以工作可以开始了"。说开始是因为这是一项千年工作,是探究自然和[176]人在自然中的位置的学术工作和科学工作,是在一个对启蒙思想友善的稳定的市民秩序(虽然还算不上一个已经启蒙的社会)中推进希腊启蒙思想。基督教的狡猾摧毁了这些基础,在一开始就阻挠了这项工作的进展:"古代世界的全部辛劳白费了——对这样可怕的事,我无言表达我的感受。"($A$,59)

但是基督教的胜利并不完全。文艺复兴开始了,希腊罗马新鲜

---

① 施特劳斯强调中世纪的启蒙思想,并不强调罗马的启蒙思想,但是他在讨论法拉比的成功策略时,几乎没有谈到仅仅几个世纪后"哲学探究在伊斯兰……世界的最终衰落"(*PAW*,页 19)。

活力的注入遭到胜利的基督教罗马的抵抗,后者通过宗教裁判所、十字军和宗教复兴运动不惜一切代价地想扼杀文艺复兴,于是爆发了一系列精神战争。文艺复兴给尼采提供了另一个榜样。关于12世纪的文艺复兴,尼采谈到"普罗旺斯的骑士诗人"时,称他们为"那些高贵而又有创造才能的人,是快乐知识(gai saber)的代表,他们为欧洲贡献了如此多的东西,几乎欧洲本身也要归功于他们"(*BGE*,260)。正如尼采所熟知的,阿尔比派的十字军(Albigensian Crusade)和圣多米尼克(St. Dominic)的宗教裁判所将这些人镇压下去了;他们为了快乐的科学所作的发明也同样遭到追查和摧毁。尼采对15和16世纪文艺复兴的颂扬,集中在其完全反对基督教的古典精神方面:"我们最终理解、想要理解文艺复兴是什么吗?是对基督教价值的重估,是用一切手段、一切本能和一切天赋将相反的价值、高贵的价值推向胜利的尝试。"(*A*,61)关于文艺复兴,尼采也从它的死亡中,而不是从它复兴古典精神的暂时成功中吸取最终的教训。"一个修士的灾祸"——路德的宗教复兴导致了文艺复兴的终结,"在基督教正要被征服的时刻"(*EH*;*CW*,2),路德拯救了基督教,为现代观念铺平了道路。

尼采的为哲学的政治旨在为成功的复兴奠定基础。尼采以他独特的方法寻求回归。但是不像施特劳斯,尼采要回归到柏拉图之前的希腊启蒙,而柏拉图主义本身就是保存这种启蒙思想的一种策略。尼采认为具有永久价值的是希腊启蒙思想的精神;他并不认为保存希腊启蒙精神所依靠的种种策略之一,即柏拉图的策略,具有永久的价值或可行性。相反,历史地看待这种策略,他认为这是一种失败:与启蒙的敌人妥协注定要失败,因为这种策略是把自己武器库里的所有武器都借给敌人。它把对手吹捧为像它一样是理性的,并把貌似理性的论证借给了对手。它说理性无法摧毁与理性相矛盾的断言。[177]它放弃了哲学的一个伟大用途,即剥夺愚蠢的无亏良心(good conscience)(*GS*,328)。它未能炫耀它的一个优势,即笑声站在它这一边(*GS*,1)。

尼采拒绝接受"所有过往复兴都失败了,说明失败是必然的"这种论调。现状的新奇性,即现代成功地反对了柏拉图主义和基督教,提供了历史机遇。此外,基督教的现代继承者——全球社会对自我保存和安逸舒适的追求,提高了赌注,带来一种新的威胁,即末人(the last man)的永久统治或畜群自治。

尼采的目的在于,通过哲学对科学的领导,在基督教造成的长期的中断后,重新开启一种文化复兴。从尼采的观点看,施特劳斯意义上的回归是回归到教条化的柏拉图主义,让宗教一开始就俘虏并统治哲学。在《善恶的彼岸》(格言10)里,尼采赞许地谈到曾驱使一些现代人欲求回归的激情:"那驱使他们远离现代现实的本能没有被驳倒。"但是他承认单纯的回归既不可取,也不可能;那是一种"逃避的愿望",它缺乏对现代观念的强烈反感所需的必要能量:"稍稍多一点强度、疾速、勇气和艺术力,他们就会起来并出去——而不是回归!"如果"没有人能自由地当一只螃蟹",正如尼采对保守派低语的那样(TI,"一个不合时宜者的漫游",43),如果没有回归之路,那么"起来并出去"意味着什么呢?它意味着"人必须向前进",而这首先意味着"一步一步地走向颓废(decadence)"。

### 三、将来

一步一步地走向颓废,就是要全面思考悲观主义到深处,是要书写未来两个世纪的历史,是要将欧洲虚无主义的宿命性视为垂死的柏拉图式文化为美梦破灭所惊动时发生的痉挛。没有什么能阻止或扭转衰落的文化进一步衰落,因为它已经驳斥了自己最高的价值。尼采对正迎面而来的虚无主义的描述,极其新奇、生动、醒目,加之他表面上似乎在向虚无主义屈服,认为这是我们的命运,于是许多人得出荒谬的结论,说尼采是虚无主义的鼓吹者。但是,尼采认为,如果全面思考悲观主义到深处,就会瞥见与否定世界的旧理想相反的一种新理想。要撰写欧洲虚无主义的历史,其先决条件是已经看见了更远处的陆地。

如果尼采提倡的既不是我们将来的虚无主义,也不是我们现在对舒适优裕生活[178]的追求,更不是回归到过去的社会秩序,那么他究竟在提倡什么?他提倡的是施特劳斯所说的尼采式柏拉图主义和柏拉图化,对整全、大地和尘世生活的公开热爱,以及在新的诗歌里对被爱欲者的美化。在施特劳斯看来,尼采的柏拉图主义必然导致尼采的柏拉图化:尼采对未来哲学的鼓吹必然导致他对未来宗教的鼓吹。

由于尼采的著作尚未完成,故我们难以理解,甚至不可能理解尼采的未来哲学和未来宗教。若不是由于下面两件事情之故,《瞧这个人:一个人如何成为其所是》一书也许本可以澄清一些问题:这本书出得太晚了,在1908年才首次出版;该书想要引介的东西从未出现。尼采在《瞧这个人》一书中对自己的整个使命作了必要澄清,因为他通过回顾自己的著作展示了其一生事业的全部历程,而在他瞥见了这一历程应有的完成方式之后,他开始理解了这一历程。尼采说,《扎拉图斯特拉如是说》解决了这项工作的肯定性部分:飞到欧洲未来的扎拉图斯特拉揭示了新的最高理想,该理想属于最肯定世界的人,此人已经看出,具有"可被理解特性"的世界的本质除了是权力意志外别无他物——并且看见了它是善的。解决了其使命的肯定性部分之后,尼采转向现代,转向对现代的批评,写了一系列否定性的著作,目的在于赢得那少数几个与他有密切关系的人同意他的观点。这些著作如今具有一个突出的特点,这是尼采从未料想到也不愿意看到的:今天,这些著作是他最后的著作,并因而似乎也是他最好的著作,似乎在里面我们可以发现他最后的、最深刻的思想。然而,事实上,这些著作都是论战性的、否定性的,它们只是鱼钩,意在钓取对现代观念不满但又不知该何去何从的自由心智。论战意在使他们转向尼采,他对现代的批评不仅比他们的更彻底,而且还知道一条出路:"我们是极北族人(Hyperboreans),我们知道道路,我们已经找到走出千年迷宫的出口了。"($A, 1$)

但是,在这些论战之后为什么要写《瞧这个人》,为什么要以那种惊世骇俗的方式指向尼采先生,将直到那时仍压抑小小的"我"的那种本能的狡猾彻底颠覆(*EH*;*HH*,6)？只有一个理由:《瞧这个人》一书只是一张名帖(calling card),用以引介当时正在撰写的一本书的作者,这本书就是《重估一切价值》(*The Transvaluation of All Values*),一本雄心勃勃的书,它必须预先向读者保证其作者有权利如此狂妄。他的名帖[179]述说了他如何成为自己之所是,他怎样逐渐成长为他自己并且获得了他从未渴望得到的东西,他怎样使自己——他不是有意这样做——为未来的哲学奠定了基础、为未来的宗教作好了准备。

由于那本许诺过的、也许是必不可少的书缺席了,故我们面对的只是作者的凭据和前史,我们必须自行动手,从《扎拉图斯特拉如是说》和散见于论战的种种暗示中,把尼采关于一个超越虚无主义的欧洲未来的最大胆或最肯定的教诲拼凑出来。有两种尤其突出的大胆教诲触及基本问题,即哲学与宗教——以施特劳斯所喜欢的语言表达,一种是关于事实的教诲,另一种是关于理想的教诲。恰恰在这里,尼采的语言不得不最少热烈又多戏谑;恰恰在这里,铁锤是最不合适的书写工具。那些习惯于听锤声的人,恐怕极难听见尼采最重要教诲中的微妙音调。

尼采敏锐地意识到自己的困境:自由心智或最先进的欧洲精神是他惟一可能的听众,但是哲学与宗教又恰恰是这些人最不想听,也最没能力听的两个主题。任何关于整全可被理解特性的"知识"的言谈,都不可避免地听起来像古老的教条主义,特别容易惹恼那些自由心智,他们把怀疑主义奉为最高的心智状态。而任何关于宗教或神性的言谈自然听起来更糟糕了,因为怎么可能有一种不是迷信或枷锁的宗教呢？刚获自由的心智又怎能再次投降？自由心智的耳朵"严格的习惯"(*BGE*,295)将会为尼采不得不说的不合时宜的事物所冒犯,他才刚刚开始迫使他的听众去听:为什么"权力意志"——虽然是一个微弱的隐喻——可以作为从内部看到的世界的"可被理解特性"的最初命名;为什么永恒轮回必须是一种爱欲被看作权力意志的世界的非禁欲哲学的最高理想;为什么阿里阿德涅和狄俄尼索斯是一种恰当的新诗歌的一部分,这种新的诗歌也许会为新的感性提供赞美和颂扬的节庆。

尼采注定要在垂死的柏拉图主义和新兴的虚无主义之间,说出他关于最深刻的哲学与宗教问题的思想,并且说给怀疑主义者听,他们认为哲学是不可能的而宗教是可鄙的。就在尼采考虑要把名帖递给欧洲,随后送给欧洲一本人类有史以来"最独立的"书(*TI*,"一个不合时宜者的漫游",151)的时候,他却因身体不适而[180]哑了嗓子(lost his voice);而他的主要作品,即要由那已成为他所是的命运来完成的主要作品,却没有写出来——这是热爱命运的另一个障碍,但首先是我们理解这个教授热爱命运者的障碍。

施特劳斯揭示了尼采未来哲学的柏拉图式核心,它仍然具有哲学不可抹灭的异教色彩和对世界的爱欲。施特劳斯说明了未来宗教怎样随未来的哲学来临。但是他坚决拒绝为提倡未来的宗教提供任何帮助。然而,那个新的宗教是什么? 它在尼采著作中以碎片形式存在,那是节日的素材,其提供者不是一个被信仰吞噬的先知,而是一个思想家,他知道种种肯定世界信仰的基本原理。那些素材包含如下内容:

——整全的可被理解特性向我们最敏锐的洞察力显示,它是一个无情的、汹涌的能量的流变过程,其中每一种力量在每一刻都发挥其最终的结果——盲目的、无意义的、浪费的丰盈,它消耗了自己所生产的一切,因其所是而是可爱的;

——最高的理想是对大地的一种后柏拉图式的、后现代的忠诚,出于对我们作为其从属部分的自然秩序的爱欲,它可以学会如何给人类对自然和人类天性的征服设置界限;

——惟一可能的肯定世界的神祇是圣经之前的(pre-biblical)和圣经之后的(post-biblical)大地(earthly)诸神,他们有男有女,他们既不是彼世的也不是道德的,而是能进行哲学思考,对人类怀有善意;

——知识的收获和信仰的原则都必须服从理智良心的检验,理智良心厌恶虔敬的欺骗,对科学的可能性则怀有感激之情;

——对于我们自然史的始终是局部性的知识——敏锐的历史感使这一知识成为可能——可以给未来指定一个为了启蒙和复兴奋斗的过去,同时又不把过去的任何特殊因素当做永恒的紧抓不放。

——一种真正的生理心理学可能会意识到人类在所有物种中的统一性,意识到所有物种在地球上具有共同的命运,即出现、繁荣和衰落绝种。

单单从这些素材中就可以得到新的命令、新的善恶标牌,尼采的扎拉图斯特拉将其视为人类的[181]第一千零一个目标来展望(Z, 1.15)。单单从这些素材中就可以得到"我们时代(climate)的诗歌",这是史蒂文斯一首诗的标题,这首诗为尼采式的理想和表达方式提供了一个合适的意象:

> 不完美是我们的天堂。
> 注意,在这苦涩、欢乐里,
> 由于那不完美在我们心中如此灼热,
> 于是以残缺的词语和顽固的声音说谎。

没有哪个人心中的不完美像在尼采心中的那样灼热。如果说他在不完美里的欢乐以残缺的词语和顽固的声音"说谎",那么这些"谎言"也是欢乐散发的光辉,它让现实变容(transfigure),却没有改变现实,也没有希望现实变成另一个样子。在尼采的词语和声音里隐藏着构筑未来宗教和不完美天堂的素材。史蒂文斯完美地抓住了尼采思想中通往那个天堂的运动,本章引为题辞的那几节诗即为明证。这是一种自然的运动、一种成长的运动,巨大历史性替代所需的时机正在成熟,那可见的即将取代那培育已久的不可见;但是,由于那不可见的缺席以及人的心智在服务那不可见的过程中变得可敬了,现在那可见的也被变容了,通过长期服务于不真实,人的心智深沉了、敏锐了,变得更精神、更谐谑、更怀有感激之情。

尼采作为变容现实的诗人,必然与当代学术界那个虚构的尼采大相径庭,他们推测尼采宣扬的是一种现代的个人主义和普遍的心智自由。事实上,尼采教导的是尊重哲学,尊重人类追求真理和美的最高事业。对社会的责任,以及对建立社会的前提条件的责任,落在那终极真理的追求者身上。这种责任感要求对宗教的尊重。尼采知道,这样的尊重必然会很慢才能被人发现,那些对宗教极为反感的人,他们曾历经与自己宗教的斗争,"甚至不再知道宗教有何好处"(*BGE*,58)。宗教的好处和必要之处仅仅在于,它们是日常生活的建构性诗歌,是那张信仰和价值之网,每一个人类社会都自发地实践这些信仰和价值,把它们当作有用的、善的和神圣的事物的明证。从柏拉图到尼采,哲人们毫无恶意地把宗教看作大众的诗歌,看作几乎像无意识的信仰一样渗透进社会的集体信念,除极少数把生活等同于思考的人之外,所有的人或多或少都忠诚地实践了这些信念。

[182]尼采没有反对宗教,宗教是普遍的、必然的现象;他反对的是我们的宗教,无论是神圣的还是世俗的,无论是圣经的宗教还是保存着圣经精神的现代观念。在反对我们的宗教时,尼采自由自在地大声说出:上帝死了,我们为此感到高兴。他自由自在地大声说出:在雅典与耶路撒冷的斗争中,我们完全站在悲剧智慧一边反对奴隶道德,同时怀着感激之情宣称,我们的宗教对我们长期严格的规训深化了我们的内在,磨练了我们的德性,拓展了我们的魅力——我们是适合于诸神的奇观。

尼采谴责我们的宗教时的猛烈程度(以及《重估一切价值》的缺失),已经使得人们几乎不去注意他所写的那些较为平静的段落,在那些段落中他请具有自由心智的人考虑新宗教的可能性。但是尼采完全清楚地表达了对一种未来宗教的需要,即便在尚未特别聚焦于永恒轮回和狄俄尼索斯之前,他就已经描绘了未来宗教的某些轮廓:

个人必须奉献给比他更高的事物——那就是悲剧的意义所在;他必须摆脱死亡和时间在个人心中激起的可怕焦虑:在任何时刻,在人生历程最短暂的瞬间,他都有可能遭遇神圣的事物,后者的重要性远远地超过了他所有的奋斗和痛苦——这就是拥有一种悲剧感的含义。如果全人类都注定要死绝——谁敢怀疑这一点呢?——那么目标已经设定,它是全人类的最高任务,那么人类在一起共同成长,作为一个整体出发,怀着一种悲剧感迎接即将来临的死亡。① 人类所有的高贵化都包含在这个最高的任务里;对这个任务的明确弃绝是人类之友所能想象的最悲哀的景象。这就是我对事物的观点!(*RWB*,4,结尾)

"那么人类在一起共同成长,作为一个整体出发,怀着一种悲剧感迎接即将来临的死亡。"人类生活在对生活的解释之中;人类生活在宗教的中介之中。尼采展望的未来宗教是对人类现世生活的庆祝,人们共同生活在人类存在的基本真理之中,这些基本真理由社会中的少数成就者所瞥见,作为弥补者,他们的高度精神性赋予他们使命,要在世界上维持不仅人类还有万物的等级秩序。

尼采曾从一种静止的柏拉图式视角所看到并[183]因此严厉指责的东西——即科学的最大危险就是抹杀了一切视界,消除了人类赖以生存的保护性大气层——他最后却将之视为一个礼物:我们的科学和探究向我们显示,我们作为解谜者和司仪(celebrants)居住在一个深不可测的整全里。尼采似乎认为,在这个谜一样奇妙的宇宙里,有意识的居住者可以再次经历他在古希腊宗教里发现的最值得惊奇的东西——"它所散发出的巨大感激之情"(*BGE*,49)。人类对于比我们自身伟大无限倍的事物的感激之情,在永恒轮回的新理想中达到了顶峰,它是"多少可以达到的最高肯定公式"(*EH*;*Z*,

---

① 不幸的是,这个关键的句子在 Hollingdale 的译本中被省略了——正如其意义在对尼采的通常解释中被省略了一样。

1)。在《扎拉图斯特拉如是说》第三部分结尾的诗歌里,尼采展示扎拉图斯特拉如何达到并表达了最高的肯定:对生活本身所是的爱欲,变成了欲求让生活永恒地是其所是,即让我们不完美的天堂永远回归其本身所是。

分享着这种感激之情的造神本能知道诸神也进行哲学思考,因为神圣的最高形式就是求知;它所寻找的东西难以捉摸又非常神秘,隐藏在谜语里,但却一边引诱一边给予。不像柏拉图式的诸神,进行哲学思考的诸神并不捍卫业已确立的教条;他们不知道关于事物起源的真理,也不需要用谎言来掩盖他们的无知。这些最高的存在者进行哲学思考,意味着存在本身应被理解为生成的无辜:不存在从某个永恒秩序中堕落的情况。在尼采的语言里,诸神再次采用了狄俄尼索斯和阿里阿德涅的名字,这些希腊名字反对任何无性别的、抽象的人格理想,也不认为诸神是我们的父,或我们的一切都是欠他们的。相反,狄俄尼索斯和阿里阿德涅对生命最原始的肯定性本能给予了宗教性的表达,这种本能将生殖和性功能视为神圣,将通过有性世代(sexual generation)繁殖的生命本身视为神圣。"我欠古人的",尼采在其著作的结尾处说,最终是对生命肯定性感受的艺术的和宗教的表达,而我们的宗教却企图扼杀这种感受。永恒轮回、狄俄尼索斯和阿里阿德涅同属于一种宗教的神秘元素,这种宗教植根于哲学对这个世界的肯定。它们是神秘和欲望的合理表达。它们反对柏拉图式的诸神,正如耶和华及其后代曾反对柏拉图式的诸神一样,只是它们采取了与那位嫉妒的上帝不同的方法。

尼采以非常长远的视角——以千年为时段的视角——向前看,展望到那些值得我们为之奋斗的事物;而他的斗争感觉则是基于非常长远的视角向后看[184],回顾我们的文化业已达到的成就和所克服的困难;他以一种敏锐的感觉斟酌语词,他意识到现在我们既是雅典的继承人,也是耶路撒冷的继承人。

以尼采的观点来看,对施特劳斯最严厉的批评一定是:他理解了我们历史中的尼采时刻,却没有张扬它,也没有成为其理性倡导者。尼采主张波斯人的德性,"实话实说和有的放矢"(*EH*,"为什么我是命运",3),即迄今为止为推动人类前进出力最多的"最强大和最邪恶的精神"的德性,如果现在要成为超越仅仅现代的时刻的话,这些是最必要的德性。施特劳斯的德性与"那些培植陈旧思想的人、精神上的农民"共命运(*GS*,4),如伊斯霍马霍斯之流的瞎眼主人们,他们祈求恩典,同时又放肆地对自然说教。通过他的写作,施特劳斯支持一种前现代的柏拉图式政治,它促进昏愦、激发非理性,不以理智上的不洁为耻。施特劳斯最终是一个伊壁鸠鲁主义者和柏拉图主义者的奇怪结合体,居住在小心翼翼用围墙围住的花园里,培育着一个旁观者对整全的自然主义的理解,同时又鼓励花园围墙外面的公开的柏拉图主义,认为它是同时保护公众和花园惟一可能的办法。也许施特劳斯比尼采更看不到有理由怀抱希望,所以他按他认为最好的方式,预备面对那个即将来临的夜晚,即在现代世界里哲学探究的最终失败。

在我看来,施特劳斯在决定性的历史时刻缺乏哲学应有的大胆,这似乎有损于他的伟大遗产。但考虑到施特劳斯为了哲学事业所甘愿承担的一切,没有人能合理地指责他怯懦。不过,他走得离尼采如此之近,他穿透到柏拉图的激进核心,他看到了有着惊人野心的真正哲学的历史,他如此清楚地理解了哲学在反对启示宗教的愚昧时那种内在的不妥协——然后,他却以只有少数读者才能明白的方式,轻轻说出这些心智无畏航行的结果,这些读者需要既没有被当代智识界的时尚所迷,也没有因过分忠于施特劳斯本人文本的虔敬而陷于盲目——在我看来,他那样做是缺乏历史感所致。

## 施特劳斯的启蒙政治

施特劳斯对柏拉图式政治哲学的研究为他规定了什么是为了哲学而不得不忍受的东西。施特劳斯明白地得出结论说,在当下为哲学进行辩护和推进哲学,要求哲学忍受[185]与现代性本身的某种形式结盟,施特劳斯发现他自己碰巧就置身这种形式之中,这种形式鼓励对上帝和国家的本土虔敬。施特劳斯总是如此微妙和狡猾,情愿忍受被人认为天真。施特劳斯比尼采本人在更大程度上情愿采取那种顽皮又欢乐的恶行,即礼貌,以及情愿忍受别人认为他比实际上所是的更愚蠢(*BGE*, 284, 288)。因此施特劳斯精通他所谓的"最高意义上的反讽……对自己智慧的掩饰,即对自己明智的思想的掩饰"(*CM*,页51)。他的善于忍耐为他保留了怀疑性探究的根本自由,一种从一开始就从尼采那里汲取了部分灵感的自由。

在阿里斯托芬、柏拉图和迈蒙尼德的教育之下,施特劳斯反思了政治哲学问题的尼采式解决方案。他的观点要求他拒绝加入引进新的神圣事物的联盟,那些事物一度只是被尼采视为神圣。权力意志是基本事实,永恒轮回于是成了新的最高理想,弥补者站在人类精神史的关键点上,以前所未有的方式面对着自然问题——所有这一切施特劳斯都很清楚,但并不赞同。施特劳斯对这种可能的未来哲学的贡献,局限于从一个仍持怀疑态度的欣赏者立场引介新的尼采式神圣事物,他认识到支持这些事物的论证,但未被说服这些论证会变得有说服力。既已确立了类似于虔敬禁欲主义者的角色,施特劳斯便可以说出关于事物新观点的真相而不会被相信,除了那很少几个受过他的训练、对虔敬的面具——包括他自己的面具在内——持怀疑态度的人之外。他努力想确立的角色规定了他要非尼采式地说出真理,阿里斯托芬式地引入新神,打扮得像迈蒙尼德——作为为这些新云所迷的、旧秩序的诗人。

这是我所倾向的对施特劳斯意图的看法。在我看来,那个透过17页无与伦比的颂扬尼采的文字凝视着我们的施特劳斯似乎就是这样——一个探究式思想家,他惊奇于新的最高事物正尝试诞生,他意识到它们与其惟一历史对手的深刻相似性,他也意识到在那场惟一真正值得重视的斗争,即在哲学与宗教之间争夺统治权的斗争中支持它们的论证。然而,他始终是一个不断探究着的观察者,穿着适合于观察的外衣。

　　施特劳斯和尼采两人都将实行全球僭政的"现代观念"宗教视为哲学的最大的威胁。尼采是否将他对哲学的辩护捆绑于一种关于大地与大地诸神的、对于现代人来说完全可能实现的公开教诲？这似乎是施特劳斯悬而未决的问题，尽管他让自己看起来站在古典哲人一边反对尼采。而这恰好是我们可以想象一个探究式思想家会悬而不决的那类问题——这个思想家可以是生活在柏拉图之后最初几代人里，或是生活在法拉比之后最初几代人里，或是生活在马基雅维利之后最初几代人里——谁知道这些新神是否会战胜旧神呢？谁又能知道他们的统治是否会更无害（benign）呢？

　　所以，最终——如果我们可以有点异想天开地设想施特劳斯临终之时的情形，设想施特劳斯在冠军牌活页笔记上抄写的最后几篇文章从未面世，而施特劳斯本人可能也不确定它们是不是他最后的文章——最终，下面的设想似乎完全是合适的：在他最后的几个月里，施特劳斯将会从尼采和柏拉图这两位最伟大、最崇高、最权威的哲人那里抽身，他将会从这些伟大军队交战时发出的铿锵声里抽身，再次拾起修昔底德，再次拾起色诺芬，然后撰写他最后的宁静而优美的文章，论述他们的政治言辞、他们对诸神的观察以及对他们已经不再相信的诸神所要求之事的观察。这两个人也许也是他对柏拉图和尼采之过度（excesses）的治愈，这两人更合他的风度与品味，他们的气质和策略意识与他自己的更接近——不管有多少柏拉图和尼采的壮景在他沉思的视野里晃动。

# 附 录

## 注意尼采《善恶的彼岸》的谋篇

### 施特劳斯

<1>在我看来,《善恶的彼岸》似乎是尼采写得最美的书。这种印象或许与尼采本人的判断不一致,因为他倾向于认为他的《扎拉图斯特拉如是说》是以德语写就的最深刻的书,就其语言来说也是最完美的。但是,"最美"与"最深刻"甚至与"语言上的最完美"并不是一个意思。可以通过一个可能并不太牵强的例子来部分地对此加以说明。一般都同意这样的看法,即《王制》《斐德若》和《会饮》是柏拉图最美的作品,虽然不一定是他最深刻的作品。然而,柏拉图没有在其作品当中就其或深刻、或美或语言上的完美作出区分。柏拉图并不关注柏拉图——不关注他的"私己性"(ipsissimosity)——因而也不关注他的作品,而是指向自身之外的东西。而尼采则非常强调他自己,强调"尼采先生"。尼采"就个人而言"(personally)更为看好的不是《善恶的彼岸》,而是《朝霞》(*Dawn of Morning*)和《快乐的科学》(*Gay Science*),恰恰因为这两本书是其"最具个人性的"作品(见尼采 1888 年 6 月 21 日致 Karl Knortz 的信)。因为"个人的"(personal)这个词最终来源于表示"脸"的希腊词,这表明"个人的"与"深刻的"或者"语言上完美的"没有任何关系。

<2>通过我们的判断,《善恶的彼岸》中被模糊地感觉到却没有充分表达出来的东西,在尼采自己《瞧,这个人》(*Ecce Homo*)里对《善恶的彼岸》的说明中得到了清晰的陈述:《善恶的彼岸》恰好是

"充溢灵感的""酒神颂般［狂放恣肆］的"(dithyrambic)《扎拉图斯特拉如是说》的反面,正如扎拉图斯特拉是极富远见的,而在《善恶的彼岸》中,眼睛却被迫去逼真地抓取那些最近的、即时的(在场的)和周围的东西。这种关注点的变化,要求在所有方面——"首要地也在形式的方面"——同样武断地转离使扎拉图斯特拉这样一个人的存在得以可能的各种本能:形式上、意图上以及沉默艺术上的优雅的微妙(graceful subtlety)在《善恶的彼岸》中处于最显著的位置(in the foreground),就是说,这些品性没有出现在《扎拉图斯特拉如是说》的最显著位置,就更不用提尼采的其他著作了。

<3>换句话说,在《善恶的彼岸》这本尼采本人亲自出版的唯一的书中,在当时的前言中,尼采虽以柏拉图的敌对者的面目出现,但该前言在"形式"上较之［尼采作品的］任何其他地方都更加"柏拉图化"(platonizes)。

<4>根据《善恶的彼岸》的前言,柏拉图的根本错误在于他所发明的纯粹心智(pure mind)以及善本身(the good in itself)。从这个前提出发,很容易走向第俄提玛(Diotima)的结论,即:没有人是智慧的,只有神是智慧的;人类只能追求智慧或者进行哲学思考(philosophize);诸神并不进行哲学思考(《会饮》203e-204a)。在《善恶的彼岸》倒数第二个格言当中,尼采描绘了"心灵的天才"——一个超苏格拉底,事实上是狄奥尼索斯神(the god Dionysos);在一番适当的铺垫之后,尼采泄露了他的新奇想法,他怀疑(或许这样的怀疑尤为哲人所有)诸神也进行哲学思考。然而,第俄提玛既不是苏格拉底也不是柏拉图,而且柏拉图很可能同样认为诸神进行哲学思考(参《智术师》[Sophist] 216b5-6,《泰阿泰德》[Theaetetus] 151d1-2)。在《善恶的彼岸》最后一个格言当中,尼采强调了"书写的和描摹的思想"与原初形式的思想之间的根本差异,这使我们不禁回想起柏拉图关于"logos[言辞/理]的孱弱"、关于真理的不可言说——尤其是其不可书写——所作的论述或者暗示(《书简七》,341c-d,342e-343a):柏拉图所构想的心智的纯粹并不必然会确立 logos 的

力量。

<5>《善恶的彼岸》的副标题是"一种未来哲学的序曲"(Prelude to a philosophy of the future)。这本书的意图并非真的要去准备未来的哲学、真正的哲学,而是要将心智从"哲人们的偏见"当中,亦即从过去(和现在)的哲人们的偏见当中解放出来,从而为一种新的哲学作准备。同时也可以说,单单凭借这一事实,这本书试图成为未来哲学的范例。第一章"论哲人的偏见"之后的一章是"自由的心智"(The free mind)。尼采意义上的自由心智们摆脱了过去哲学的偏见,但他们还不是未来的哲人,他们是未来哲学的带路人和先驱者(格言44)。理解自由心智与未来哲人之间的区别是困难的:自由心智有可能比未来哲人更自由吗?他们拥有一种只是在过去哲学与未来哲学之间的过渡阶段才有可能的开放性吗?如果是这样的话,哲学就肯定是《善恶的彼岸》的首要主题,是前两章的明显主题。

<6>这本书由九章构成。第三章专论宗教。第四章的标题("格言和插曲"[Sayings and Interludes])并不标明其主题,这一章之有别于其他各章在于,事实上它全部由简短的格言组成。最后的五章专事道德和政治。因此,这本书在总体上由两个主要部分构成,这两个部分由大约123个"格言和插曲"分隔开来,第一部分主要论述哲学与宗教,第二部分主要论述道德与政治。哲学与宗教似乎归属在一起——较之哲学与城邦(政治)更为密切地归属在一起(参黑格尔关于绝对精神与客观精神的区分)。根本选择在哲学统治宗教抑或宗教统治哲学之间作出。这种选择不像在柏拉图或亚里士多德那里一样,要么是哲学的生活要么是政治的生活。不同于古典哲人,政治在尼采那里从一开始就归属于较之哲学与宗教更低的等级。在前言中,尼采暗示他最卓越的先驱者不是政治家,甚至也不是哲人,而是homo religiosus[宗教人]帕斯卡(参见格言45)。

<7>在前两章中,尼采很少谈到宗教。可以说,他只是在一个格言当中谈到了宗教,而且这个格言恰巧又是最短的(格言37)。

这一格言由它前面那个格言推演而出,在前面那个格言当中,与其意向相吻合,尼采以最坦率、最清晰的方式确立了他的基本命题的特殊性格,根据这一命题,生命就是权力意志,或者,从世界内部来看只能是权力意志。权力意志取代了 eros[爱欲]——即对"善本身"的追求——在柏拉图思想当中所占的位置。但 eros 不是"纯粹心智"(der reine Geist)。无论在柏拉图思想中 eros 与纯粹心智的关系如何,在尼采的思想中,权力意志对二者都予以取代。相应地,哲学思考成为权力意志的一种方式或者修饰(modification):它是最精神化的(der Geistigste)权力意志;它是对自然应当是什么和如何是的规定;它不是对独立于意志或决断的真理的热爱。根据柏拉图的看法,纯粹心智把握真理,而在尼采看来,不纯粹的心智(the impure mind),或者某种不纯粹的心智才是真理的唯一来源。因此,尼采从对真理之爱和真理自身的质疑出发,开始了他的《善恶的彼岸》。在某种程度上,可以随意借用一下出现在尼采的《不合时宜的沉思》第二篇中的一个表达:真理并不吸引人、并不可爱、并不赐予生命,而是致命的,就像那种关于生成(Becoming)的主宰权,关于所有概念、类型和种类的流变性,关于人兽之间没有决定性分别的真正教义所表明的那样(《尼采著作集》,Schlechta 编,1272),而这在上帝死亡的真正教义当中得到了最直接的表达。世界本身,"物自体"(thing-in-itself),"自然"(格言 9)是完全的一团混乱并且毫无意义。因此,所有意义、所有秩序都产生于人,产生于人的创造性行为,产生于人的权力意志。尼采的陈述或建议有着经过深思熟虑的神秘难解(格言 40)。通过将真理显明为或表述为致命的,他倾尽全力去破坏致命真理的权力,他表明最重要、最普泛的真理——关涉所有真理的真理——乃是赐予生命的。换句话说,通过表明那真理是人的创造,他表明了这真理绝不是人的一个创造。人们会被诱惑去说,尼采的纯粹心智抓住了一个事实,即不纯粹的心智把握住了可朽坏的真理。我们要抵制这种诱惑,这样追随尼采来陈述他的提议:哲人试图把握与"解释"相区别的"文本";他们试图去"发现"

而不是去"发明"。尼采所宣称的是：文本在其纯粹的和真正的形式上是无法接近的（有如康德的物自体）；任何人——无论哲人还是普通人——所思考的任何东西最终都是一种"解释"。正是出于这个原因，世界本身——真正的世界，不能够被我们关注，值得我们去关注的世界必然是一个虚构，因为它必然是人类中心论的，人必然在某种意义上是万物的尺度（格言 3 结尾、12 结尾、17、22、24、34、38；参柏拉图，《法义》716c4—6）。正像这本书的标题所充分表明的那样，尼采所择取的人类中心论是超道德的（对勘格言 34、35 与格言 32）。乍一看，在严肃庄重的格言 34 和轻松从容的格言 35 之间似乎不存在联系，而且这和一般性的印象是一致的，根据这种印象，一本由格言构成的书不会有，也不必有某种清晰的、必然的秩序，或者说这种书可以由互不相关的片断组成。但格言 34 与格言 35 之间的联系却是一个由某种清晰秩序支配的显著例子，即便这种秩序或多或少是隐匿着的。尼采散漫芜杂的论证风格更多是一种伪装而非真相。如果上面所说是真的，那么，权力意志学说就不能宣称揭示了实际的情形，揭示了事实，揭示了基本的事实，它"仅仅"是一种"解释"，可能是诸多解释当中最好的一个。尼采将这种明显的反驳看作对他的命题的确证（格言 22 结尾）。

&lt;8&gt;现在，我们转向《善恶的彼岸》第一至二章中的两个可以说专论宗教的格言（格言 36、37）。格言 36 提供了支持权力意志学说的推理。尼采此前曾经谈论过权力意志，但那里只是大胆的断言，失之武断就不用提了。而现在，他却以一种最不妥协的理智上的正直和最让人着迷的谐谑开始了他的推理，也就是说，显明了其命题的问题性、尝试性、诱惑性和假设性的特点。情形似乎是：关于作为基本实在的权力意志，他在此已经说得再清楚不过了。几乎就在刚才，在第二章的核心格言（格言 34）中，尼采曾将读者的注意力引向我们关注的世界与世界自身之间的区分，或者说引向了现象界或说虚拟世界（解释）与真正的世界（文本）之间的区分。他看起来像是在致力于废除这一区分。作为权力意志的世界不仅是任何我们关注的世界,同时也是世界本身。确切地说,如果所有对于世界的看法都是解释,也就是说,是权力意志的行为,那么,权力意志学说本身就同时既是一种解释也是最基本的事实,因为较之所有其他的解释,它是任何"范畴"之可能性的必要的和充分的条件。

<9>尼采借助权力意志学说诱惑了他的一些读者(参格言 30)之后,又让这些读者提出了一个问题,它关涉如下质疑,通俗一些来说就是:这种学说是否断言了只是上帝遭到拒斥,而魔鬼没有。尼采回答道:"恰恰相反!恰恰相反,我的朋友们!真该死,谁强迫你们说大白话来着?"权力意志学说——《善恶的彼岸》一书的全部学说——在某种意义上是对上帝的辩护(参格言 150 和 295,以及《道德的谱系》,前言,条 7)。

<10>第三章被冠之以"Das religiöse Wesen"[宗教性的本质]的标题,而不是"Das Wesen der Religion"[宗教的本质],原因之一乃是,所有宗教中共同的本质并不是或者不应当是我们所关心的。此章关于宗教的思考着眼于考察人类灵魂及其边界,考察灵魂迄今的全部历史及其尚未穷尽的可能性;虽然尼采思考了迄今的与未来的宗教,但他并不思考不为人知的可能性,或者说,因为尼采思考了迄今的与未来的宗教,所以他并不思考不为人知的可能性。格言 46 到 52 专事迄今的宗教,格言 53 到 57 专事未来的宗教。剩余的部分(格言 58-62)用于传递尼采对宗教的总体性的估价。在论述以往宗教的部分,尼采首先谈到了基督教(格言 46-48),然后是希腊的宗教(格言 49),接下来又是基督教(格言 50-51),最后是旧约(格言 52)。"古希腊的宗教性",以及尤其是"犹太教旧约"的一些部分,给尼采提供了判定基督教的标准。在这一章,当谈及基督教时,尼采丝毫不像谈及那两个前基督教现象时那样满怀尊重、崇拜和敬畏之情。论述基督教的格言明显地被谈论古希腊和旧约的格言有意打断,这两个突如其来的格言保持着一定的间隔,以模仿人们所说的雅典与耶路撒冷之间的距离或——毋宁说——对立。谈论旧约的格言紧随在谈论圣徒(the saint)的格言之后:旧约中没有

圣徒,较之希腊神学,旧约神学的独特性尤其在于有关神圣上帝创世的概念(参《朝霞》,格言68)。对尼采来说,旧约(某一部分)的"伟大风格"表现出了人曾经拥有的那种伟大,而非上帝的伟大:神圣的上帝(the holy God)和神圣的人(the holy man)一样,都是人类权力意志的造物。

<11>尼采对上帝的辩护因此是无神论的,至少暂时如此:论述旧约之后的格言以这样的提问开始——"为什么今天有无神论?"曾几何时,有神论是可能的或必要的。但是与此同时"上帝死了"(《扎拉图斯特拉如是说》,开场白,3)。这并不仅仅意味着人们不再信奉上帝,因为人类的不信并不会摧毁上帝的生命或存在。这实实在在地意味着即使上帝仍活着,他也绝不会是信仰者所认为的那样,即上帝不死。这里所理解的有神论本身因此就总是错的。然而,有神论曾经一度是真实的,也就是说是强大的且赐人生命的。在谈及这种有神论为什么以及怎样丧失了力量时,尼采更多谈到了他的一些同代人——很可能是最有能力的同代人——所提供的理由,而非左右他自己的那些理由。在他的更出色的读者当中,言之成理地(justfiably)认为这些理由流于轻浮者不在少数。尤其是,这些理由是针对自然(理性)神学还是针对启示神学,不太清楚。但是,尼采所勾画出的反有神论的论辩乃是针对一个清晰、明确的启示,也就是说,是针对上帝对人"言说"这一可能性(参《朝霞》,格言91和95)。尽管欧洲有神论已经衰落,尼采还是认为宗教的本能——即区别于宗教的宗教性——正在有力地增强,或者说,无神论只是个过渡阶段。无神论是否能够归属于尼采所构想的自由心智,而某种非无神论是否归属于那些继续供奉狄俄尼索斯神的未来哲人,或者说归属于某个伊壁鸠鲁分子所说的那种 dionysokolax[酒神狄俄尼索斯的献媚者](参见格言7)?对于尼采的思想来说,这种模棱两可是至关重要的,没有这种模棱两可,他的学说就会丧失其试验和诱惑的特性。

<12>通过宣称如下事实,尼采暂时阐明了他的无神论的或者

说(如果你们愿意可以称之为)非有神论的宗教性的建议,这个事实就是:整个现代哲学是反基督教的,而非反宗教性的——这似乎让人想起吠檀多派(Vedanta)的哲学。但是,尼采并不预期,也确实并不希望未来的哲学会是类似于吠檀多派哲学的东西。他期望一种更为西方、更为严厉、更为可怕和更富有激情的可能性:来自权力意志的否定自身的残忍的牺牲——上帝的牺牲,这为对石头、愚蠢、滞重(庄重)、命运以及对虚无的崇拜开辟了道路。换句话说,他期望当代无神论者当中的较为出众者能够知道他们所从事的事情——"石头"使我们想起了阿那克萨戈拉对太阳的揭秘——期望他们能够意识到有一些事物即将到来,这些事物较之 foeda religio[卑劣的宗教]或 l'infâme[污秽]更能让人感受到难以捉摸的可怕、沮丧和堕落,也就是存在着这样一个可能性、一个事实:人的生命是全然没有意义的,是缺乏依凭的,生命只是在生命之前与生命之后的无限时间之间的一瞬,在此前与此后的无限时间当中,人类是不存在的,也将不会存在下去(参"论超道德意义上的真理与谎言"的开头)。这些宗教性的无神论者,这些新型的无神论者不会像恩格斯之类的人那样,被一种美好未来、一种自由王国的前景欺骗性地安抚,这种前景肯定要因人类及其所有意义的毁灭而终结,但在这一毁灭到来之前它将会持续很长时间——一个千年或许更长——因为我们幸运地发现我们仍然处在"人类历史上升的枝藤之上"(恩格斯,《路德维希·费尔巴哈和德国古典哲学的终结》):那注定要毁灭的自由王国必然在其内部包含着毁灭自身的种子,因此,它在其存续期间将蕴含着与以往时代同样多的"矛盾"。

<13>尼采并不打算为了虚无而牺牲上帝,因为当认可上帝死亡这一致命真理的时候,他是在致力于将其转化为一个激发生命的上帝,或者更确切地说,他要在这一致命真理的深处发现其反面。为着虚无而牺牲上帝将会是否定世界或者悲观主义的一种极端形式。但是,为"某些神秘的欲望"所推动,尼采曾经长时间地尝试突入悲观主义的深处,着意使它摆脱与其否定世界的倾向相矛盾的道

德幻象。如此一来,较之此前的任何悲观主义者,他就把握了一种更倾向于否定世界的思考方式。然而,一个走上了这条道路的人却可能并非有意地向相反的理想睁开了眼睛,向属于未来宗教的理想睁开了眼睛。无须多言,在其他人那里只是可能的情形,在尼采的思想和生平当中却是一个事实。对虚无的崇拜被证明只是一个必要的过渡,从所有对世界的否定过渡到对世界的无限肯定——那永恒的、对过去存在及现在存在的万物的肯定。通过这种肯定,尼采似乎表现为一个激进的反革命者或保守主义者,他超越了所有其他保守主义者的最狂妄的诉求,后者对过去与现在存在的一些东西均加以否定。想想尼采对"各种理想"(ideals)和"理想主义者们"(i-dealists)的责难,这使我们回想起(1824年11月24日)歌德对艾克曼(Eckerman)说过的话:"每一种类似理念(jedes ideelle)的东西都有助于革命的目的。"有鉴于此,尼采这样总结了他关于过去与现在存在物的永恒重复的说明:"这难道不是 circulus vitiosus deus[关于上帝的恶性循环论证]吗?"这一总结性的模棱两可的问题再次表明,他的无神论并不是清清楚楚的,因为他曾经怀疑是否存在一个不以上帝为中心的世界(格言150)。目前格言的结论以其形式提醒我们注意在前两章中出现的神学格言(格言37),在那里,尼采提出一个事实,即在某种意义上,权力意志学说是对上帝的辩护,即使它是一个绝然非有神论的对上帝的辩护。

<14>但是,现在我们得面对一个事实,即这种对上帝的辩护只是为了愚蠢、为了虚无而牺牲上帝的一个翻转,无论如何,它预设了上帝的牺牲。经过一段长时间的准备,究竟是什么将虚无神圣化的?是某种对于永恒的意欲本身赋予了或恢复了世界的此种神圣价值,而此种价值曾经由于否定世界的思考方式而一度丢弃了?这种对于永恒的意欲使无神论秉有了宗教性?这一被爱的永恒之所以是神圣的,是否仅仅因为它被爱?如果为了配被爱,我们就说它自身一定是可爱的,那么我们不是又犯下了重陷柏拉图主义、重陷"善本身"的教诲的错误吗?但是我们能够完全避免这样的错误

吗？尼采所肯定的永恒不是石头、不是愚蠢、不是虚无，这些东西即使是永恒的或近乎永恒的，也不能唤起热情洋溢的和激发生命的对它们的肯定。从否定世界的思考方式到其反面理想的转化，是与一种认知或预见相联系的，即上帝为之而牺牲的石头、愚蠢或虚无，在其可被理解的特性上，乃是权力意志（参格言36）。

<15>尼采的"神学"当中有一个重要的组成部分——虽说不上是其神学的神经中枢——由于我至今没有触及这个组成部分，所以我还没有谈到它，也不会谈及它。莱因哈特在其《尼采的阿里阿德涅哀歌》("Nietzsche's Klage der Ariadne")一文中已极好地处理了这个问题（参见 Karl Reinhardt, *Vermächtnis der Antike*, 哥廷根，1960，页310-333；亦见 Reinhardt 在其关于 Walter F. Otto 的悼文结尾处的相关评议，同上，页379）。——

<16>有可能，第四章当中的"格言和插曲"没有秩序，其选题和顺序也没有节奏和理由，但似乎并不是这样的。我必须对此作一番考察，这对我们当中的一些人或许会有帮助。

<17>开篇格言将我们的注意力引向了成为你自身、为自身而存在、"保存"你自身的至高无上性（参格言41）。由此，知识不能因其自身的缘故而存在或者是善的，只有作为自我认知，它才是可辩护的（justifiable）：成为你自身意味着对自己诚实，走那条通向自己理想的道路。这似乎有着无神论的意涵。第四章共有九处提及上帝，但只有一处论及尼采自己的神学（格言150），又只有一处关于自然的论述（格言126）。然而，我们注意到有九个格言是专事男人和女人的。显然，尼采心目中的知者（the knower）并不像康德那样头顶灿烂的星空。因此，他有着一种很高的道德，一种超越善恶，尤其是超越清教主义和禁欲主义的道德。恰恰是由于他对其心智自由的关注，他必然将他的心灵禁锢起来（格言87、107）。没有一点点愚蠢，心智的自由是不可能的（格言9）。自我认知不仅非常困难，而且也不可能。人类生活不堪忍受彻底的自我认知（格言80-81、231、249）。——

<18>第五章是核心章,也是唯一在标题中提及"自然"的一章("论道德的自然史")。自然会不会是这一章甚至这本书整个第二部分的主题呢?

<19>自然——更不必说"自然主义者"、"物理学"和"生理学"——在前四章曾经不止一次被提到。我们来关注一下其中最重要或最显著的。在讨论并拒斥廊下派"依据自然而生活"的道德律令时,尼采在自然与生命之间作出了区分(格言9;参格言49),就像他在另一场合对自然与"我们"(人类)作出区分一样(格言22)。生命的反面是死亡,死亡和生命一样是——或者可以同样是——自然的。自然的反面是不自然,即人为的、经过驯服的、畸形的(格言62)、反自然的(格言21、51、55),也就是说,非自然的东西同样可以是活着的。

<20>在导论性的格言当中(格言186),尼采谈到了道德的自然历史所迫切需要的东西,这种方式使我们回想起他在论述宗教一章的导论性格言中所说的(格言45)。但是在较早的场合,尼采使我们怀疑,真正的宗教科学,也就是经验的宗教心理学对于各种实际的目的是否可能。这是因为,心理学家必须熟知 homines religiosi[宗教人(复数)]最深刻的宗教经验,同时还要能够居高临下地观察这些经验。为了对各种不同的道德版本进行经验研究和描述而陈述某一个案时,尼采也以此个案的陈述为例驳斥了哲学伦理学的可能性,亦即道德科学的可能性,此种科学据说可以传授唯一真正的道德。情形似乎是:他对宗教研究者比对道德研究者有着更高的要求。这可能解释了为什么他没有把第三章命名为"宗教的自然史"(the natural history of religion)——休谟曾经写过一篇题为"宗教的自然史"的文章。

<21>哲人的道德科学声称已经在自然或者理性之中发现了道德的基础。抛开这一虚伪科学的所有其他缺点不谈,道德科学的基础乃在于一个虚妄的假设,即假设道德必然是或者能够是自然的(依据自然的)或者理性的。然而,任何一种道德都建立在某种对

自然也是对理性的僭政之上。尼采尤其将他的批评指向了反对服从任何武断法律的无政府主义者:所有有价值的事物、任何的自由,都是从武断和非理性的法律所施加的长期强制中诞生的,正是这一强制训导心智走向了自由。与无政府主义破坏性的放纵相反,尼采断言:对非自然和不合理的 nomoi[礼法]的持久服从恰恰是"自然的道德诫命"(the moral imperative of nature)。physis[自然]使礼法成为必需,尽管同时还保留着自然与礼法之间的区分——不,毋宁说是对立。整个格言(格言 188)当中,尼采在论及自然时几乎都加上了引号,只有一处例外,即最后一次提及自然时。自然——不仅仅是无政府主义者所理解的自然——对尼采来说成了一个问题,但是他不能没有自然。

<22>至于理性主义者的道德,它首要地在于将善等同于有用和快乐,亦即在于对后果的计算当中。它是功利主义的。它的古典形态是平民的苏格拉底。充溢着贵族气质的柏拉图——"古代性的最辉煌发展"(前言),其力量和影响是无与伦比的,并且迄今的哲人们仍受惠于他——何以能够接受苏格拉底的教导是一个谜。柏拉图笔下的苏格拉底是一个怪物。接下来,尼采试图不仅通过以自己的真理取代柏拉图的真理,而且也通过在力量或权力上超过柏拉图来击败柏拉图。除了别的,"柏拉图还令人厌倦"(《偶像的黄昏》,"我欠古人的",条2),而尼采却肯定不使人厌倦。苏格拉底和柏拉图不仅为理性所指导,或者说跟从理性,而且也为本能所指导,或者说跟从于本能。较之理性,本能是更为根本的。通过明确地与本能为伍而反对理性,尼采与卢梭得以秘密结盟(参拙著,《自然正当与历史》[Natural Right and History],页 262 注释)。本能至少是类似于自然的东西——那种用干草杈就可以予以驱除,却又总是去而复归的东西(参格言 264;亦参格言 83 的斜体字标题,第四章中四个斜体字标题中的第一个)。我们有理由猜测基本的本能就是权力意志,而不是自我保全的冲动(参格言 13)。我们冒险所称的尼采的宗教性也是一种本能(格言 53):"那宗教性,也就是造神的本

能。"(《权力意志》,条1038)由于道德判断的非理性,由于道德判断中非理性的决定性存在,结果就是不会有任何普遍有效的道德规则——不同的道德适用于并归属于不同类型的人。

<23>当尼采再次谈到自然的时候,这一术语加上了引号(格言97),他吁求不要再把那些危险的、无节制的、激情的、"热烈的"(tropical[译按:本义"热带的"])掠夺性存在视作病态的(有自然缺陷的)存在:正是几乎所有道德家的此种有缺陷的本性(自然)——而不是所谓的理性或纯粹自然——亦即他们的胆怯,诱使他们将危险的野兽和人构想为病态的存在。这些道德家们并没有创造来自胆怯的道德。那种道德是"人类畜群"的道德,也即大多数人的道德。最多可以说,这些道德哲人(以及神学家们)乃是图谋保护其本人免遭某些危险的威胁,这些危险并非来自他人,而是来自其自身的激情。

<24>尼采谈到了那种现今普遍固有、经由遗传承继下去的畜群本能,即服从。无须多言,起初,在前历史时期,这种本能是获取的,而非生来就有的(参《道德的谱系》,Ⅱ)。在整个历史进程中它都非常有力量,而在当今的欧洲则完全占据了主宰性的地位。在欧洲,它至少破坏了那些发布命令者和独立之士的无亏的良心,它还成功宣称自己是唯一真正的道德。更确切地说,它在其早期较为健康的形式中就已经有了如下意涵:善的仅有的标准乃是对于畜群的功用,亦即共同的善;独立、优越和不平等只是在其被认为服务于共同的善并且对这种善是必要的意义上才受到尊敬,并非因其自身的缘故而受到尊敬。共同的善被理解为一个特定的团体或者部族的善,它因此要求对外部和内部的敌人——尤其是罪犯——采取敌对的态度。当畜群道德就像在当今欧洲那样收获其最终的果实时,它恰恰与罪犯站在了一起,它因害怕施加惩罚而满足于使罪犯变得没有害处。通过将恐惧的这一残留的根据祛除,源自胆怯的道德终于完成其使命,从而使自己成为多余的东西(参格言73)。通过将善等同于不加歧视的同情,胆怯以及对恐惧感的祛除一并得到辩护。

<25>在民主运动——根据尼采的理解,无政府主义者和社会主义者同属于这一运动——取得胜利之前,不同于并且高于畜群道德的各种道德至少还为人所知。尼采怀着高度的赞赏提到了拿破仑,以及首要地提到了阿尔喀比亚德(Alcibiades)和凯撒。通过以同一种口吻论及阿尔喀比亚德和凯撒,尼采再明显不过地表明了他脱离畜群道德这一事实。凯撒作为罗马历史上的一个官吏,可以说为罗马执行了辉煌的历史性功能,并将自己奉献于这一功能。而对阿尔喀比亚德来说,雅典只不过是一座雕像的基座,为着他自己的荣誉和伟大,只要需要就可以拿它与斯巴达或者波斯做交换。尼采将此种本性的人与有着相反本性的人相对而置(格言199-200)。在这一章的剩余部分,他不再谈论自然,而是表达了这样的观点,即人类必须在实际上列于兽类之中(格言202)。尼采呼吁从当今欧洲大获全胜的畜群道德走向Führer[领袖们]的优越道德。领袖们能够阻止人类的堕落以及由此导致的畜群自治,但领袖绝不是像拿破仑、阿尔喀比亚德和凯撒那样的天生统治者。他们必须是哲人,新的哲人,是一种崭新类型的哲人和发号施令者,是未来的哲人。单单凯撒,无论其多么伟大,都是不够的,因为这种新的哲人必须将人的未来作为他的意志、作为有赖于一种人类意志的东西而教给人,以便终结迄今被称为"历史"的无意义和偶然所施加的丑恶统治。真正的历史——根据马克思,它有别于前历史——要求由拥有最高精神性和最伟大理性的人来征服机运和自然(《道德的谱系》,Ⅱ,条2)。对自然的征服决定性地取决于有着某种本性的人。我们听说,哲学是最具精神性的权力意志(格言9):未来哲人必须秉有以往的哲人甚至从未梦想过的权力意志,他们必须在其绝对形式上秉有这种意志。我们禁不住要说,依据自然,未来哲人属于最高的等级,并且在这一等级上行事。依据理性,他们也属于最高的等级并在这一等级上行事,因为他们终结了非理性的统治,因为高等的东西——高级的独立的精神性、特立独行的意志、伟大的理性(格言201)——明显优于低等的东西。从畜群自治到未来哲人统治的

转化,类似于从崇拜虚无到绝对肯定过去与现在的所有存在物的转化,这一转化也明显会是合理的。

<26>但是,道德判断的非理性,亦即关于每一种道德判断(格言191)的非理性又怎么样了呢?或者说,为了能够与它取得一致甚至理解它,人们必须强壮、健康并且高贵,仅仅因为这一点它就不再是理性的了吗?但是,能够认为尼采对残忍的赞赏——这有别于柏拉图对温和(gentleness)的赞赏——是理性的吗?或者,这种对残忍的赞赏只是针对对同情的非理性赞颂的一个必不可少并因而合理的矫正(参《道德的谱系》,前言,条5结尾)?进一步说,尼采对柏拉图和苏格拉底的批判难道不是一个严重的夸张——即便说不上是一种漫画式讽刺——吗?为了看清楚苏格拉底不是尼采意义上的功利主义者(参格言190),回想一下《普罗塔戈拉》(*Protagoras*)与《高尔吉亚》(*Gorgias*)之间的区别就够了。正像尼采在同一章(格言202)所说的,苏格拉底并不认为自己知道善恶是什么。换句话说,"德性即知识"的命题与其说是一个答案,还不如说是一个谜。苏格拉底的神秘言说建立在他对这样一个事实的意识之上:有时候"一个科学的头脑长在一个猿猴的身体上,一种微妙特出的理解力却与一个庸俗的灵魂为伍"(格言26)。用尼采所偏爱的一个区分来说——这一区分在此种形式上对苏格拉底来说的确是陌生的——这还意味着对 Wissen[知识]与 Gewissen[良心]之间复杂关系的意识。基于此,人们被迫作出这样的反驳,即对尼采来说,没有自然的或者理性的道德,因为他否认存在着一种人的天性:对人与野兽之间的任何基本差异的否定乃是一个真理,即便那是一个致命的真理。因此,人之为人并没有自然的目的——所有的价值都是人的创造。

<27>尼采从自治畜群到新哲人的转向与其权力意志学说完全一致,但却与他永恒复返的学说不能相容。的确,这种对全新事物的要求,对整个过去、对全部"历史"的断然告别,何以能够与全然肯定过去与现在存在的万物调和起来呢?在这一章接近结尾的地

方,尼采某种意义上暗示了对全新哲人的要求与永恒复返之间的联系,他说,未来哲人必须能够担负起对人类未来的责任重负。而他起初曾以"Das grösste Schwergewicht"[最大的重负]为标题发表他关于永恒复返的说明(《快乐的科学》,格言341)。

<28>由于对新哲人的渴盼,尼采顺理成章地对当代哲人进行了一番评头论足:这是令人遗憾的一群人,这些人不是严肃的和真正意义上的哲人,而是哲学教授、哲学劳工,或者正如尼采死后他们自己表白的那样,是"搞哲学"的,充其量或者说只是在罕见的情形下,他们才是学者或科学家,也就是有能力的和诚实的专家,服务于哲学或者作哲学的仆人应当是其职责所在。论述这类人的章节被冠之以"Wir Gelehrten"[我们学者]的标题,它是唯一在标题中用到第一人称代词的章节——尼采希望强调,除了作未来哲人的先驱者之外,他也归属于学者的阵营,而非诸如诗人或者 homines religiosi[宗教人]的阵营。据尼采看来,学者或科学家从哲学中的解放只是民主运动的一个组成部分,也就是将低等的从对高等的隶属之中解放出来。我们在20世纪就人类科学所观察到的症状印证了尼采的诊断。

<29>当今学者或科学家的平民特点归因于对自身缺乏尊重,而这一缺乏则又归因于自我的丧失、对自我的遗忘,如此遗忘是他的客观性带来的必然结果,或是造成其客观性的原因。因此,这样的人就不再是"自然"或"自然的",他只能是"真实的"(genuine)或"本真的"(authentic)。起初,可以略有夸张地说,自然的和真实的是一回事(参柏拉图,《法义》642c8-d1,777d5-6;卢梭,《社会契约论》I.9结尾和II.7,第三段),而尼采为本真事物(the authentic)取代自然事物(the natural)打下了决定性的基础。从下面的论述当中,也许可以看清楚他如何以及为何这样做。尼采更直接地关注古典学者和历史学家,而非自然科学家(参格言209)。较之自然科学,历史研究与哲学靠得更近,因此对哲学也是个更大的危险。而造成这一结果的东西,你可称之为哲学的历史化,亦即人所公认的

一种看法:真理是时间(历史纪元)的功能,或者说每一种哲学都各属于特定的时间和地点(国家)。由于自然——例如使一个人成为哲人的自然禀赋——不再认为是被给予的,而是前人的获取(格言213;参《朝霞》,格言540),于是历史取代了自然。一种特殊的现代取向是将万物依照其起源、依照其人类造物来加以理解,历史主义正是这种特殊的现代取向的产物;自然则仅仅提供就其自身来说几乎毫无价值的质料(洛克,《政府论》下篇,第43节)。

<30>哲人不同于学者或科学家,他是弥补者,在他那里,不仅仅人类而且还包括其他的存在物都得到了辩护(参格言207);他是不容超越,更不需要超越的巅峰。但是,严格地说,这种定义仅仅适用于未来哲人,和他们相比,康德和黑格尔这样的人只是哲学劳工,因为精确意义上的哲人是要创造价值的。尼采提出了是否曾经有过这样的哲人的问题(格言211结尾)。在第六章论述赫拉克利特、柏拉图和恩培多克勒的开始部分,尼采似乎给出了肯定的回答。或者说,我们也必须克服希腊人这一说法,它还是真的吗?(《快乐的科学》,格言125,340)哲人之为哲人属于未来,因此他任何时候都与他的时代对立;哲人总是他们时代的负疚(bad conscience),他们之属于他们的时代并非像黑格尔所认为的那样是他们时代的儿子(黑格尔,《哲学史讲演录》,导论,Hoffmeister编,页149),而是他们时代的继子(《作为教育家的叔本华》,3)。既然归属于他们的时代、地域或国家——尽管只是以继子的身份,未来哲人的先驱者就不仅仅关注人的一般性的卓越,而且也关注欧洲的保存——欧洲处在俄国的威胁之下,因此它必须成为统一的欧洲(格言208),未来哲人必须成为一个统一欧洲的不可见的精神统治者,而从不成为它的奴仆。

<31>在第七章,尼采转而谈论"我们的德性"。不过这里的"我们"不是"我们学者",而是"我们后天的欧洲人,我们20世纪的头生子们"(格言214),"我们自由心智"(格言227),也就是未来哲人的先驱者。对学者的德性与邪恶的讨论,必须以对自由心智的德性

与邪恶的讨论为补充。自由心智的德性在第二章当中已经讨论过了,但是,与这些德性不可分离的自由心智的邪恶也必须予以揭示。"我们的"道德的特征在于其基本的模棱两可:它既从基督教获取灵感,也从反基督教获取灵感。可以说,"我们的"道德与以往时代的道德相比有所进步,但是没有理由据此骄傲。骄傲与"我们的"在道德事物中日益增长的精细(delicacy)是不协调的。尼采乐意承认:一种高度的精神性(理智性)是道德品性的最终产物;它是对所有那些状态的综合,人们将这些状态归之于那些"仅仅道德"(only moral)之士;它也是对于正义和某种严肃性的精神化,这种严肃性知道,它负有这样的使命,即维持世界的等级秩序——甚至在事物当中,而不仅仅是在人类当中。哲人乃是弥补者,实存的其余部分(the rest of existence)都在他那里得到辩护(格言207),哲人屹立于峰巅,不,毋宁说,他就是峰巅,因此,哲人对整个宇宙负有责任。但是,"我们的"德性不是未来哲人的德性。尼采对那些仅仅道德之士所作出的让步,并没有阻止他将诸多支配性的道德教条(利他主义、善等同于同情、功利主义)以及道德家们根据它们所作出的批判视为琐碎之物——即使谈不上对它们蔑视有加。从这种批判或者其前提当中得出的优越道德不属于"我们的德性"。那些支配性的道德并不清楚道德本身的问题性,这是由于它们对道德的多样性没有充分的认识(参格言186),也是由于这些道德家们缺乏历史感。历史感是"我们的德性",甚至是"我们伟大的德性"。历史感是一个在19世纪才出现的新奇现象,它是个模糊的现象。历史感的根源在于平民化的欧洲匮乏自足性,或者说,历史感表达了现代性的自我批判,表达了对不同事物的渴望,亦即对过去的或陌生的事物的渴望。历史感带来的结果是,"尺度于我辈是陌生的,我们为无限之物和不可测度之物所挑逗",因此,我们是半野蛮人。情形似乎是,此种缺陷,亦即我们伟大德性的反面指向了一种超越历史主义的思考和生活方式,指向了以往所难以企及的顶峰。对同情的讨论(格言222,225)伴随着对历史感的讨论(格言223-224):历史感在平民道德与其反面道德之间起着居中调停的作用,这种平民道德鼓吹对被自然忽视的人施以同情(格言219),并倾向于消除所有的苦难,而其反面道德则总是意识到人的伟大由苦难造就(格言225)。接下来的一个格言(格言226)是这一章中唯一有斜体字标题的("我们非道德家"):我们非道德家是"义务中人","我们的"非道德主义是我们的德性。"唯一留给我们的德性"乃是正直,智性的正直。人们可以说它是我们的非道德主义的积极的和另外的一面。正直包含并成就"我们的历史感的伟大德性"。然而,正直是个结束而非开始,它指向过去而非未来;正直必须为"我们最精微、最隐秘、最精神性的指向未来的权力意志"所支持、调节和加强。可以肯定,我们的正直绝不可成为我们骄傲的理由或对象,因为这会把我们重新引回道德主义(以及有神论)。

<32>为了更好地理解"我们的德性",把它与其最强有力的敌对者,由英国功利主义者鼓吹的道德版本作一对比是有帮助的,功利主义道德的确是将自我主义作为其道德基础而加以接受的,但它却强调说:正确理解的自我主义可以促进一般福利。这种功利主义是令人讨厌的、无聊的和幼稚的。尽管它承认自我主义的基本特性,但却没能意识到自我主义是一种权力意志,因此包含着残忍,这种针对自身的残忍在理智正直、在"理智良心"中是有效的。

<33>如果要想使得"令人恐惧的基本文本即 homo natura[自然人]",亦即"那个永恒的基本文本"重见天日,如果人类要"重新迻(译)入自然"(re-translated into nature),那么承认残忍的至关重要性就是必需的。这一重新迻(译)入自然完全是未来的使命:"还从来没有一种自然的人性。"(《权力意志》,条120)人类必须连同"纯粹的、新近发现的、重新获救的自然"一同"成为自然的"(vernatürlicht)(参《快乐的科学》,格言109)。一个人乃是那尚未被固定的、尚未被确定的兽类(格言62):人通过获取他最终的、固定的品质而成为自然的。一个存在物的自然就是它的目的、它的完善的状态、它的顶峰(亚里士多德,《政治学》1252b32-34)。"我也

谈论'回归自然',虽然它其实不是一种倒退,而是上升——上升到崇高的、自由的甚至可怕的自然以及自然性(naturalness)……"(《偶像的黄昏》,"一个不合时宜者的漫游",48)人通过未来哲人并且在未来哲人那里达到其顶峰,未来哲人是真正的弥补者,在他里面,不仅仅人,实存的其余部分也将得到辩护(格言 207)。他是将权力意志理解为根本现象并在此基础上有意识地创造价值的第一人。他的行动构成了最具精神化的权力意志的最高形式,因而也是权力意志的最高形式。通过这一行动,他终结了无意义和偶然的统治(格言 203)。作为人的权力意志的最高行动,人的Vernatürlichung[自然化]同时也是非人的(non-human)拟人化的顶点(参《权力意志》,条 614),因为最精神化的权力意志在于对自然应该是什么和如何是作出规定(格言 9)。正是通过这种方式,尼采取消了现象世界或虚拟世界(解释)与真实世界(文本)之间的区分(参见马克思,"政治经济学与哲学"["Nationalökonomie und Philosophie"],《早期作品》[*Die Frühschrigten*], Landshut 编,235、237、273)。

<34>然而,正是人类迄今受制于无意义和机运的历史,构成了克服无意义和机运的必要条件。这就是说,人的 Vernatürlichung[自然化]预设了整个历史进程,并将这一整个历史进程带到其结论——这一进程绝不是必然的,而是要求崭新的、自由的创造行动。而且,通过这种方式,历史得以整合进自然。如果情形真是这样,那么就不能在肯定未来哲人的同时否定过去的哲人。然而,这种肯定与无限制地肯定过去和现在存在的万物——即肯定永恒复返——有着很大的差异。

<35>尼采并没有去解释为什么必须肯定永恒复返,而是去表明最高成就——和以往所有的伟大成就一样——归根结底都是自然的作品而非理性的作品。归根结底,所有的思想都依赖于某些无法传授的"深深潜藏着"(deep down)的东西,依赖于根本的愚蠢。情形似乎是:个人的天性(the nature of the individual),个别的天性

(the individual nature),而非显见的普遍有效的见识,是所有有价值的理解或知识的根据(格言231;参见格言8)。存在着一个诸自然的等级秩序,其顶峰是弥补者。他解决最高的和最困难的问题,他的至高无上性正是通过这一事实得以表明的。就像我们看到的那样,自然对尼采来说成了一个问题,但是他不能没有自然。人类正在征服自然并且这一征服没有可以确定的界限,由于这一事实,我们也许可以说,自然已经成为一个问题。其结果是,人们开始考虑着去消除苦难和不平等。然而,苦难和不平等是人性之伟大的前提条件(格言239,257)。迄今为止,苦难和不平等一直理所当然地被认为是"被给予的",是强加于人的。往后,它们必须是被意愿的。这就是说,无意义和机运的丑恶统治,自然,几乎所有的人事实上都是碎片、残废和丑陋的偶然性,整个的现在和过去本身都是一个碎片、一个谜、一种丑陋的偶然——除非它们作为通向未来的桥梁而被意愿(参《扎拉图斯特拉如是说》,"论救赎")。人们一方面必须为弥补者铺平道路,另一方面也必须无条件地肯定碎片和残废。自然,自然的永恒,其存在乃归因于一个假设,归因于最高自然的权力意志行为。

<36>第七章结尾,尼采讨论了"男人和女人"(格言237)。向这一主题的明显笨拙的过渡——在这一过渡当中,尼采通过宣称它仅仅表达了他的"深深潜藏着的根本的愚蠢"而质疑了他所要说出的真理——不仅仅是对妇女解放支持者的一种奉承或一种殷勤的姿态。这表明尼采充分意识到自然成了个问题,且准备继续讨论自然亦即自然的等级这一主题。

<37>未来哲人可能属于一个统一的欧洲,但欧洲仍然是 l'Europe des nations et des patries[各民族和各祖国的欧洲]。与法国、英国等所有这些非俄国的欧洲部分相比,德国具有更广阔的未来和前景(格言240,251,255;参《海涅作品集》,Elster 编,IV,510)。我们可以发现,在论民族和祖国的章节中,尼采格外强调当时德国的缺陷而非德性:将心灵从落败的祖国解放出来比从胜利的祖国里解放

出来更困难(格言41)。在此,尼采批判的靶子不是德国哲学,而是德国音乐,也就是瓦格纳。更确切地说,欧洲的高贵性精神(nobility)通过法兰西的作品和发明得以揭示自身,而欧洲现代观念里的庸众性和平民气则是英格兰的作品和发明(格言253)。

<38>如此一来,尼采就为标题为"何为高贵?"(Was ist vornehm?)的最后一章作好了准备。vornehm[高贵的]之有别于noble[高贵的],乃是由于其与血统、渊源和出身不可分离(《朝霞》,格言199;歌德,《威廉·麦斯特的学习时代》,《全集》,Tempel-Klassiker,Ⅱ,87-88,以及《诗与真》,第二卷,同前,页44-45)。作为一种未来哲学的序曲的最后一章,它表明了那种(一种)未来哲学是反映在行为和生活的中介当中的,由此得到反映的未来哲学将自身揭示为未来的哲学。未来哲人的德性与柏拉图式的德性不同:尼采以同情(compassion)和孤独取代了节制和正义(格言284)。这是尼采为何将自然冠之以Vornehmheit[高贵性](格言188)的众多例证中的一个。Die vornehme Natur ersetzt die göttliche Natur[高贵的自然取代了神性的自然]。

# 尼采和施特劳斯作品简写表

**尼采作品简写**

| | | |
|---|---|---|
| A | *The Antichrist*(1888) | 《敌基督者》 |
| AOM | *Assorted Opinions and Maxims*(1879) | 《杂乱无章的观点和箴言》 |
| BGE | *Beyond Good and Evil*(1886) | 《善恶的彼岸》 |
| BT | *The Birth of Tragedy*(1872) | 《悲剧的诞生》 |
| CW | *The Case of Wagner*(1888) | 《瓦格纳事件》 |
| D | *Daybreak*(also *Dawn of Morning*)(1881) | 《朝霞》 |
| EH | *Ecce Homo*(1888) | 《瞧这个人》 |
| GM | *On the Genealogy of Morals*(1887) | 《道德的谱系》 |
| GS | *The Gay Science*(1882–87) | 《快乐的科学》 |
| HH | *Human, All Too Human*(1878) | 《人性的,太人性的》 |
| KGW | *Kritische Gesamtausgabe:Werke* | 《考订版尼采全集》 |
| RWB | *Richard Wagner in Bayreuth*(1876) | 《瓦格纳在拜罗伊特》 |
| TI | *Twilight of the Idols*(1888) | 《偶像的黄昏》 |
| UD | *On the Uses and Disadvantages of History for Life*(1873) | 《论史学对生活的利弊》 |
| WP | *The Will to Power* | 《权力意志》 |
| WS | *The Wanderer and His Shadow*(1880) | 《漫游者及其影子》 |
| Z | *Thus Spoke Zarathustra*(1883) | 《扎拉图斯特拉如是说》 |

引用尼采以上作品时一概注明格言的序号；引用《扎拉图斯特拉如是说》《瞧这个人》《偶像的黄昏》时，会包含章题；引用《考订版尼采全集》时，则注明卷数、笔记编号和节号。

**施特劳斯作品简写**

*AAPL*    *The Argument and the Action of Plato's* Laws（1975）
       《柏拉图〈法义〉的论辩与情节》
*CM*    *The City and Man*（1964）《城邦与人》
*HPP*    *History of Political Philosophy*（1987）《政治哲学史》
*LAM*    *Liberalism Ancient and Modern*（1968）《古今自由主义》
*NRH*    *Natural Right and History*（1953）《自然正当与历史》
*OT*    *On Tyranny*（1991）《论僭政》
*PAW*    *Persecution and the Art of Writing*（1952）《迫害与写作艺术》
*PL*    *Philosophy and Law*（1935）《哲学与律法》
*PPH*    *The Political Philosophy of Hobbes*（1935）
       《霍布斯的政治哲学》
*RCPR*    *The Rebirth of Classical Political Rationalism*（1989）
       《古典政治理性主义的重生》
*SA*    *Socrates and Aristophanes*（1966）《苏格拉底与阿里斯托芬》
*SCR*    *Spinoza's Critique of Religion*（1962）《斯宾诺莎的宗教批判》
*SPPP*    *Studies in Platonic Political Philosophy*（1983）《柏拉图式政治哲学研究》
*TM*    *Thoughts on Machiavelli*（1958）《思索马基雅维利》
*WPP*    *What is Political Philosophy?*（1959）《什么是政治哲学》
*XS*    *Xenophon's Socrates*（1972）《色诺芬的苏格拉底》
*XSD*    *Xenophon's Socratic Discourse*（1970）《色诺芬的苏格拉底言辞》

引用施特劳斯以上作品时，一概注明页码。

# 参考文献

## 尼采作品

*The Antichrist.* In *The Portable Nietzsche.* Translated by Walter Kaufmann, 568–656. New York: Vintage, 1954.

*Assorted Opinions and Maxims.* In *Human, All Too Human.* Translated by R. J. Hollingdale, 209–99. Cambridge: Cambridge University Press, 1968.

*Beyond Good and Evil: Prelude to a Philosophy of the Future.* Translated by Walter Kaufmann. New York: Vintage, 1967.

*The Case of Wagner.* In *The Birth of Tragedy and the Case of Wagner.* Translated by Walter Kaufmann, 153–92. New York: Vintage, 1967.

*Daybreak, Thoughts on the Prejudices of Morality.* Translated by R. J. Hollingdale. Cambridge: Cambridge University Press, 1982.

*Ecce Homo.* In *On the Genealogy of Morals and Ecce Homo.* Translated by Walter Kaufmann, 215–335. New York: Vintage, 1969.

*The Gay Science.* Translated by Walter Kaufmann. New York: Vintage, 1967.

*Human, All Too Human: A Book for Free Spirits.* Translated by R. J. Hollingdale, 1–205. Cambridge: Cambridge University Press, 1968.

*Kritische Gesamtausgabe: Werke.* Edited by Giorgio Colli and Mazzino Montinari. Berlin: de Gruyter, 1967–.

*On the Genealogy of Morals.* In *On the Genealogy of Morals and Ecce Homo.* Translated by Walter Kaufmann, 13–163. New York: Vintage, 1969.

*On the Uses and Disadvantages of History for Life.* In *Untimely Meditations.* Translated by R. J. Hollingdale, 57–123. Cambridge: Cambridge University Press, 1983.

"On Truth and Lie in an Extra-moral Sense." In *The Portable Nietzsche.* Translated by Walter Kaufmann, 42–47. New York: Vintage, 1954.

*Richard Wagner in Bayreuth.* In *Untimely Meditations.* Translated by R. J. Hollingdale, 195–254. Cambridge: Cambridge University Press, 1983.

*Thus Spoke Zarathustra.* In *The Portable Nietzsche.* Translated by Walter Kaufmann, 112–439. New York: Vintage, 1954.

*Twilight of the Idols.* In *The Portable Nietzsche.* Translated by Walter Kaufmann, 463–563. New York: Vintage, 1954.

*The Wanderer and His Shadow.* In *Human, All Too Human.* Translated by R. J. Hollingdale, 301–95. Cambridge: Cambridge University Press, 1968.

*The Will to Power.* Translated by Walter Kaufmann and R. J. Hollingdale. New York: Vintage, 1968.

## 施特劳斯作品

*The Argument and the Action of Plato's Laws.* Chicago: University of Chicago Press, 1975.

*The City and Man.* Chicago: Rand McNally, 1964.

"Correspondence of Karl Löwith and Leo Strauss," trans. George Elliott Tucker. *Independent Journal of Philosophy/Unabhängige Zeitschrift für Philosophie* 5/6 (1988): 177–92.

*De la tyrannie.* Paris: Librairie Gallimard, 1954.

"Farabi's Plato." In *Louis Ginsberg Jubilee Volume,* 357–92. New York: American Academy of Jewish Research, 1945.

(with Jacob Klein). "A Giving of Accounts." *The College* (St. John's College, Annapolis, Md.) 22 (1970): 1–5.

*History of Political Philosophy,* 3d ed. Edited by Leo Strauss and Joseph Cropsey. Chicago: University of Chicago Press, 1987.

"How to Begin to Study *The Guide of the Perplexed.*" In *The Guide of the Perplexed,* by Moses Maimonides. Translated by Shlomo Pines, xi–lvi. Chicago: University of Chicago Press, 1963.

*Liberalism Ancient and Modern.* New York: Basic Books, 1968.

"The Mutual Influence of Theology and Philosophy." *Independent Journal of Philosophy/Unabhängige Zeitschrift für Philosophie* 3 (1979): 111–18.

*Natural Right and History.* Chicago: University of Chicago Press, 1953.
"Note on the Plan of Nietzsche's Beyond Good and Evil." *Interpretation* 3 (1973): 97–113. Reprinted in his *Studies in Platonic Political Philosophy,* pp. 174–91.
"On the Interpretation of Genesis." *L'Homme: Revue française d'anthropologie* 21 (1981): 5–36.
*On Tyranny: An Interpretation of Xenophon's Hiero,* revised and expanded ed. Edited by Victor Gourevitch and Michael S. Roth. New York: Free Press, 1991.
*Persecution and the Art of Writing.* Glencoe, Ill.: The Free Press of Glencoe, 1952.
*Philosophie und Gesetz: Beiträge zum Verständnis Maimunis und seiner Vorläufer.* Berlin: Schocken, 1935.
*Philosophy and Law: Essays toward the Understanding of Maimonides and His Predecessors.* Translated by Fred Baumann. Philadelphia: Jewish Publication Society, 1987.
*The Political Philosophy of Hobbes: Its Basis and Its Genesis.* Translated by Elsa M. Sinclair. Chicago: University of Chicago Press, 1952. Original publication, Oxford: Clarendon, 1936.
"Progress or Return? The Contemporary Crisis in Western Civilization." In *An Introduction to Political Philosophy: Ten Essays by Leo Strauss.* Edited with an introduction by Hilail Gildin, 249–310. Detroit: Wayne State University Press, 1989.
*The Rebirth of Classical Political Rationalism: An Introduction to the Thought of Leo Strauss.* Selected and introduced by Thomas L. Pangle. Chicago: University of Chicago Press, 1989.
*Socrates and Aristophanes.* Chicago: University of Chicago Press, 1989.
*Spinoza's Critique of Religion.* Translated by E. M. Sinclair. New York: Schocken, 1965.
"The Spirit of Sparta or the Taste of Xenophon." *Social Research* 6 (1939): 502–36.
*Studies in Platonic Political Philosophy.* With an introduction by Thomas L. Pangle. Chicago: University of Chicago Press, 1983.
*Thoughts on Machiavelli.* Chicago: University of Chicago Press, 1958.
*What Is Political Philosophy? and Other Studies.* Glencoe, Ill.: The Free Press of Glencoe, 1959.
*Xenophon's Socrates.* Ithaca: Cornell University Press, 1972.
*Xenophon's Socratic Disourse: An Interpretation of the "Oeconomicus."* Ithaca: Cornell University Press, 1970.

## 其他作者的作品

Adler, Eve. "Leo Strauss's *Philosophie und Gesetz*." In *Leo Strauss's Thought*, edited by Alan Udoff, 183–226.

Ahrensdorf, Peter J. "The Question of Historical Context and the Study of Plato." *Polity* 27 (1994): 113–35.

Alfarabi. *Alfarabi's Philosophy of Plato and Aristotle*. Translated with an introduction by Muhsin Mahdi, rev. ed. Ithaca: Cornell University Press, 1969.

Bacon, Francis. *Works*. Edited by J. Spedding, R. L. Ellis, and D. D. Heath. 14 vols. 1847–74. Reprint, New York: Garrett Press, 1968.

Brague, Rémi. "Leo Strauss and Maimonides." In *Leo Strauss's Thought*, edited by Alan Udoff, 93–114.

Bruell, Christopher. "Strauss on Xenophon's Socrates." *Political Science Reviewer* 14 (1984): 263–318.

Calasso, Roberto. *The Ruin of Kasch*. Translated by William Weaver and Stephen Sartarelli. Cambridge: Harvard University Press, Belknap Press, 1994.

Cantor, Paul A. "Leo Strauss and Contemporary Hermeneutics." In *Leo Strauss's Thought*, edited by Alan Udoff, 267–314.

Christian, William. *George Grant: A Biography*. Toronto: University of Toronto Press, 1993.

Cicero. *Tusculan Disputations*. Loeb Classical Library. 1927.

———. *Brutus*. Loeb Classical Library, 1939.

Clay, Diskin. "On a Forgotten Kind of Reading." In *Leo Strauss's Thought*, edited by Alan Udoff, 253–66.

Descartes, René. *Discourse on Method*. Translated by Donald A. Cress. Indianapolis: Hackett, 1980.

Diogenes Laertius. *Lives of the Philosophers*. Translated and edited by A. Robert Caponigri. Chicago: Henry Regnery, 1969.

Drury, Shadia. *The Political Ideas of Leo Strauss*. New York: St. Martin's, 1988.

Emberley, Peter, and Barry Cooper, translators and editors. *Faith and Political Philosophy: The Correspondence between Leo Strauss and Eric Voegelin, 1934–1964*. University Park: Pennsylvania State University Press, 1993.

Gadamer, Hans Georg. "Das Drama Zarathustras." *Nietzsche Studien* 15 (1985): 1–15.

Gourevitch, Victor. "Philosophy and Politics." *Review of Metaphysics* 22 (1968): 58–84, 281–328.

Grant, George. *Technology and Justice*. Notre Dame: Notre Dame University Press, 1986.

———. "Tyranny and Wisdom." In his *Technology and Empire: Perspectives on North America*. Toronto: House of Anansi, 1969.

Green, Kenneth Hart. *Jew and Philosopher: The Return to Maimonides in the Jewish Thought of Leo Strauss*. Albany: State University of New York Press, 1993.

Grotius, Hugo. *The Rights of War and Peace*. Translated by A. C. Campbell. New York: M. Walter Dunne, 1901.

Harvey, Warren Zev. "The Return of Maimonideanism." *Jewish Social Studies* 42 (1980): 249–68.

Kant, Immanuel. *Critique of Practical Reason*. Translated by L. W. Beck. New York: The Liberal Arts Press, 1956.

Lampert, Laurence. *Nietzsche's Teaching: An Interpretation of Thus Spoke Zarathustra*. New Haven: Yale University Press, 1986.

———. *Nietzsche and Modern Times: A Study of Bacon, Descartes, and Nietzsche*. New Haven: Yale University Press, 1993.

Longinus. *On the Sublime*. Translated with a commentary by James A. Arieti and John M. Crossett. Toronto: Edwin Mellen, 1985.

Lowenthal, David. "Comment on Colmo." *Interpretation: A Journal of Political Philosophy* 18 (1990): 161–62.

——— "Leo Strauss's *Studies in Platonic Political Philosophy*." *Interpretation: A Journal of Political Philosophy* 13 (1985): 297–320.

Machiavelli, Niccolò. *The Prince*. Translated by Harvey C. Mansfield, Jr. Chicago: University of Chicago Press, 1985.

Mansfield, Harvey C., Jr. *Machiavelli's New Modes and Orders: A Study of the Discourses on Livy*. Ithaca: Cornell University Press, 1979.

Masters, Roger D. "Evolutionary Biology and Natural Right, Leo Strauss: Natural Science and Political Philosophy." In *The Crisis of Liberal Democracy: A Straussian Perspective*. Edited by Kenneth L. Deutsch and Walter Sofer, 48–66. Albany: State University of New York Press, 1987.

McGowan, Margaret. *Montaigne's Deceits: The Art of Persuasion in the Essais*. London: University of London Press, 1974.

Momigliano, Arnaldo. *On Pagans, Jews, and Christians*. Hanover, N. H.: Wesleyan University Press, 1987.

Montaigne, Michel de. *The Complete Essays of Montaigne.* Translated by Donald M. Frame. Stanford: Stanford University Press, 1958.
Newman, John Henry, Cardinal. *Apologia pro vita sua.* Edited by A. Dwight Culler. Boston: Houghton Mifflin, 1956.
Orwin, Clifford. "Leo Strauss, Moralist or Machiavellian." *The Vital Nexus* 1 (1990) 105–13.
Plato. *Euthyphro.* Loeb Classical Library. 1914.
———. *Hippias Minor.* Translated by James Leake. In *The Roots of Political Philosophy: Ten Forgotten Socratic Dialogues.* Edited by Thomas L. Pangle, 281–99. Ithaca: Cornell University Press, 1987.
———. *Laws.* Translated by Thomas L. Pangle. New York: Basic Books, 1979.
———. *Phaedrus.* Loeb Classical Library. 1914.
———. *Republic.* Translated by Allan Bloom. New York: Basic Books, 1968.
———. *Sophist.* In *The Being of the Beautiful: Plato's "Theaetetus," "Sophist," and "Statesman."* Translated by Seth Benardete. Chicago: University of Chicago Press, 1984.
———. *Symposium.* Loeb Classical Library. 1925.
———. *Theaetetus.* In *The Being of the Beautiful: Plato's "Theaetetus," "Sophist," and "Statesman."* Translated by Seth Benardete. Chicago: University of Chicago Press, 1984.
Plutarch. *Nicias.* In *Plutarch's Lives,* vol. 3. Loeb Classical Library. 1916.
———. *Table Talk.* In *Plutarch's Moralia,* vol. 8. Loeb Classical Library. 1969.
Redondi, Pietro. *Galileo: Heretic.* Translated by Raymond Rosenthal. Princeton: Princeton University Press, 1987.
Rosen, Stanley. *Hermeneutics as Politics.* New York: Oxford University Press, 1987.
———. "Leo Strauss and the Quarrel between the Ancients and the Moderns." In *Leo Strauss's Thought,* edited by Alan Udoff, 155–68.
———. "Politics or Transcendence?" In *Faith and Political Philosophy,* edited by Peter Emberley and Barry Cooper, 261–66.
———. *The Question of Being: A Reversal of Heidegger.* New Haven: Yale University Press, 1993.
Rousseau, Jean-Jacques. *The First and Second Discourses.* Edited by Roger D. Masters, translated by Roger D. Masters and Judith R. Masters. New York: St. Martin's, 1964.
Schaefer, David Lewis. "Shadia Drury's Critique of Leo Strauss." *The Political Science Reviewer* 32 (1994): 80–127.
Sokolowski, Robert. *The God of Faith and Reason: Foundations of Christian Theology.* Notre Dame: Notre Dame University Press, 1982.

Toland, John. *Clidophorus*. In his *Tetradymus*. London, 1720.
Udoff, Alan. "On Leo Strauss: An Introductory Account." In *Leo Strauss's Thought*, edited by Alan Udoff, 1–29.
Udoff, Alan, ed. *Leo Strauss's Thought: Toward a Critical Engagement*. Boulder and London: Lynne Rienner, 1991.
Wilhelmsen, Frederick D. *Christianity and Political Philosophy*. Athens: University of Georgia Press, 1978.

# 施特劳斯《注意尼采〈善恶的彼岸〉的谋篇》索引

*Citations are to paragraph numbers*

Abolition, 8, 24, 31, 33, 35
Alcibiades, 25
Altruism, 31
Anaxagoras, 12
Anthropocentrism, 7
Anthropomorphization of the non-human, 33
Ariadne, 15
Aristotle, 6, 33
Asceticism, 17
Atheism, 11, 13, 17; religious, 12, 14
Athens and Jerusalem, 10
Authentic, 29
Autonomy of the herd, 25, 27

Banquet, 1, 4
*Beyond Good and Evil:* compared to *Zarathustra,* 2; is the most beautiful of Nietzsche's books, 1; penultimate aphorism of, 4; "platonizes" as regards the "form," 3; preface, 4, 22; primary theme of, 5; structure of, 6; subtitle, 5; ultimate aphorism of, 4; whole doctrine of is a vindication of god, 9
—Chapters: One, 5, 7–8; Two, 5, 7–9; Three, 6, 10–15; Four, 6, 16–17, 22; Five, 18, 20–21, 23, 25–26; Six, 28–30, 33; Seven, 31, 35–36; Eight, 37; Nine, 38
—*Aphorisms:* #3, 7; #7, 11; #9, 7, 17, 19, 25, 33; #12, 7; #13, 22; #17, 7; #21, 19; #22, 7, 19; #24, 7; #26, 26; #30, 9; #32, 7; #34, 7, 8; #35, 7; #36, 14; #36–37, 8; #37, 7, 13; #38, 7; #40, 7; #41, 17, 37; #44, 5; #45, 6, 20; #46–48, 10; #49, 19; #46–52, 10; #51, 19; #53–57, 10; #55, 19; #58–62, 10; #62, 19, 33; #63, 17; #73, 24; #80–81, 17; #83, 22; #87, 17; #107, 17; #126, 17; #150, 9, 13, 17; #186, 20, 31; #188, 21, 38; #190, 26; #191, 26; #197, 23; #199–200, 25; #201, 25; #202, 25, 26; #203, 33; #207, 30, 31, 33; #208, 30; #209, 29; #211, 30; #213, 29; #214, 31; #219, 31; #222, 31; #223–24, 31; #225, 31; #226, 31; #227, 31; #231, 17; #237, 36; #239, 35; #240, 37; #249, 17; #251, 37; #253, 37; #255, 37; #257, 35; #264, 22; #284, 38; #295, 9

*Citations are to paragraph numbers*

Caesar, 25
Chance, rule of, 25, 33, 34, 35
Christianity, 10, 31
*Circulus vitiosus deus*, 13
City: philosophy and, 6
Commanders, 24, 25
Compassion, 38: as the good, 24, 31; irrational glorification of, 26
Complementary man, 30, 31, 33, 35
Conscience: bad, 30; *Gewissen*, 26; good, 24; intellectual, 32
Courtesy, 36
Creation, 7, 10
Cruelty, 33; in egoism, 32; sacrificing God from, 12; Nietzsche's praise of, 26

*Dawn of Morning*, 1, 10, 11, 29, 38
Democratic movement, 25, 28
*Dionysokolax*, 11
Dionysos, 4, 11
Diotima, 4

*Ecce Homo*, 2
Eckermann, 13
Egoism, 32
Empedocles, 30
Engels, 12
England, 32, 37
*Epistle* VII (Plato), 4
Epicurus, 11
*Eros*, Platonic: will to power replaces, 7
Eternal return, 34, 35; and the rule of the philosophers of the future, 27
Eternal Yes-saying, 13
Eternity, willing of, 14
Europe, 31; herd morality in, 24, 25; united, 30, 37

Fluidity of all concepts, types, and species, 7
France, 37
Free minds, 5, 11; virtues and vices of, 31

Freedom, 12, 21, 25; the knower's, 17
*Führer*, 25

*Gay Science, The*, 1, 27, 30, 33
*Genealogy of Morals*, 9, 24, 25, 26
Genuine, 29
Genius of the heart, 4
Gentleness: Plato's praise of, 26
Germany, 37
*Gewissen*, 26
God, 13, 17; died, 11, 13; Old Testament, 10; is refuted but the devil is not, 9; sacrificed to the Nothing, 13, 14; sacrificing from cruelty of, 12; true doctrine that God is dead, 7; vindication of, 9, 11, 13, 14
Gods do not philosophize, 4
Gods too philosophize, 4
Goethe, 13, 38
Good: common, 24; identified with compassion, 24, 31; identified with the useful, 22
Good and evil: knowledge of, 26
Good in itself, 4, 7; willing of eternity invokes, 14
*Gorgias*, 26
Greeks: overcoming, 30; religion of, 10

Hegel, 6, 30
Heine, 37
Heraclitus, 30
Herd, human: autonomy of, 25, 27; instinct of obedience in, 24; morality of, 23, 24, 25
Historicism, 29, 31
Holy man, 10
*Homines religiosi*, 6, 20, 28
Hume, 20

Ideals, 13, 14, 17
Immoralists, 31
Inequality, 24, 35
Instinct, 2; god-forming, 22; of obedi-

*Citations are to paragraph numbers*

ence, 24; vs. reason, 22; religious, 11; will to power as, 22
Intention, 2
Interpretations, 7, 8, 33; are acts of will to power, 8
Ipsissimosity, 1

Justice, 38: spiritualization of, 31

Kant, Immanuel, 7, 17, 30
Knortz, Karl, 1
Knowledge, 17, 35; as only self-knowledge, 17; virtue is, 26; *Wissen*, 26

Language: perfection in regard to, 1
Law, 21
*Laws*, 7, 29
Leaders: superior morality of, 25
Life, 12, 38; death as opposite of, 19; distinguished from nature, 19; political vs. philosophic, 6; is will to power, 7
Locke, 29
Logos: weakness of, 4

Man: all order and meaning originates in, 7; nature of, 26; re-translated into nature, 33
Man and animals, lack of any cardinal difference between, 7, 26
Marx, 25, 33
Modern philosophy: as anti-Christian but not anti-religous, 12
Modernity, 31
Moral judgement: irrationality of, 22, 26
Morality (morals): beyond good and evil, 17; egoism as basis for, 32; of the human herd, 23, 24, 25; natural history of, 20; natural or rational, 21, 22, 23, 26; "our," 31; and politics, 6; science of, 21

Napoleon, 25
*Natural Right and History*, 22
Nature, 7, 17, 19, 23, 25, 34; the authentic replaces, 29; conquest of, 35; distinguished from life, 19; distinguished from "us," 19; foundation of morals in, 21, 23, 26; and the genuine, 29; instinct akin to, 22; man re-translated into, 33; new philosophers act according to, 25; as noble, 38; order of rank in, 35; *physis*, 21; problem of, 21, 35, 36; suffering in, 31, 35; theme of, 18; vs. the unnatural, 19; and will to power, 7, 35
Nietzsche: as antagonist of Plato, 3; breaks the power of deadly truth, 7; enigmatic statements by, 7; is never boring, 22; "platonizes," 3; points to himself, 1; politics for, 6; religiosity of, 22; theology of, 15, 17
Nobility (noble), 37, 38
*Nomos*, 21
Nothing: adoration of the, 13; divinizing, 14; God sacrificed for the sake of, 13, 14; worship of, 12, 25

Obedience: herd-instinct of, 24; as "moral imperative of nature," 21
Old Testament, 10, 11
"On truth and lie in an extra-moral sense," 12
Order of rank, 31, 35
Otto, Walter F., 15

Pascal, 6
Perfection: in regard to language, 1
Pessimism, 13
*Phaedrus*, 1
Philosopher(s): is the complementary man, 30, 33; Nietzsche's judgement of, 28; prejudices of, 5
Philosopher(s) of the future, 11, 25, 30, 33, 37; and eternal return, 27; saying

*Citations are to paragraph numbers*

Philosopher(s) of the future (*continued*)
  Yes to, 34; precursors of, 30, 31; rule of, 25, 27; virtues of, 38
Philosophic laborers, 28, 30
Philosophizing: by gods, 4; as mode of will to power, 7
Philosophy: historicization of, 29; modern philosophy as anti-Christian, 12; is most spiritual will to power, 25; and religion, 6
Philosophy of the future, 5, 38; precursors of the, 5
Plato, 6, 30; is boring, 22; could have thought that gods philosophize, 4; *eros* and the pure mind according to, 7; fundamental error of, 4; most beautiful writings, 1; Nietzsche as antagonist of, 3; Nietzsche's caricature of, 26; and the Platonic Socrates, 22; praise of gentleness, 26; on truth as unwritable, 4
Platonism: relapse into, 14
Platonizing: as regards the "form," 3
Politics, 6; for Nietzsche, 6
Probity, intellectual, 8, 31, 32
Profound, most, 1
*Protagoras*, 26
Pure mind, 4, 7
Puritanism, 17

Rational, 21, 22, 26
Reason, 20, 35; foundation of morals in, 21, 22; new philosophers act according to, 25
Reasonable: eternal return as, 25; praise of cruelty as, 26; rule of the philosophers of the future as, 25
Reinhardt, Karl, 15
Religion, 7, 8; essence of, 10; of the Greeks, 10; instinct for, 11; philosophy and, 6; true science of, 20, 21
Religion of the future, 10, 12, 13
Religiosity, 11; atheistic, 12, 14; Nietzsche's, 22
*Republic*, 1

Revelation, 11
Rousseau, 22, 29
Rule: of chance, 25, 33, 34, 35; of the philosophers of the future, 25, 27; of philosophy over religion, 6; of religion over philosophy, 6
Russia, 30, 37

Saint, 10
Scholars, 28, 29, 30; virtues and vices of, 31
Science: true science of religion, 20, 21
Scientists, 28, 29, 30
*Second Meditation Out of Season*, 7
Self, 29; knowledge of, 17
Silence, art of, 2
Socrates, 4, 22; Nietzsche's caricature of, 26; Platonic Socrates a monstrosity, 22
Solitude, 38
*Sophist*, 4
Soul, 10
Sovereignty of Becoming, 7
Spirituality (intellectuality), 25, 31
Stoics, 19
Strength, 4, 22
Stupidity, 12, 14, 17, 35, 36
Suffering: abolition of, 31, 35
Super-Socrates, 4
*Symposium (Banquet)*, 1, 4

Temperance, 38
Text, 7, 8, 33
*Theaetetus*, 4
Theism, 11, 31
Theology, Nietzsche's, 15, 17
*Thus Spoke Zarathustra*, 11, 35; compared to *Beyond Good and Evil*, 2; is the most profound book, 1
Transformation, 14, 25
Truth: deadly, 7, 13, 26; as function of time, 29; is that which is powerful, life-giving, 11; love of, 7; most important in life-giving, 7; questioned, 7; unwritable character of, 4

*Citations are to paragraph numbers*

Turn from the autonomy of the herd to the rule of the philosophers of the future, 25, 27
*Twilight of the Gods*, 22
*Twilight of the Idols*, 33
Tyranny: morality as, 21

Utilitarianism, 22, 26, 31, 32

Values: created by the complementary man, 30, 33; are human creations, 26
Vedanta philosophy, 12
*Vernatürlichung*, 34
Vindication of God, 9, 11, 13, 14
Virtues: "our," 31, 32; of the philosopher of the future, 38; Platonic, 38
*Vornehme Natur ersetzt die göttliche Natur*, 38
*Vornehmeit*, 38

Wagner, Richard, 37

Will to power, 7, 35; egoism as, 32; as fundamental instinct, 22; God as creature of, 10; most spiritual, 7, 25, 31, 33; philosophizing as mode of, 7; reasoning in support of, 8; replaces *eros* and the pure mind, 7; and the rule of the philosophers of the future, 27; sacrifice of God and, 12, 14; turning against itself, 12; as vindication of God, 9, 13
*Will to Power*, 22, 33
Wisdom, 4
*Wissen*, 26
Woman and man, 17, 36
World, 7, 8, 13, 14, 31, 33

Yes: eternal, 13; to the eternal, 14; to the fragments and cripples, 35; to the philosophers of the future, 34; unbounded, 25, 27, 34

Zarathustra, 2

# 综合索引

Achilles, 158
Adeimantus, 127, 147, 151, 152–54
Adler, Eve, 135n.8
Agamemnon, 158
Ahrensdorf, Peter J., 155n.20
Ajax, 158
Alcibiades, 75, 76
Alfarabi, 11, 23, 124, 136–38, 142, 157n.21, 159n.23, 168n.1, 175n.8; on the apparent conformity of the philosopher, 16–19, 130; as commentator, 137, 146; on the rule of philosophy over religion, 35–36; on the way of Plato vs. the way of Socrates, 16–19, 145–46
*Amor fati*, 125, 180
Anaxagoras, 52
*Antichrist, The (A)* (Nietzsche), 123, 132, 178
Aphorism, art of, 22
Apollo, 63, 127
*Argument and the Action of Plato's Laws, The (AAPL)* (Strauss), 162, 163
Ariadne, 50, 56, 57, 179, 183
Aristophanes, 7n.4, 30, 120, 160–61, 174, 185

Aristotle, 32, 97, 142n.15
*Assorted Opinions and Maxims (AOM)* (Nietzsche), 122
Atheism, 49–52, 60–62, 106, 134–36, 141, 143n.18. See also God
Athens and Jerusalem, 49, 156, 173–74
Augustine, 30, 122, 123
Austen, Jane, 21
Averroës, 16

Bacon, Francis, 32, 35, 39–40, 76–77, 104–5, 124, 132n.4, 163, 174n.7
*Beyond Good and Evil (BGE)* (Nietzsche): vs. classical philosophy, 118; on esotericism, 22, 124; eternal return in, 101–6; genuine philosophers in, 86–91; as most beautiful of Nietzsche's books, 26–27; nature in, 64–65; on the philosophical laborer, 86–91, 122, 129; philosophy and religion in, 34–36, 42, 45–48; plan of, 30–32, 35, 37, 113–14; platonizing in, 27, 126–28; Preface, 27, 33; religion of the future in, 28, 48–59; as satellite of *Zarathustra*, 56, 102, 134; sequence of aphorisms in, 40–41; singled out by Strauss, 25–26;

*Beyond Good and Evil (continued)*
  Strauss's seminars on, 67n.25; the turn in morals in, 72–85; ultimate aphorism of, 29; virtues of the complementary man in, 92–96; will to power in, 36–38, 40–48
Bloom, Allan, 159n.23
Brague, Rémi, 141n.14, 163n.28
Bruell, Christopher, 121n.1, 137n.11
Buber, Martin, 6n.3

Caesar, 75, 76
Calasso, Roberto, 18
Cantor, Paul A., 132n.4
*Case of Wagner, The* (*CW*) (Nietzsche), 47, 52n.16, 111
Charmides, 124
Christian, William, 16n.16
Christianity, 32, 33–34, 48n.14, 49, 52, 52n.16, 114; its capture of philosophy, 123, 139–40, 144, 174–77; in the medieval enlightenment, 139–40; modern philosophy and, 124; Nietzsche's critique of, 181–82; as Platonism for the people, 40, 47, 121, 155n.20, 169–70
Cicero, 136, 162, 167
*City and Man, The* (*CM*) (Strauss), 18–19, 48n.15, 63n.24, 167; "On Plato's Republic," 146–57
Clay, Diskin, 132n.4
Cohen, Hermann, 94
Commentary, art of, 137, 146
Compassion: goodness identified with, 74, 95; irrational glorification of, 74, 80–81, 116, 121; Nietzsche's, 114, 115–16
Complementary man, 91–96, 185; complements nature, 106; and eternal return, 103, 107–8; as genuine philosopher, 87; and a science of religion, 65; solves the problem of nature, 98, 104, 106, 182, 185; and superman, 91; values created by, 92–93, 98, 105, 108. *See also* Philosophers of the future

Conscience: bad, 83, 170; forged by the transvaluation of values, 85; genealogy of, 73; intellectual, 5, 80, 97, 141, 172, 180; of the philosopher, 91; *Wissen* and *Gewissen*, 83
Cooper, Barry, 132n.5
Courage, philosophical, 115
Cropsey, Joseph, 10nn. 5, 7, 159n.23
Cruelty: God's compared to Dionysos's, 8–9; Machiavelli's, 80–81, 81n.28; necessity of, 114, 116; Nietzsche's praise of, 80–81, 110, 118; Strauss defends Nietzsche's, 80–81, 81n.7, 94, 97, 103; and the willing of suffering, 105–6

Dannhauser, Werner J., 159n.23
*Dawn of Morning*. See *Daybreak*
*Daybreak* (*D*) (Nietzsche), 13, 21, 26, 50, 90, 113, 114
Democritus, 169, 171, 174
Descartes, René, 104–5, 112, 169; esotericism of, 14, 124, 125, 132n.4; set out to liberate philosophy from religion, 32, 124
Devil: God as, 45–47, 47n.13
*Dionysiokolakes*, 50–51, 121, 142
*Dionysokolax*, 50, 59
Dionysos: and Ariadne, 56–58, 179; cruelty of, 8–9; *dionysokolax*, 50–51; and eternal return, 53, 182; Nietzsche as initiate of, 88, 134; as philosophizing god, 28, 127, 183; vindicated, 47
Diotima, 28–29, 62, 70, 115, 161
Dostoievski, F. M., 21
Drury, Shadia, 132n.5

*Ecce Homo* (*EH*) (Nietzsche), 1, 9, 130, 178; on *Beyond Good and Evil*, 27, 56, 134; on eternal return, 56
Emberley, Peter, 132n.5
Engels, Friedrich, 51
England, 111–12
Enlightenment: Greek, 174–76; medieval, 136–45, 163, 164, 175n.8;

modern, 117–18, 134–36; Nietzsche vs., 117–18, 141, 164; Nietzschean (see Philosophy of the future); Platonic, 145–62
Epicurus: in Nietzsche's history of philosophy, 164, 174–75; vs. Platonic morality 73, 169; on Platonists as *dionysiokolakes*, 50–51, 121, 142; Strauss compared to, 184
Esotericism, 3, 20–24, 29–30, 124–26, 167–68; and deadly truth, 38; in Descartes, 14, 124, 125, 132n.4; free minds attuned to, 45; in the medieval enlightenment, 136–38, 141; Nietzsche's, 126–28; Strauss's, 14–15, 132n.5, 172–73. See also Reading, art of; Writing, art of
Eternal return, 100, 101–9, 134, 182; achieves the rule of philosophy over religion, 52–57; as the highest value, 2, 36, 179, 185; and the rule of the philosophers of the future, 78, 84–85; will to power related to, 2, 36, 53, 55, 78, 84, 100, 103, 108
Europe: united, 92, 111, 111n.39
*Euthyphro* (Plato), 54
Evil: knowledge of, 82–83; Nietzsche's understanding of, 95–96

Farabi. *See* Alfarabi
France, 111–12, 111n.40
Free minds, 92, 93, 96n.33; atheism of, 134; as Nietzsche's audience, 31, 45, 179; as scholars, 88
Frisby, David H., 25

Gadamer, Hans Georg, 5n.1
Galileo, 125
*Gay Science, The* (*GS*) (Nietzsche), 26, 46n.12, 112n.41, 122; on the de-anthropomorphization of nature, 99; on the farmers of the spirit, 74, 96; on modern scholarship, 87, 125; on the naturalization of humanity, 97; on polytheism, 71, 121

*Genealogy of Morals, The* (*GM*) (Nietzsche), 13, 15, 33, 66, 76; on compassion, 80; on conscience, 83; on probity, 22–23
Germany, 111–12, 111n.40
Glaucon, 127, 147, 153, 157
Gnosticism, 47n.13
God: is dead, 28, 38–39, 46, 49–50, 58, 91, 139, 168–69, 173, 182; in the medieval enlightenment, 138–39; refuted, 37, 96n.33; sacrifice of, 51; for Straussians, 130, 132, 168n.1; the vicious circle made god, 53; vindication of, 39, 41, 45–48, 49, 53, 54, 58, 136
Gods, 180; and the advantage of polytheism, 71; death of, 58, 121; philosophizing, 28, 83, 127, 183; twilight of, 69–70
Goethe, 113n.42
Good: compassion identified with, 74, 95; in itself, 28, 29, 37, 118; knowledge of good and evil, 82–83; and the true, 44, 48, 57, 172
*Gorgias* (Plato), 82
Gourevitch, Victor, 134n.7
Grant, George, 16n.16, 140n.13
Greeks, 113; enlightenment, 174–76; religion of, 49
Green, Kenneth Hart, 134n.6, 136n.9, 137n.10, 143n.18
Grotius, Hugo, 132n.4

Harvey, Warren Zev, 163n.28
Hegel, G. W. F., 90, 91, 92, 105, 129
Heidegger, Martin, 1, 6–8, 13, 36, 48n.14, 76, 89, 135
Heine, Heinrich, 111n.40
Herd, autonomy of, 112, 177; and morality, 68, 71, 72–78; and the turn to the rule of the philosophers of the future, 78, 87, 98, 104–5
*Hippias Minor* (Plato), 158
Historicism: the complementary man's limiting of, 95; as dangerous to life, 6–7; Nietzsche accused of, 8; and philosophy, 89–91, 90n.31

History: end of, 105; and eternal return's affirmation, 102–6; and nature, 2, 89–91, 101, 107, 180; a Nietzschean history of philosophy, 56, 121–26. *See also* Historicism
*History of Political Philosophy* (*HPP*) (Strauss), 172n.5
Hobbes, Thomas, 124
Homer, 68–69, 156–58; Plato's rivalry with, 15, 49, 151–52, 156–58; religion of, 49
Honesty, 38, 51, 54, 60, 172. *See also* Probity, intellectual
"How to Begin to Study *The Guide of the Perplexed*" (Strauss), 60n.22
*Human, All Too Human* (*HH*) (Nietzsche), 10, 96

Inequality: in the war between the sexes, 110; willing of, 105–6. *See also* Order of rank
Instinct: god-forming, 70; to obey or command, 73; will to power as, 70
Ipsissimosity: Nietzsche's, 26; Socrates', 83
Ischomachus, 120, 184
Islam, 139–40, 175n.8

Jaffa, Harry, 159n.23
"Jerusalem and Athens" (Strauss), 12, 12n.8, 48n.14
Jesuitism, 33–34
Judaism, 143n.18; in the medieval enlightenment, 139–40
Justice, 114, 132, 148, 150; spiritualization of, 94–95, 116

Kant, Immanuel, 61, 108, 129, 168n.1
Klein, Jacob, 131
Knowledge: of good and evil, 82–83; of nature, 59–60; self-knowledge, 60, 62–63, 83–84; as virtue, 82–83
Kojève, Alexandre, 43n.10, 105, 143n.18

Last man, 73, 177. *See also* Herd, autonomy of

*Laws* (Plato), 40n.9, 115, 161–62, 163
Lessing, G. E., 1, 29, 56, 122, 132n.4
*Liberalism Ancient and Modern* (*LAM*) (Strauss), 86, 92, 129, 131, 172
Lies: necessary, 30; noble, 120, 127, 170, 173. *See also* Pious fraud
Locke, John, 90, 91, 124
Longinus, 15
Lowenthal, David, 142, 142n.16
Löwith, Karl, 5, 109
Luther, Martin, 176

Machiavelli, Niccolò, 6, 9, 12n.9, 13, 46, 124, 141, 143, 186; vs. Christianity, 144; on cruelty, 80–81, 81n.28; on natural right, 163
Maimonides, Moses, 5, 142, 142n.15, 143n.18, 163n.28, 168n.1, 185; esotericism in, 60n.22, 124, 136–37; on moral virtues as political, 131
Mansfield, Harvey C., Jr., 14n.3
Masters, Roger D., 171n.4
McGowan, Margaret, 14n.12
Modernity: Strauss's indictment of, 8–10, 117–18, 134–36
Momigliano, Arnaldo, 14
Monotheism, 70–71
Montaigne, Michel de, 29, 46n.11, 112, 123, 124, 132n.4; on Plato, 161
Morality, 31; of the commanders, 74–78; of the complementary man, 95–96; from eternal return, 108–10; of the majority, 72–78; and nature, 61–68, 78, 82, 84, 93, 105–6; an order of rank in, 105–6; reason in, 63–64, 68–72, 78, 79–84; science of, 65–66; from two moral types, 72–78

Napoleon, 75, 76
Nation: in Straussianism, 130, 132, 168n.1, 173, 185
National Socialism, 9
Natural right, 162–63, 171, 171n.4
*Natural Right and History* (*NRH*) (Strauss), 89; Nietzsche in, 6–7,

171n.4; on philosophy and religion, 32, 32n.3, 140, 173
Naturalization of humanity, 97–101
Nature, 39, 40, 41–42; conquest of, 104–5, 110, 117, 144; deanthropomorphization of, 98–100; divine, 26–27; and eternal return's affirmation, 102–6, 108; and history, 2, 89–91, 101, 107; knowledge of, 59–60; of man, 82, 84, 92, 103–4; and morality, 61–68, 78, 82, 84, 93, 105–6; noble replaces divine, 15, 112–16; and philosophy, 85–86; in politics, 64–65; problem of, 104–5, 110, 185; return to, 97–100, 98n.35; technological mastery of, 76–77; woman and man in, 110
Newman, Cardinal John Henry, 132n.4
Nietzsche, Elisabeth Förster, 1
Nietzsche, Friedrich Wilhelm: as anticlassical, 118–19; as anti-modern, 117–18; Christianity critiqued by, 181–82; vs. the Enlightenment, 117–18; on esotericism in philosophy, 20–24, 29–30; as genuine philosopher, 122; his history of philosophy, 56, 121–26; his kinship with Plato, 129; on nihilism, 177–79; as philosopher of the future, 119–21; and philosophy's quarrel with poetry, 156; on philosophy's subjection to religion, 173–77; platonizing by, 12, 27, 27n.2, 116, 117, 122, 126–28, 178; points to himself, 26–27; on politics for philosophy, 167–73, 185; on his posthumous authorship, 1; his relapse into Platonism, 12, 39, 54–55, 56, 102, 107, 117, 145; rivalry with Plato, 2, 15–16, 19–20, 21, 26–27, 37–38, 63, 68–69, 79, 92, 103, 113, 114, 116, 118–19; and science, 169–73; Socrates critiqued by, 81–84; Strauss's inflammatory discourse on, 8–10; in Strauss's writings, 5–10, 7n.4; true identity of, 88. *See also titles of individual works*

*Nietzsche Contra Wagner* (Nietzsche), 111
Nihilism, 30, 51–54, 78, 107, 121, 177–79
Nobility, 113–16, 126; European, 110–12; Nietzsche's, 27
"Note on the Plan of Nietzsche's *Beyond Good and Evil*" (Strauss), 1–3, 10–11; esoteric devices in, 14; final sentence, 15, 20, 116; forms of argument in, 13; its placement in *SPPP,* 10–12, 48n.14; title of as imperative, 12. Paragraphs: ¶1, 25–27; ¶2, 25, 27; ¶3, 25, 27; ¶4, 28–29, 115; ¶5, 30–31, 36, 93; ¶6, 31–34, 59; ¶7, 34–42, 52, 75, 84; ¶8, 34–35, 37, 39, 42–44; ¶9, 44–48, 96n.33; ¶10, 48–49; ¶11, 49–51, 61; ¶12, 51–52; ¶13, 35, 52–53, 56; ¶14, 39, 53–57, 107; ¶15, 57–59; ¶16, 59; ¶17, 59–64, 110; ¶18, 64; ¶19, 64–65, 106; ¶20, 65–66; ¶21, 66–68; ¶22, 68–72; ¶23, 72–73; ¶24, 73–74; ¶25, 74–78; ¶26, 75, 78–84, 92, 97, 103; ¶27, 75, 84–87; ¶28, 87–88; ¶29, 88–91; ¶30, 91–93; ¶31, 68, 88n.29, 90, 93–96; ¶32, 97; ¶33, 70, 97–100; ¶34, 91, 101–2; ¶35, 67, 75, 77, 91, 92, 102–10; ¶36, 110; ¶37, 111–12; ¶38, 15, 20, 112–16
"Notes on Maimonides' *Book of Knowledge*" (Strauss), 12n.10

Odysseus, 62, 99; reformed, 158–59
Oedipus, 99
"On the Interpretation of Genesis" (Strauss), 171n.3
"On Truth and Lie in an Extra-moral Sense" (Nietzsche), 52
*On Tyranny* (*OT*) (Strauss), 43n.10, 77, 117, 120, 123n.3, 130, 155n.20
Opinion, 167–68
Order of rank, 94, 104–6, 118, 156, 159, 162, 182
Orwin, Clifford, 133n.5
Overbeck, Franz, 27n.2

Pangle, Thomas, 48n.14
Pascal, Blaise, 33–34
*Persecution and the Art of Writing (PAW)* (Strauss), 9, 56, 89, 108, 122, 128, 130; Alfarabi in, 137; on dialectic, 149; on esoteric devices, 11, 68; on Plato, 16, 17, 146; on the Platonic philosopher, 18
Pessimism, 107, 177. *See also* Nihilism
*Phaedrus* (Plato), 2, 19, 137, 151
Philanthropy, 18, 108, 122, 123, 162
Philo, 136
Philology, 175; vs. physics, 41–42
Philosopher: as commander and legislator, 58–59, 156; as criminal, 74; genuine, 86–91, 119, 121–22, 125, 126, 129; and morality, 68; Nietzsche as, 117; rule of, 18, 150–54, 159n.23. *See also* Philosophers of the future
Philosophers of the future, 31, 91–92; compared to free minds, 93; Nietzsche as one, 119–21; platonizing by, 126–28; rule of, 75, 76, 78, 79, 84–85, 87, 98, 101, 104; turn from the autonomy of the herd to the rule of, 78, 87, 98, 104–5. *See also* Complementary man; Philosophy of the future
Philosophical laborer, 86–91, 122; Strauss as, 129
Philosophy: captured by religion, 31–34, 32n.3, 48n.14, 123, 139–40, 144, 173–77; classical, 118–19; as edifying, 56, 107; as erotic, 56, 122; and eternal return, 108; German, 111–12; historicism and, 89–91, 90n.31; immoderation of, 119–21; modern philosophy critiqued, 5–6, 8–10, 117–18, 134–36; and nature, 85–86; Nietzschean history of, 56, 121–26; vs. poetry, 7n.4, 151–52, 155–59; politics for, 31–34, 77, 130, 167–73, 184–86; its rule over religion, 35, 42, 45–48, 48n.14, 50, 57–59, 62, 71, 118, 126–28, 156;

science and, 90, 169–73. *See also* Philosophy of the future; Platonic political philosophy
*Philosophy and Law (PL)* (Strauss), 5–6, 139, 141–42; Nietzsche in, 141n.14
Philosophy of the future, 30–31, 114; and eternal return, 84–85; poetry generated from, 100, 127, 179; religion generated from, 34–36, 42, 48–59, 48n.14, 126–28, 179–83; rule of, 75, 78, 79, 84–85. *See also* Philosophers of the future
Pious fraud, 30, 33, 124, 126, 172–73, 180
Plato: is boring, 69, 70, 96; as Christianity's antecedent, 69–70, 121; compassion in, 80; and the danger of science to philosophy, 90; and eros, 54; esotericism in, 20–21; as genuine philosopher, 122–23; and the Greek enlightenment, 160–61, 174–75; in the medieval enlightenment, 136–42; on moderation, 121; and morality, 63–64, 71–73, 113, 130; on the natural as genuine, 89; natural philosophy rescued by, 155n.20; Nietzsche's kinship with, 129; Nietzsche's rivalry with, 2, 15–16, 19–20, 21, 26–27, 37–38, 63, 68–69, 79, 92, 103, 113, 114, 116, 118–19; on the philosopher, 86; pious fraud by, 30, 170; platonizing by, 28–30; points away from himself, 26–27; as revolutionary theologian, 162; his rivalry with Homer, 15, 49, 151–52, 156–58; way of, 16–20. *See also* Platonic political philosophy; Platonism
Platonic political philosophy, 3, 18–20, 19n.18, 129, 154, 159–65, 184; courage in, 115; and deadly truth, 38, 162; hides genuine philosophers, 86; in the medieval enlightenment, 136–45, 163; and moderation, 119–21; vs. modernity, 117–18; Nietz-

sche and, 12, 117; and the Platonic enlightenment, 145–59, 160–62; poetry for, 157–59, 164; and religion, 142–43; and the way of Thrasymachus, 146–47, 159n.23
Platonism, 28–30, 96, 103, 122; Christianity as, 140, 155n.20; death of, 28, 30, 169; fight against, 33–34; Nietzsche vs. the tenets of, 118–19; Nietzsche's relapse into, 39, 54–55, 56, 102, 107, 117, 145
Plutarch, 123, 155n.20, 158n.22
Poetry: emerges from the philosophy of the future, 100, 127, 179; vs. philosophy, 7n.4, 151–52, 155–59; Platonic, 157–59, 164
*Political Philosophy of Hobbes, The (PPH)* (Strauss), 7n.4
Politics: nature in, 64; for philosophy, 31–34, 77, 130, 167–73, 184–85; science in service of, 141
Polytheism. See Gods
"Preliminary Observations on the Gods in Thucydides' Work" (Strauss), 10
Probity, intellectual, 5, 22–23, 38, 93, 170, 172; atheism as, 134, 141; and cruelty, 95–97, 100
Prophetology, 136, 136n.9
*Protagoras* (Plato), 82
Pure mind, 28, 29, 37, 118

Reading, art of, 2, 14, 37, 45, 168, 175. See also Esotericism; Writing, art of
Reason: in morality, 63–64, 68–72, 78, 79–84
*Rebirth of Classical Political Rationalism, The (RCPR)* (Strauss), 16, 85, 91n.32, 122
Redemption, 106
Redondi, Pietro, 125
Rée, Paul, 66
Reinhardt, Karl, 13, 57
Religion: its capture of philosophy, 31–34, 32n.3, 48n.14, 123, 140, 144, 173–77; generated from the philosophy of the future, 34–36, 42, 48–59, 48n.14, 126–28, 179–83; as the god-forming instinct, 70; monotheism vs. polytheism, 70–71; philosophy's rule over, 35, 42, 45–48, 48n.14, 50, 57–59, 62, 71, 118, 126–28, 156; science as, 121; true science of, 65–66
Renaissance, 176–77
*Republic* (Plato), 48n.15; courage in, 115; Thrasymachus's role in, 18–19, 19n.18, 146–57
"Restatement on Xenophon's *Hiero*" (Strauss), 43n.10, 117
Revenge, 49, 105, 123, 170
*Richard Wagner in Bayreuth (RWB)* (Nietzsche), 182
Rosen, Stanley, 143n.18, 159n.23, 168n.1
Rousseau, Jean-Jacques, 89, 143
Rule, 31–34; of the philosopher, 18, 75, 76, 78, 79, 84–85, 87, 98, 101, 104, 150–54, 159n.23; of philosophy over religion, 35, 42, 45–48, 48n.14, 50, 57–59, 62, 71, 156

Schaefer, David Lewis, 133n.5
Scholars: as natural, 89; "we" scholars, 87–88, 88n.29
Science: vs. Christianity, 144; conquest of nature by, 104–5, 110, 117, 144; danger to philosophy of, 90, 144, 183; in the Enlightenment, 141; as modern religion, 121; of morals, 65–66; Nietzsche's praise for, 169–73; and the philosophy of the future, 180; vs. religion, 171
Socrates 2–3, 7n.4, 46, 48n.15, 54, 130, 132n.4, 162; Aristophanes and, 160–61; danced alone, 123–24; his friendship with Thrasymachus, 19, 152–54; lying, 127; and morality, 71–72, 174; Nietzsche's critique of, 81–84; pious fraud by, 120, 127; Plato points to, 26; politics learned by, 120–21; on the rule of the

Socrates (*continued*)
  philosopher, 150–54; and science, 63, 171; second sailing of, 90; super-Socrates, 28; taming of Thrasymachus, 147–50; unriddling of, 68–69; way of, 16–17, 145–46
*Socrates and Aristophanes* (*SA*) (Strauss), 70, 81
Sokolowski, Robert, 140n.13
*Sophist* (Plato), 28
Sophocles, 152, 157
Spinoza, Baruch, 6, 56, 122, 124, 134
*Spinoza's Critique of Religion* (*SCR*) (Strauss), 134, 135; Nietzsche in, 6, 6n.3
"Spirit of Sparta or the Taste of Xenophon, The" (Strauss), 137n.11
Spiritualization of justice and severity, 94–95, 116
Stevens, Wallace, 166, 181
Stoics, 68
Strauss, Leo: as atheist, 38–39, 143n.18; esotericism of, 14–15, 132n.5, 172–73; his indictment of Christianity, 140; his inflammatory discourse on Nietzsche, 3, 8–10; intent of, 129–31; on the medieval enlightenment, 136–45, 163, 164, 175n.8; on the modern enlightenment, 134–36; on the Nietzsche-Plato rivalry, 15–16, 19–20; and a Nietzschean history of philosophy, 123–26; Nietzsche's influence on, 1, 5–10, 7n.4, 134–36, 134n.6, 141n.14, 168n.1; on Plato, 16–20; and the Platonic enlightenment, 145–59; on Plato's *Laws*, 161–62; on politics for philosophy, 167–73, 168n.1, 184–86; his reticence about affirming Nietzsche, 3, 166–67; and science, 169–73; and Straussianism, 3, 130, 132, 167, 168n.1; as writer, 2–3, 35. See also "Note on the Plan of Nietzsche's *Beyond Good and Evil*"; *other individual works*

Straussianism, 3, 130, 132, 167, 168n.1
*Studies in Platonic Political Philosophy* (*SPPP*) (Strauss), 9, 26, 130; on blasphemy, 46; "Machiavelli," 81; placement of the "Note" in, 10–12, 48n.14; on spiritualization, 94. See also "Note on the Plan of Nietzsche's *Beyond Good and Evil*"
Suffering, 94; in the war between the sexes, 110; willing of, 105–6, 114. See also Cruelty
Superman, 91. See also Complementary man
*Symposium* (Plato), 161

*Thoughts on Machiavelli* (*TM*) (Strauss), 9, 12n.9, 13, 107, 115, 143–45; Nietzsche in, 7n.4; on philosophy as edifying, 56, 107; on the tyranny of God, 46, 46n.12
Thrasymachus, 18–19, 19n.18, 146–57; converted and employed, 150–55; and philosophy's quarrel with poetry, 151–52, 155–59; and the rule of the philosopher, 151–54, 159n.23; tamed, 147–50
Thucydides, 69, 174, 186
*Thus Spoke Zarathustra* (*Z*) (Nietzsche), 23, 27, 58, 178, 179; *Beyond Good and Evil* as satellite of, 56, 102, 134; eternal return in, 55–56, 108, 183; nature and history in, 106–7; the new poetry in, 100; as Nietzsche's most profound book, 26; platonizing in, 27n.2; superman in, 91
Toland, John, 132n.4
Tragedy, 152, 157, 174
*Transvaluation of All Values, The* (Nietzsche), 85, 178–79, 182
Truth: deadly, 7, 38–39, 52, 84, 91, 126, 137, 162; gap between speech and, 29; and the good, 44, 48, 57, 172
Twilight of the gods, 69–70

综合索引 265

*Twilight of the Idols* (*TI*) (Nietzsche), 20, 30, 69–70, 71, 98n.35, 123, 124

Udoff, Alan, 12n.8, 131n.2

*Uses and Disadvantages of History for Life, The* (*UD*) (Nietzsche), 7, 21, 30, 126, 167

Utilitarianism, 82, 95, 97

Values: anthropomorphizing, 100; created by Nietzsche, 126; created by the complementary man, 92–93, 98, 105, 108; eternal return as highest value, 2, 36, 179, 185; as human creations, 84; tablet of, 127; transvaluation of, 85, 178–79, 182

Virtues: of the complementary man, 94–96; of the free minds, 93; Greek, 113; and knowledge, 82–83; Nietzschean vs. Platonic, 114–15; "our," 68, 93; and politics, 131

Voltaire, 113n.42

Wagner, Richard, 98, 111, 112

*What is Political Philosophy?* (*WPP*) (Strauss), 11, 17, 23, 46, 60n.22, 72, 162; Alfarabi in, 137–38; on esoteric devices, 14; on historicism, 90n.31; "How Farabi Read Plato's *Laws*," 19; on moderation, 120; Nietzsche in, 7–10; "Political Philosophy and History," 90n.31

White, Howard B., 159n.23

Wilhelmsen, Frederick D., 140n.13

Will to power, 8, 39, 43n.10, 96n.33, 118, 119, 127, 134, 179; and cruelty, 97; and eternal return, 2, 36, 53, 55, 78, 84, 100, 103, 108; as fundamental fact, 6, 40–48, 52–53, 102, 135, 185; as fundamental instinct, 70; philosophizing as most spiritual, 37, 62, 96, 99; as source of religion, 49; turning against itself, 51; values from, 36–38, 67, 98; as vindication of God, 45, 47–48, 48n.14, 58

*Will to Power, The* (*WP*) (Nietzsche), 98

Wisdom: replaced by insight, 115

Woman and man, 110

Writing, art of, 2–3, 14–15, 19, 20, 37, 117; centering, 11–12, 14; commentary, 137, 146; counting and number devices, 14, 60n.22, 81, 81n.28; repetitions, 68. *See also* Esotericism; Reading, art of

Xenophon, 21, 123–24, 127, 186; and cruelty, 81n.27; in the quarrel between philosophy and poetry, 7n.4; Strauss's use of, 131–32, 132n.4, 137n.11

"Xenophon's *Anabasis*" (Strauss), 10, 81n.27, 131–32

*Xenophon's Socratic Discourse* (*XSD*) (Strauss), 120–21, 121n.1

Zarathustra, 22, 23, 180–81; his affirmation of nature, 106–7; on eternal return, 55, 108, 183; on the last man, 73; platonizing by, 27n.2; and scholars, 88

Leo Strauss and Nietzsche

© 1996 by The University of Chicago. All rights reserved.

Licensed by The University of Chicago Press, Chicago, Illinois, U.S.A.

**版权所有　翻印必究**

北京市版权局著作权合同登记号：图字 01-2024-5936

### 图书在版编目（CIP）数据

施特劳斯与尼采：修订本／（加）劳伦斯·朗佩特（Laurence Lampert）著；田立年等译. -- 北京：华夏出版社有限公司，2025. --（西方传统：经典与解释）. -- ISBN 978-7-5222-0824-4

Ⅰ. B516.39; B516.47

中国国家版本馆 CIP 数据核字第 2025DY7985 号

### 施特劳斯与尼采（修订本）

| 作　　者 | ［加］劳伦斯·朗佩特 |
|---|---|
| 译　　者 | 田立年　贺志刚　等译 |
| 责任编辑 | 李安琴 |
| 责任印制 | 刘　洋 |
| 出版发行 | 华夏出版社有限公司 |
| 经　　销 | 新华书店 |
| 印　　装 | 三河市万龙印装有限公司 |
| 版　　次 | 2025 年 8 月北京第 1 版<br>2025 年 8 月北京第 1 次印刷 |
| 开　　本 | 880×1230　1/32 |
| 印　　张 | 9 |
| 字　　数 | 234 千字 |
| 定　　价 | 78.00 元 |

**华夏出版社有限公司**　地址：北京市东直门外香河园北里 4 号　邮编：100028
网址：www.hxph.com.cn　电话：(010)64663331（转）
若发现本版图书有印装质量问题，请与我社营销中心联系调换。

西方传统：经典与解释
Classici et Commentarii
HERMES
刘小枫◎主编

## 古今丛编

迷宫的线团　[英]弗朗西斯·培根 著
伊菲革涅亚　吴雅凌 编译
欧洲中世纪诗学选译　宋旭红 编译
克尔凯郭尔　[美]江思图 著
货币哲学　[德]西美尔 著
孟德斯鸠的自由主义哲学　[美]潘戈 著
莫尔及其乌托邦　[德]考茨基 著
试论古今革命　[法]夏多布里昂 著
但丁：皈依的诗学　[美]弗里切罗 著
在西方的目光下　[英]康拉德 著
大学与博雅教育　董成龙 编
探究哲学与信仰　[美]郝岚 著
民主的本性　[法]马南 著
梅尔维尔的政治哲学　李小均 编/译
席勒美学的哲学背景　[美]维塞尔 著
果戈里与鬼　[俄]梅列日科夫斯基 著
自传性反思　[美]沃格林 著
黑格尔与普世秩序　[美]希克斯 等著
新的方式与制度　[美]曼斯菲尔德 著
科耶夫的新拉丁帝国　[法]科耶夫 等著
《利维坦》附录　[英]霍布斯 著
或此或彼（上、下）　[丹麦]基尔克果 著
海德格尔式的现代神学　刘小枫 选编
双重束缚　[法]基拉尔 著
古今之争中的核心问题　[德]迈尔 著
论永恒的智慧　[德]苏索 著
宗教经验种种　[美]詹姆斯 著
尼采反卢梭　[美]凯斯·安塞尔-皮尔逊 著
舍勒思想评述　[美]弗林斯 著

诗与哲学之争　[美]罗森 著
神圣与世俗　[罗]伊利亚德 著
但丁的圣约书　[美]霍金斯 著

## 古典学丛编

伊壁鸠鲁主义的政治哲学
[意]詹姆斯·尼古拉斯 著
迷狂与真实之间　[英]哈利威尔 著
品达《皮托凯歌》通释　[英]伯顿 著
俄耳甫斯祷歌　吴雅凌 译注
荷马笔下的诸神与人类德行　[美]阿伦斯多夫 著
赫西俄德的宇宙　[美]珍妮·施特劳斯·克莱 著
论王政　[古罗马]金嘴狄翁 著
论希罗多德　[苏]卢里叶 著
探究希腊人的灵魂　[美]戴维斯 著
尤利安文选　马勇 编/译
论月面　[古罗马]普鲁塔克 著
雅典诺剧与逻各斯　[美]奥里根 著
菜园哲人伊壁鸠鲁　罗晓颖 选编
劳作与时日（笺注本）　[古希腊]赫西俄德 著
神谱（笺注本）　[古希腊]赫西俄德 著
赫西俄德：神话之艺　[法]居代·德拉孔波 编
希腊古风时期的真理大师　[法]德蒂安 著
古罗马的教育　[英]葛怀恩 著
古典学与现代性　刘小枫 编
表演文化与雅典民主政制
[英]戈尔德希尔、奥斯本 编
西方古典文献学发凡　刘小枫 编
古典语文学常谈　[德]克拉夫特 著
古希腊文学常谈　[英]多佛 等著
撒路斯特与政治史学　刘小枫 编
希罗多德的王霸之辨　吴小锋 编/译
第二代智术师　[英]安德森 著
英雄诗系笺释　[古希腊]荷马 著
统治的热望　[美]福特 著
论埃及神学与哲学　[古希腊]普鲁塔克 著
凯撒的剑与笔　李世祥 编/译

修昔底德笔下的人性　[美]欧文 著
修昔底德笔下的演说　[美]斯塔特 著
古希腊政治理论　[美]雷纳 著
赫拉克勒斯之盾笺释　罗逍然 译笺
《埃涅阿斯纪》章义　王承教 选编
维吉尔的帝国　[美]阿德勒 著
塔西佗的政治史学　曾维术 编
幽暗的诱惑　[美]汉密尔顿 著

## 古希腊诗歌丛编

古希腊早期诉歌诗人　[英]鲍勒 著
诗歌与城邦　[美]费拉格、纳吉 主编
阿尔戈英雄纪（上、下）
[古希腊]阿波罗尼俄斯 著
俄耳甫斯教辑语　吴雅凌 编译

## 古希腊肃剧注疏

欧里庇得斯及其对雅典人的教诲
[美]格里高利 著
欧里庇得斯与智术师　[加]科纳彻 著
欧里庇得斯的现代性　[法]德·罗米伊 著
自由与僭越　罗峰 编译
希腊肃剧与政治哲学　[美]阿伦斯多夫 著

## 古希腊礼法研究

宙斯的正义　[英]劳埃德-琼斯 著
希腊人的正义观　[英]哈夫洛克 著

## 廊下派集

剑桥廊下派指南　[加]英伍德 编
廊下派的苏格拉底　程志敏 徐健 选编
廊下派的神和宇宙　[墨]里卡多·萨勒斯 编
廊下派的城邦观　[英]斯科菲尔德 著

## 希伯莱圣经历代注疏

希腊化世界中的犹太人　[英]威廉逊 著
第一亚当和第二亚当　[德]朋霍费尔 著

## 新约历代经解

属灵的寓意　[古罗马]俄里根 著

## 基督教与古典传统

保罗与马克安　[德]文森 著
加尔文与现代政治的基础　[德]汉考克 著
无执之道　[德]文森 著
恐惧与战栗　[丹麦]基尔克果 著
托尔斯泰与陀思妥耶夫斯基
[俄]梅列日科夫斯基 著
论宗教大法官的传说　[俄]罗赞诺夫 著
海德格尔与有限性思想（重订版）
刘小枫 选编
上帝国的信息　[德]拉加茨 著
基督教理论与现代　[德]特洛尔奇 著
亚历山大的克雷芒　[意]塞尔瓦托·利拉 著
中世纪的心灵之旅　[意]圣·波纳文图拉 著

## 德意志古典传统丛编

论德意志文学及其他　[德]弗里德里希二世 著
卢琴德　[德]弗里德里希·施勒格尔 著
黑格尔论自我意识　[美]皮平 著
克劳塞维茨论现代战争　[澳]休·史密斯 著
《浮士德》发微　谷裕 选编
尼伯龙人　[德]黑贝尔 著
论荷尔德林　[德]沃尔夫冈·宾德尔 著
彭忒西勒亚　[德]克莱斯特 著
穆佐书简　[奥]里尔克 著
纪念苏格拉底——哈曼文选　刘新利 选编
夜颂中的革命和宗教　[德]诺瓦利斯 著
大革命与诗化小说　[德]诺瓦利斯 著
黑格尔的观念论　[美]皮平 著
浪漫派风格——施勒格尔批评文集　[德]施勒格尔 著

## 巴洛克戏剧丛编

克里奥帕特拉　[德]罗恩施坦 著
君士坦丁大帝　[德]阿旺西尼 著
被弑的国王　[德]格吕菲乌斯 著

## 美国宪政与古典传统

美国1787年宪法讲疏　[美]阿纳斯塔普罗 著

## 启蒙研究丛编

动物哲学 [法]拉马克 著
赫尔德的社会政治思想 [加]巴纳德 著
论古今学问 [英]坦普尔 著
历史主义与民族精神 冯庆 编
浪漫的律令 [美]拜泽尔 著
现实与理性 [法]科维纲 著
论古人的智慧 [英]培根 著
托兰德与激进启蒙 刘小枫 编
图书馆里的古今之战 [英]斯威夫特 著

## 政治史学丛编

布克哈特书信选 [瑞士]雅各布·布克哈特 著
启蒙叙事 [英]欧布里恩 著
历史分期与主权 [美]凯瑟琳·戴维斯 著
驳马基雅维利 [普鲁士]弗里德里希二世 著
现代欧洲的基础 [英]赖希 著
克服历史主义 [德]特洛尔奇 等著
胡克与英国保守主义 姚啸宇 编
古希腊传记的嬗变 [意]莫米利亚诺 著
伊丽莎白时代的世界图景 [英]蒂利亚德 著
西方古代的天下观 刘小枫 编
从普遍历史到历史主义 刘小枫 编
自然科学史与玫瑰 [法]雷比瑟 著

## 地缘政治学丛编

地缘政治学的黄昏 [美]汉森·魏庚特 著
大地法的地理学 [英]斯蒂芬·莱格 编
地缘政治学的起源与拉采尔 [希]斯托杨诺斯 著
施米特的国际政治思想 [英]欧迪瑟乌斯/佩蒂托 编
克劳塞维茨之谜 [英]赫伯格-罗特 著
太平洋地缘政治学 [德]卡尔·豪斯霍弗 著

## 荷马注疏集

不为人知的奥德修斯 [美]诺特维克 著
模仿荷马 [美]丹尼斯·麦克唐纳 著

## 阿里斯托芬集

《阿卡奈人》笺释 [古希腊]阿里斯托芬 著

## 色诺芬注疏集

居鲁士的教育 [古希腊]色诺芬 著
色诺芬的《会饮》 [古希腊]色诺芬 著

## 柏拉图注疏集

《苏格拉底的申辩》集注 程志敏 辑译
挑战戈尔戈 李致远 选编
论柏拉图《高尔吉亚》的统一性 [美]斯托弗 著
立法与德性——柏拉图《法义》发微 林志猛 编
柏拉图的灵魂学 [加]罗宾逊 著
柏拉图书简 彭磊 译注
克力同章句 程志敏 郑兴凤 撰
哲学的奥德赛——《王制》引论 [美]郝兰 著
爱欲与启蒙的迷醉 [美]贝尔格 著
为哲学的写作技艺一辩 [美]伯格 著
柏拉图式的迷宫——《斐多》义疏 [美]伯格 著
苏格拉底与希琵阿斯 王江涛 编译
理想国 [古希腊]柏拉图 著
谁来教育老师 刘小枫 编
立法者的神学 林志猛 编
柏拉图对话中的神 [法]薇依 著
厄庇诺米斯 [古希腊]柏拉图 著
智慧与幸福 程志敏 选编
论柏拉图对话 [德]施莱尔马赫 著
柏拉图《美诺》疏证 [美]克莱因 著
政治哲学的悖论 [美]郝岚 著
神话诗人柏拉图 张文涛 选编
阿尔喀比亚德 [古希腊]柏拉图 著
叙拉古的雅典异乡人 彭磊 选编
阿威罗伊论《王制》 [阿拉伯]阿威罗伊 著
《王制》要义 刘小枫 选编
柏拉图的《会饮》 [古希腊]柏拉图 等著
苏格拉底的申辩（修订版） [古希腊]柏拉图 著
苏格拉底与政治共同体 [美]尼柯尔斯 著

政制与美德——柏拉图《法义》疏解 [美]潘戈 著
《法义》导读 [法]卡斯代尔·布舒奇 著
论真理的本质 [德]海德格尔 著
哲人的无知 [德]费勃 著
米诺斯 [古希腊]柏拉图 著
情敌 [古希腊]柏拉图 著

## 亚里士多德注疏集

亚里士多德论政体 崔嵬、程志敏 编
《诗术》译笺与通绎 陈明珠 撰
亚里士多德《政治学》中的教诲 [美]潘戈 著
品格的技艺 [美]加佛 著
亚里士多德哲学的基本概念 [德]海德格尔 著
《政治学》疏证 [意]托马斯·阿奎那 著
尼各马可伦理学义疏 [美]罗娜·伯格 著
哲学之诗 [美]戴维斯 著
对亚里士多德的现象学解释 [德]海德格尔 著
城邦与自然——亚里士多德与现代性 刘小枫 编
论诗术中篇义疏 [阿拉伯]阿威罗伊 著
哲学的政治 [美]戴维斯 著

## 普鲁塔克集

普鲁塔克的《对比列传》 [英]达夫 著
普鲁塔克的实践伦理学 [比利时]胡芙 著

## 阿尔法拉比集

政治制度与政治箴言 阿尔法拉比 著

## 马基雅维利集

解读马基雅维利 [美]麦考米克 著
君主及其战争技艺 娄林 选编

## 莎士比亚绎读

哲人与王者 [加]克雷格 著
莎士比亚的罗马 [美]坎托 著
莎士比亚的政治智慧 [美]伯恩斯 著
脱节的时代 [匈]阿格尼斯·赫勒 著
莎士比亚的历史剧 [英]蒂利亚德 著
莎士比亚戏剧与政治哲学 彭磊 选编

莎士比亚的政治盛典 [美]阿鲁里斯/苏利文 编
丹麦王子与马基雅维利 罗峰 选编

## 洛克集

洛克现代性政治学之根 [加]金·I.帕克 著
上帝、洛克与平等 [美]沃尔德伦 著

## 卢梭集

致博蒙书 [法]卢梭 著
政治制度论 [法]卢梭 著
哲学的自传 [美]戴维斯 著
文学与道德杂篇 [法]卢梭 著
设计论证 [美]吉尔丁 著
卢梭的自然状态 [美]普拉特纳 等著
卢梭的榜样人生 [美]凯利 著

## 莱辛注疏集

汉堡剧评 [德]莱辛 著
关于悲剧的通信 [德]莱辛 著
智者纳坦（研究版） [德]莱辛 等著
启蒙运动的内在问题 [美]维塞尔 著
莱辛剧作七种 [德]莱辛 著
历史与启示——莱辛神学文选 [德]莱辛 著
论人类的教育 [德]莱辛 著

## 尼采注疏集

尼采引论 [德]施特格迈尔 著
尼采与基督教 刘小枫 编
尼采眼中的苏格拉底 [美]丹豪瑟 著
动物与超人之间的绳索 [德]A.彼珀 著

## 施特劳斯集

论法拉比与迈蒙尼德
苏格拉底与阿里斯托芬
论僭政（重订本） [美]施特劳斯 [法]科耶夫 著
苏格拉底问题与现代性（第三版）
犹太哲人与启蒙（增订本）
霍布斯的宗教批判
斯宾诺莎的宗教批判

门德尔松与莱辛
哲学与律法——论迈蒙尼德及其先驱
迫害与写作艺术
柏拉图式政治哲学研究
论柏拉图的《会饮》
柏拉图《法义》的论辩与情节
什么是政治哲学
古典政治理性主义的重生（重订本）
回归古典政治哲学——施特劳斯通信集
　　　＊＊＊
哲学、历史与僭政　[美]伯恩斯、弗罗斯特 编
追忆施特劳斯　张培均 编
施特劳斯学述　[德]考夫曼 著
论源初遗忘　[美]维克利 著
阅读施特劳斯　[美]斯密什 著
施特劳斯与流亡政治学　[美]谢帕德 著
驯服欲望　[法]科耶夫 等著

## 施特劳斯讲学录
维柯讲疏
苏格拉底与居鲁士
追求高贵的修辞术
　　——柏拉图《高尔吉亚》讲疏（1957）
斯宾诺莎的政治哲学

## 施米特集
施米特与国际战略　[德]埃里希·瓦德 著
宪法专政　[美]罗斯托 著
施米特对自由主义的批判　[美]约翰·麦考米克 著

## 伯纳德特集
古典诗学之路（第二版）　[美]伯格 编
弓与琴（第三版）　[美]伯纳德特 著
神圣的罪业　[美]伯纳德特 著

## 布鲁姆集
伊索克拉底的政治哲学
巨人与侏儒（1960-1990）

人应该如何生活——柏拉图《王制》释义
爱的设计——卢梭与浪漫派
爱的戏剧——莎士比亚与自然
爱的阶梯——柏拉图的《会饮》

## 沃格林集
自传体反思录

## 朗佩特集
哲学与哲学之诗
尼采与现时代
尼采的使命
哲学如何成为苏格拉底式的
施特劳斯的持久重要性

## 迈尔集
施米特的教训
何为尼采的扎拉图斯特拉
政治哲学与启示宗教的挑战
隐匿的对话
论哲学生活的幸福

## 大学素质教育读本
古典诗文绎读 西学卷·古代编（上、下）
古典诗文绎读 西学卷·现代编（上、下）